GERD REUTER

Liebe das Böse gut

LOGBUCH EINES WERDENDEN

novum pro

Dieses Buch ist auch als
e-book
erhältlich.

Bibliografische Information
der Deutschen Nationalbibliothek:

Die Deutsche Nationalbibliothek
verzeichnet diese Publikation in
der Deutschen Nationalbibliografie.
Detaillierte bibliografische Daten
sind im Internet über
http://www.d-nb.de abrufbar.

Gedruckt in der Europäischen Union
auf umweltfreundlichem, chlor- und
säurefrei gebleichtem Papier.

© 2025 novum publishing gmbh
Rathausgasse 73, A-7311 Neckenmarkt
office@novumverlag.com

ISBN 978-3-7116-0263-3
Lektorat: Petra Männel
Umschlagfotos: Jana Elger,
Marion Schlote
Umschlaggestaltung, Layout & Satz:
novum Verlag

www.novumverlag.com

Druckprodukt mit finanziellem
Klimabeitrag
ClimatePartner.com/16547-2311-1001

Widmung

Für meine verstorbene Geliebte Sabine Brüggemann. Danke für Deinen Mut. Du, die Du Dich entschieden hast, bewusst durch den Krebs zu gehen.

Für meinen an Baucheicheldrüsenkrebs verstorbenen Freund Thomas, gesegnet sei Dein weiterer Weg in einer anderen Dimension.

Für alle Liebenden.

Für alle die frieren und hungern, die Not leiden, obwohl alles in Hülle und Fülle da ist.

Für die Kinder dieser Welt. Dass ihnen Liebe und Heimat zu jeder Zeit zuteil wird.

Für die aus der Ukraine flüchtenden Frauen und Kinder, für die getöteten Soldaten der Ukraine und Russlands. Für die Frauen, Kinder und Soldaten im Gazastreifen und im Libanon.

Für alle, die sich verantwortlich fühlen, Mutter Erde wieder zu dem machen, was Sie ist – ein Paradies, das gelobte Land.

Für meine Eltern und Geschwister, in Liebe.

Pura Vida Viva

Inhaltsverzeichnis

Vorwort

Das vorliegende Buch ist mehr als ein philosophischer Ausflug. Der Autor beschreibt die geistige, spirituelle und seelische Verbindung und die Erfahrungen in allen Facetten des Suchenden ganz konkret, bezogen auf sein bisheriges Leben, auf seine Erfahrungen in vielen Bereichen des Lebens, seine Auseinandersetzung mit der Außen- und Innenwelt. Das Leben, das Schreiben und das Lesen sind Prozesse, deshalb werden Sie, sehr verehrter Leser, kein abgeschlossenes Statement finden, sondern mitgenommen im ständigen Fliesen des Hin- und Hergleitens: Was heißt eigentlich böse, was heißt gut? Wie stelle ich mir Gott oder das Göttliche vor, was bedeutet für mich das Teuflische? Wie kann ich beidem begegnen? Ständig auf der Suche nach nachhaltigen Beobachtungen, Erkenntnissen und vielleicht sogar Beweisen.

Es sieht so aus, als *ob* wir nicht in einem statischen Zustand sind. Das Gute und das Böse wandeln sich ständig, unsere Einstellung übt Einfluss darauf aus. Das, was böse ist, trägt meist auch Züge von uns, das, was gut ist, ebenfalls. Wie schaffen wir es, beides gleichermaßen anzunehmen zu lieben, sowohl das Licht als auch die Schatten in uns zu umarmen.

Der Autor untersucht sich selbst aber auch in Bezug zur Gesellschaft. Welche Möglichkeiten hat er, Einfluss zu nehmen, wo ist die Ohnmacht am größten? Es zeigt sich ein Kaleidoskop von Themen, welche das Kernthema umkreisen. Der Autor sucht sich Hilfe, findet Verbündete unter den vielen philosophischen Werken und bei den Menschen, welche er studiert und studiert hat. Ebenso versucht er Bilder eines geheilten Systems aufzumalen. Der Autor schreibt nicht nur ein Buch über seine Prozesse, es ist Ihm auch wichtig, ganz praktisch mit eigenen Projekten, wie „Spirit of Waste" und „Heilungsorte" in die Welt zu gehen und ins Handeln zu kommen.

Wenn wir uns mit dem Buch beschäftigen, so werden wir gewahr, wie oft uns diese Auseinandersetzung im Alltag begegnet – wie viele Aspekte es dazu gibt: die von uns geschaffenen Bilder und Symbole, welche das Gute wie auch das Böse beschreiben. Es ist immer wieder die Begegnung mit den äußeren und den inneren Dämonen. Wenn wir es schaffen, dass die Begegnung mit Freundlichkeit stattfindet, so bleibt den Dämonen nichts anderes übrig, als kleiner und kleiner zu werden und zuletzt gänzlich zu verschwinden.

Wenn wir weder das Böse noch das Gute sind, können wir entspannt sein und das Theaterstück genießen.

Viel Freude und Inspiration beim Studieren des Buches.

Ihr Ulrich Stempel

Prolog

Das All, die Welt und die Seele stecken voller Überraschungen. So will ich Ihnen gleich zu Beginn von einem Traum erzählen, der mich überrascht und verändert hat. Verändert in dem Sinn, dass ich das Gefühl empfinde, tiefer in mir zu sein. Dieser Traum hat die Qualität eines *Einweihungstraumes*.

Es ist die Nacht vom 12. auf den 13. April 2021. Die einleitende Sequenz: Eine Gruppe von Menschen ist zusammen. Es fühlt sich intim und vertraut an. Es wird intensiv am Thema Heilung und Trauma-Auflösung gearbeitet. In dieser Sequenz sind zwei Frauen bedeutend. Die eine, Istar*, die ich begehre, seitdem ich sie kenne, die andere, meine Geliebte, Aine*.

Istar legt sich immer wieder auf den Boden, meist auf den Bauch, jedes Mal, wenn sie vollkommen vom Thema berührt und überwältigt wird. Obwohl die Stimmung in der Gruppe existentiell ist, bleibt das Miteinander freundlich, weich und zärtlich. Istar legt sich in einen Türdurchgang. Ich lege mich behutsam auf sie. Ein sexueller Starkstrom setzt ein. Sie öffnet sich ganz, gibt sich hin und will. Sie wendet mir ihren Kopf zu, wir küssen uns. Ich beiße sie „kannibalisch" zärtlich in ihren Nacken, in Schulter und Rücken – vor dem Kuss. Sie will, dass ich ihre Brüste anfasse, ganz und gar will sie das. Sie zieht ihr langes rotes einteiliges Kleid aus und sagt, dass es bestimmt Aine passt. Es ist ihr wichtig, dass Aine es anzieht. Ich bin irritiert. Wird Aine den Sex mit Istar akzeptieren und gutheißen? Da jedoch ein vollkommenes Vertrauen im Raum ist, sind alle Beteiligten eingebettet und getragen. Die Hingabe Istars ist grenzenlos, ungewöhnlich und stark.

Im Traum geht es dann wie folgt weiter: Ich komme mit einer mir unbekannten und schönen Frau in Kontakt. Mitten unter allen anderen, machen wir stehend „Sex", jedoch ohne genitalen Kontakt. Obwohl es sich so anfühlt. Wir stehen, und sie fordert mich auf, auf einem Bein zu stehen und die Fußsohle des anderen Beines an das Knie des Standbeines zu führen. Ich sage noch, dann fallen wir doch um. Jedoch, indem ich es tue, ist der volle Kontakt mit ihr da. Sie gibt den Hinweis, dass ich beruhigt sein darf. Sie hat es schon oft mit ihrem Mann so gemacht. Wir stehen also so, jeder auf einem Bein, inmitten der Gruppe, es ist unbeschreiblich schön. Intim, sexuell, spirituell, magisch und geistig. Ein endloser Energiestrom fließt durch und durch, durch uns hindurch. Wir sind vollkommen miteinander verschmolzen, zugleich verschmolzen mit dem All und dem All-Bewusstsein. So eine Intensität erlebe ich zum ersten Mal vollkommen wach und gegenwärtig.

Auf meiner linken Seite, in Höhe der Augen, erscheint eine rote Platine mit silbrigen Leiterbahnen und Lötstellen, in etwa so groß wie eine Postkarte. Diese wird durchströmt von Energie und erzeugt ein sich ständig veränderndes Muster. Entsprechend dem Energiefluss „tippe" ich auf den Rücken dieser unbekannten und schönen Frau, wie beim Klavierspielen, ganz sanft und zärtlich. Das Antippen ist durch das Muster vorgegeben, gleichsam wie die Noten in der Musik. Die Noten, das Muster gleicht einer Codierung. Unser Kontakt ist Ein-Sein/Eins-Sein. Dem Gefühl nach schreiben wir einen Heilungscode und geben eine Information ein. Eine Information für die Heilung der Erde und der Schöpfung. Diese Information fließt in die Akasha-Chronik, in die Biosphäre und in die Noosphäre. Damit entziehen wir dem Bösen die Macht. Dieser Liebesakt ist weltlich und über weltlich zugleich. Ich bin nur glücklich, jede Zelle ist pures Glück.

In der Hinführung zu dieser Sequenz sah ich für einen kurzen Moment einen älteren, „unscheinbaren", jedoch charismatischen Mann. Er hat eine große, schwarz umrandete Brille auf. Nun treffe ich ihn wieder. Er ist sehr freundlich. Er sagt: „Vorhin hat mich deine Uhr geblendet, du bekommst eine neue Uhr aus Perlmutt oder einer speziellen Titanlegierung". Diese Uhr ist eher ein Ritualgegenstand, ein Erkennungszeichen, ein „Medizinbeutel". Diese Uhr weist darauf hin, ich bin nun in diese eingeweihte Gruppe initiiert. Das fühlt sich erhaben und nüchtern zugleich an, wieder bin ich glücklich. Und es ist gewiss, dass ich mit der Frau weiter zusammen bin und sein werde.

Der „ältere Mann" sagt noch, da ich innerhalb von 4 Sekunden in diesen speziellen Zustand mit der Frau gekommen sei, bin ich somit qualifiziert. In dieser Aussage liegt Anerkennung, und sie gibt mir die Gewissheit, dass wirklich ich gemeint bin. Er ist so etwas wie der „Häuptling". Die ganze Zeit über, in jeder dieser Traumsequenzen, ist die Gesamtenergie frei von Hierarchie, eher wie in einer Arbeitsgruppe, besser wie in einem Stamm. Die Menschen sind sich ihres Potentials, ihres Auftrages bewusst, ohne daraus eine Besonderheit an den Tag legen zu wollen. Alle sind bescheiden, klar und wach.

Später im Traum, sitze ich mit einer kleinen Gruppe an einer Straßenecke, es wird Musik gemacht, neue Menschen gesellen sich dazu. Alle sind mir „fremd", jedoch zugleich vertraut. Eine enorme Wachheit strahlt aus allen Augen. Ich werde freundlich begrüßt und wertgeschätzt, geradezu geliebt. Soweit dieser bewegende und inhaltsreiche Traum. Es ist eher selten, dass ich mich so ausführlich und detailliert an einen Traum erinnere, dafür bin ich sehr dankbar.

Ich bin inspiriert und tief glücklich über die Schönheit und die Kraft, die in diesem Traum liegt. Der Traum legt klar dar, dass es eine heilende Wahrheit gibt, die all-gegenwärtig ist. Und schon immer, seit Anbeginn der Zeit, sorgen liebende und wache Seelen für die Balance der Kräfte und wissen, wie es geht.

Es ist, als träfe ich meine Seelenfamilie, Seelengemeinschaft!!!

Ich teile Ihnen diesen Traum mit wegen des Einweihungscharakters, den ich durch diesen Traum empfinde. Weit bevor ich begann, ein gläubiger Mensch zu werden, war das „Mysterium" sexueller Energie und Kraft für mich von existentieller Bedeutung. In diesem Traum vereinigt sich die sexuelle Energie mit heiliger und heilender spiritueller Energie. Auch dafür bin ich zutiefst dankbar. Zeit meines Lebens „vermutete" ich, dass sexuelle und spirituelle Energie in ihrer Essenz zusammen gehören und der Freude, dem Heiligen und dem Heilenden angehören. Dieses schöne Gottesgeschenk gilt es zu ehren und von allen Missverständnissen und jedwedem Missbrauch zu reinigen. Das ist eines der Anliegen des vorliegenden Buches.

Ich will diese Ehrerbietung gegenüber der heiligen und heilenden sexuellen Kraft unterstreichen. Heute, am 5 November 2021, begegne ich auf der Staubstraße nach Colos, einem kleinen Städtchen im Süden Portugals, einer kleinen Schlange. Sie sonnt sich in einer Mulde. Jetzt, am Abend, lese ich in einem schamanistischen Buch verschiedener indigener Stämme folgendes: *„Die Kraft der Schlange ist Schöpferkraft, denn sie enthält Sexualität ebenso wie psychische Energie, Alchemie, Fortpflanzung, Transformation und Unsterblichkeit. Die Verwandlung des Kreislaufs aus Leben – Tod – Wiedergeburt ist in der Häutung der Schlange versinnbildlicht. Es ist die Energie der Ganzheit, der kosmischen Energie und der Fähigkeit, widerstandslos und willentlich alle Erfahrungen zu machen. Es ist das Wissen darum, dass alle Dinge in gleicher Weise Geschöpfe sind und dass die Dinge, die möglicherweise als giftig erfahren werden, mit der richtigen inneren Einstellung ebenso gut wie alle anderen gegessen, verdaut, integriert und verwandelt werden können. Thot, ein Bewohner von Atlantis, der später als Hermes auf die Erde zurückkehrte und der Vater der Alchemie wurde, hat als Symbol des Heilens zwei um ein Schwert gewundene, ineinander verschlungene Schlangen. Das volle Verstehen und Annehmen der weiblichen und männlichen Elemente in jedem Organismus erlaubt ein Zusammenschmelzen der beiden in einem und bringt dadurch göttliche Energie hervor.“* Aus dem Buch Karten der Kraft – Jamie Sams und David Carson

Dankbarer Weise komme ich, seit ein paar Tagen endlich wieder dazu, kontinuierlicher an diesem Buch zu arbeiten. Die Synchronizität, das Treffen mit der Schlange heute, ermöglicht mir an dieser Stelle, mit Hilfe der indigenen Weisheit, auszudrücken, wie ich sexuelle Energie empfinde. Das ist mir wichtig, dass Sie wissen, was ich sagen will, sobald ich sexuelle Energie erwähne. In dieser heutigen Welt, die gottlos und lieblos ist, wird so viel missverstanden. Vor allem, das, was heilig und heilend ist. So will ich hier mein Wort erheben, für Gott, für die Liebe, für eine authentische Spiritualität und eine heilige und heilende Sexualität.

Mir ist es wichtig, dieses sexuelle Thema zu bringen, da ich schon sehr früh mit dem Starkstrom des Sexus und der daraus resultierenden Frage: Was ist Liebe? In Berührung kam. Zeit meines Lebens begleitet mich diese Frage und dieser Starkstrom.

Jahrzehnte später, zum Zeitpunkt des spirituellen Aufwachens, erlebe ich dieselbe Intensität und Tiefe dieses Themas wieder. Die sexuelle Hochenergie, die sich in meinem Körper abspielt, finde ich geistig und seelisch wieder. Ich erlebe die spirituelle Energie ebenso intensiv und tief, wie die sexuelle und empfinde beide als gleichwertig stark. Wobei mir die spirituellen Erkenntnisse dienen, die sexuelle Kraft und die Liebes Frage in einem umfassenderen Sinn einzuordnen. Als ob Körper, Geist und Seele zu einer Einheit werden.

* Zu ihrem Schutz verändere ich die Namen.

Einleitung

Die Unversehrtheit der Seele ist einzig
und allein von Bedeutung!

Namaste – „ich verbeuge mich vor Ihnen" und ya azim „ich grüße das Göttliche" in Ihnen".

Mein Name ist Gerd Reuter. Es gibt Mächte auf der Erde, die ich weder heraufbeschwören, noch bekämpfen will. Wenn ich gegen diese Mächte kämpfe, gebe ich ihnen durch den Kampf Energie. Diese Energie nährt und stärkt diese Mächte. Ich meine hier die verselbständigten Mächte des unsagbar Bösen, dunkle und grausame Mächte. Die bisherige Welt liegt im Würgegriff einer immer unmenschlicher werdenden Grausamkeit. Das muss und wird ein Ende finden. Wie?

Ich gehe von der göttlichen Liebe aus, die stärker ist, als all dieses Böse. Ich gehe fest davon aus, dass in uns Menschen eine Liebe ist, die so stark ist wie Gott, die so stark ist, wie das Leben selbst. Diese bedingungslose und göttliche Liebe ist der Schlüssel, der die Tür zu einem kommenden Paradies öffnet. Auf der Erde findet, wahrscheinlich seit Anbeginn der Zeiten, ein Kampf zwischen Gut und Böse statt. Dieser Kampf spiegelt eine grundlegende Spannung im All wieder. Die Spannung zwischen Finsternis und Licht. Diese Spannung ist wichtig für die Erschaffung des Lebens, durch ständiges Werden und Vergehen. Diese Spannung ist eine Grundtatsache und ein Prinzip im All, sie ist zunächst neutral und frei von Wertung.

Erst durch die Entstehung des sich selbst reflektierenden Bewusstseins schon vor dem Menschen, bis hin zum Menschen, entwickelt sich die Fähigkeit, eine Wahl zu treffen – sich für das Licht oder die Finsternis zu entscheiden. Unglücklicherweise vermute ich hier den Ausgangspunkt für den Kampf zwischen Gut und Böse. Die Menschheitsgeschichte zeigt im Wesentlichen auf, dass zumeist die Wahl getroffen wird, bewusst oder unbewusst, sich für das Böse, das Dunkle, das Unlicht, zu entscheiden. Jedoch, durch angewendete, bedingungslose Liebe besteht die Möglichkeit, die Spannung zwischen Finsternis und Licht immer wieder auszubalancieren und die ursprüngliche Neutralität dadurch wieder in Harmonie zu bringen. Das ist eine bewusste Wahl. Diese bewusste Wahl zu treffen, ist sowohl der Auftrag, als auch die Aufgabe des Menschen in der Schöpfung. Das ist meine Grundannahme, soweit kann ich es derzeit sehen und weitestgehend formulieren.

Liebe das Böse gut! Logbuch eines Werdenden. Dieses Buch ist eine Einladung, geschrieben zu Ihrer Inspiration. Seit März 2006 bin ich dabei, ein gläubiger Mensch zu werden, bin ich dabei, einem spirituellen Prozess des Erwachens zu folgen. Dieser Prozess ist ein Weg und ich will die Schritte auf diesem Weg sichtbar machen und mitteilen. Ich ringe damit, achtsam und bewusst zu sein, für die Allgegenwart Gottes. Und, ich will der uns von Gott gegebenen bedingungslosen und grenzenlosen Liebe folgen. Das gewünschte Resultat ist dann die Anwendung dieser Liebe, indem ich mich dafür entscheide, einen heiligen und heilenden göttlichen Weg zu gehen.

Liebe das Böse gut ist eine Einladung, sich auf Gott und die bedingungslose Liebe einzulassen. Sich darauf einzulassen, Gott in Betracht zu ziehen. Ich stehe heute an einem Punkt, wo ich Gott als Sie/Es/Er wahrnehme. Gott ist also sowohl eine Person, welche ich als ein Wesen betrachte als auch unpersönlich, eine in allem Seienden existierende und gegenwärtige Energie und bewusste Intelligenz.

Wieso Gott?

Gute Frage. Ich bin des Öfteren in meinem Leben in eine sich teilweise bedrohlich anfühlende und existentielle Ratlosigkeit gekommen. Aufgrund dieser Ratlosigkeit muss und will ich geradezu und unbedingt in Erfahrung bringen, weshalb ich hier auf der Erde bin und was ich tun kann, damit die Ratlosigkeit aufhört. Die materialistischen Antworten waren und sind mir zu wenig. Aufgrund der Tatsache, dass ich bewusst sein kann, bewusst denken und fühlen kann, bewusst lieben kann, bewusst böse, destruktiv und zerstörerisch sein kann, bewusst tätig und schöpferisch sein kann, frage ich mich, weshalb ich so widersprüchlich sein kann? Die bislang einzig schlüssige Annahme ist, dass diese in mir seienden Fähigkeiten, die ja dem Menschen und anderen beseelten Lebewesen zu eigen sind, aus einer übergeordneten Intelligenz hervor gehen. Diese Intelligenz beinhaltet die Fähigkeiten, die ich gerade beschrieben habe und sie ist darüber hinaus in der Lage, ein ganzes Weltall, ein unendliches Universum hervorzubringen. Diese Intelligenz ist metaphysisch, statt materialistisch. So lautet eine weitere Grundannahme und Hypothese von mir.

Wer oder was hat uns gemacht?

Spätestens mit der Erkenntnis, dass weder meine Eltern noch irgendein anderer Mensch mich „gebaut und konstruiert" haben, also dass etwas anderes als eine materielle, mechanische und zufällige Ursache der Grund meiner Existenz und der Existenz überhaupt sein muss, komme ich zu der Annahme, dass es etwas gibt, was die Ursache und Quelle der Existenz ist. Damit berühre ich eine menschheitsgeschichtliche Frage. In jeder Kultur finden sich Hinweise auf eine metaphysische Ursache, die Leben schenkt. Jede Kultur hat zwar einen anderen Namen dafür, jedoch werden die Auswirkungen dieser metaphysischen Ursache ähnlich oder gleich beschrieben, ich werde sie in diesem Buch im Wesentlichen Gott nennen. Da die Sprache eine Tendenz zur babylonischen Sprachverwirrung hat, betone ich nochmal, dass ich von einem Gott spreche, der zwar durchaus auch personale Züge hat, jedoch ist Gott – Sie/Er/Es, letztlich frei von geschlechtlicher Zuordnung.

Der Weg des Guten ist ein Weg durch den Dschungel des Bösen. Ich will gleich hier am Anfang klar sagen, böse zu sein ist mir durchaus vertraut. Böse zu sein basiert oft auf abgespaltenen und/oder verdrängten Bewusstseins- und Seeleninhalten, sowie aus biografischen und karmischen Erfahrungen. Manche Quellen ziehen in Betracht, dass auch die ganze Ahnenreihe, mit der wir verbunden sind, eine erhebliche Rolle spielt. Böse zu sein, ist eine bewusste Entscheidung. Mir liegt es fern, hier als ein scheinheiliger Moralapostel zu wirken. Aufgrund einer langen Kette von Erfahrungen, die mich bewusst, unbewusst und unterbewusst veranlassen, selbst „Böses" anzurichten, weiß ich, wovon ich spreche. Doch ist mir mittlerweile der Preis des „eigenen böse Seins" zu hoch, zu anstrengend und zu verletzend. Zumal es ja so ist, dass alles, was ich in Gedanken, Gefühlen, Worten und Taten aussende, früher oder später auf mich zurückkommt – wie ein Bumerang. Das, was aus dem Bereich des Bösen zurückkommt, habe ich zu oft als verstörend, verwirrend, verletzend erlebt, bis dahin, krank zu werden oder Unfälle zu haben.

Wie der Volksmund schon sagt: *„Wie du in den Wald hineinrufst, so schallt es heraus."*

Gleichzeitig ist es mir wichtig, so wie ich um Gott ringe, auch dem Bösen auf die Spur zu kommen, dem Bösen ins Gesicht zu schauen und es zu begreifen. Ich werde dabei zu überraschenden und verstörenden Einsichten geleitet. Dafür bin ich letztlich dankbar. Ich bin deshalb dankbar, weil ich weiß, dass ich das Böse nur dann gutlieben und durch Liebe integrieren und heilen kann, wenn ich es deutlich erkenne.

Dennoch: Ich bin glücklich, wie angenehm sich Gott anfühlt, wie leicht es mir ums Herz ist, wenn ich Seiner Gegenwart folge. Es ist ein kontinuierliches und ständiges Ringen. Die „Siege", die ich in Gottes Namen dabei erringe, fühlen sich befreiend an. Die Liebe, die ich dann fühle erzeugt eine angenehme Weite, das Atmen fällt leichter, der Blick wird klarer, das Gemüt atmet auf, Geist, Körper und Seele entspannen sich. Geist und Herz sind Eins und kohärent, Geist und Körper sind Eins und kohärent, Geist und Materie sind Eins und kohärent, Gedanken und Gefühle sind Eins und kohärent – Gott und Mensch sind Eins und kohärent. Auf dem spirituellen Weg lerne ich nach und nach zu akzeptieren, dass das Bewusstsein und das Leben ein Mysterium sind. Je tiefer meine Fragen werden, desto mehr verlieren bisherige vorschnelle Annahmen und Erklärungen an Bedeutung, mit denen ich mich lange zufrieden gegeben habe. Wie zum Beispiel, dass das Universum aus einem Urknall entstanden ist, dass Gott tot ist, dass die Schöpfung eine Verkettung von zufälligen biochemischen Prozessen ist, aus denen immer komplexere Zellen und schließlich Organismen, bis hin zu Pflanzen, Tieren und Menschen, entstanden sind, ... usw.

Ich erreiche also einen Ausgangspunkt, an dem ich gewissermaßen immer wieder von vorne anfange und dabei hilft es mir, das Leben als ein Mysterium aufzufassen und mich darauf einzulassen. Ich lasse mich auf das ein, was unerklärbar scheint und dennoch da ist. In diesem Sinn ist Gott sowohl ein Mysterium als auch, nach meinem Empfinden, die schöpferische Intelligenz, die im All tätig ist und wirkt. Insofern bin ich wohl dabei, mich von einem gläubigen Menschen zu einem Mystiker zu entwickeln. Ein Mystiker – nach dem, was ich bislang darüber weiß – ist ein Mensch, der Gott lebendig erfährt und erlebt. In dem Erleben, im Erfahren Gottes komme ich zu dem Schluss, dass die Schöpfung einer Absicht und einem Sinn folgt.

Willkommen also zu diesem meinem Weg – in der Hoffnung, dass sich die mir gewonnene Zuversicht Ihnen mitteilt. Fern jeder Art von Belehrung, fern jeder Anmaßung, die alleinige Wahrheit zu kennen, fern jeden Anspruchs, zu 100 % genau zu sein.

Das Privileg

Ich will an dieser Stelle betonen, dass solche Überlegungen ein Privileg sind. Ein Privileg, welches zu nutzen nur in einem sicheren Lebensraum möglich ist. Dieser sichere Lebensraum ermöglicht Zugang zu Energie, Nahrung und Wasser und ist frei von akuten Kriegen.

Für einen großen Teil der Menschheit, z. B. für die verhungernden Menschen in Ostafrika; für die in Flüchtlingslagern lebenden Menschen, für die heimatlosen und hungernden Kinder; für diejenigen Menschen, die unter unwürdigsten Umständen leben und um ihr Überleben kämpfen; für die Frauen, Kinder und Männer, die jetzt zwischen den Fronten in den Kriegen zwischen Russland und der Ukraine, dem Gazastreifen und Israel sterben, will ich meine Stimme erheben. Zu lange hatte ich weggeschaut. Weil der Schmerz darüber zu groß war, dass in einer Welt, in der alles in Hülle, Fülle und einem unermesslichen Reichtum da ist, eine solch unerbittliche Ungerechtigkeit herrscht.

Was der Mensch dem Menschen antut, ist schlimm genug. Doch es geht ja weiter und weiter. Biotope werden zerstört, lebenswichtige Wälder sind abgeholzt, die Weltmeere und Wasservorkommen verdreckt und vergiftet, Arten ausgerottet, exzessive Agrar-Industrie vergiftet die Böden und Gewässer, Tiere werden in der Massentierhaltung gequält und in Schlachthöfen industriell vernichtet. Die Liste lässt sich endlos fortsetzen.

Ja basta, es ist genug! Diejenigen, die im privilegierten und sicheren Lebensraum leben, will ich anregen, dieses Privileg dafür zu nutzen, sich für das Wohl des Ganzen einzusetzen.

Ein Blick in die derzeitige Realität

Juli/August 2021 – verheerende Waldbrände an der Westküste der USA, in Italien, Griechenland, der Türkei, sowie nicht zu löschende in Sibirien. 38 °C gemessen am nördlichen Polarkreis. Vor ein paar Tagen enorme Hitzewellen mit mehr als 50 °C und nun die Überflutungen in Österreich, Deutschland, Belgien. Es ist zum verrückt werden, mein offenes Herz kann es kaum aushalten. Was muss noch geschehen? Meinem Empfinden nach fordert die Erde dazu auf, wach zu werden und die Schöpfung wieder in Ordnung zu bringen und einen nächsten Schritt in der Evolution zu machen.

In einer von Gott, Liebe, Natur und Schöpfung getrennten Welt herrscht Angst, Brutalität, Gewalt, Krieg und eine grausame Lieblosigkeit, eine kalte Gefühllosigkeit, eine gierige Zerstörung jeder Lebensgrundlage. Einige indigenen Stämmen sagen, dass sich der „zivilisierte" Mensch kannibalisch aufführt.

Die „zivilisierte" Menschheit, mit all ihrer Intelligenz, mit all dem schöpferischen Potential, steht am selbst geschaffenen Abgrund. Mittlerweile, in der heutigen globalisierten Welt, ist die ganze Menschheit betroffen, ausnahmslos. Ist das alles, wozu wir in der Lage sind? Alles, was erhaben, großartig, liebenswert, einmalig und schön ist, was wir einst liebten – zu vernichten? Das Leben selbst, den Ausdruck einer allumfassenden schöpferischen Gegenwart und Intelligenz zu zerstören?

Wir sind zu mehr in der Lage!

Es gibt einen „Wermutstropfen", da sich die Energien des Bösen im Menschen – ob bewusst und/oder unbewusst und unterbewusst ist dabei fast nebensächlich – Bahn brechen und das schöpferische Potenzial sabotieren. Das ist eine Erfahrungstatsache. Lange versuchte ich, das innewohnende Böse zu leugnen, zu verdrängen und zu verneinen. Mit dieser Haltung bin ich allerdings ein Nährboden für die Aktionen des Bösen, des Dunklen. Es gehört wohl zu der Absicht und dem Sinn der menschlichen Existenz, dass ich, dass wir in der Lage sind, gegen die Liebe, gegen das heilige Leben zu handeln – mittels der Kraft des freien Willens. Dieser ist ein Segen und ein Fluch zugleich. Wir sind in der Lage, Fehler zu machen, und wir sind in der Lage, die Fehler zu korrigieren.

„Wenn du Fehler machst, dann verpass nicht auch noch die Lektion" Aussage des Dalai-Lama, zur Jahrtausendwende.

Ich will nochmal betonen, es liegt mir fern, ein Moralapostel zu sein, da ich mir mittlerweile des Bösen in mir bewusst bin, das Böse also gut kenne. Im Verlauf des Buches will ich ausarbeiten, weshalb und warum ich das sage.

Dennoch, gerade deshalb, liegt es mir sehr am Herzen, dass die Erde ein besserer Ort wird. Sie ist unsere Heimat, unsere Mutter, unsere Liebe. Das mag kitschig klingen, jedoch ist mir, seitdem ich ein Kind war, klar, dass ich in einer anderen, gesunden Welt leben will und mit dafür verantwortlich bin, diese andere Welt aufzubauen, in der ich leben will. Eine Welt, die frei ist von Angst. Das ist eine Entscheidung, basierend auf Selbstachtung, Selbstakzeptanz, Selbstbewusstsein, Selbsterkenntnis und Selbstverantwortung.

„Die Angst muss von der Erde verschwinden" sagte einst Michail Gorbatschow.

Was ist los mit uns Menschen?

Karma

Ich will mein Privileg dafür nutzen und diejenigen Kräfte erkennen und zum Ausdruck bringen, die Schluss machen mit den Flüchtlingslagern, den Kriegs-, Krisen- und Notgebieten dieser Welt. Karma ist ein Begriff aus dem Sanskrit. Das Karma ist wie ein Rad, es wird auch Schicksalsrad genannt. Dieses Rad dreht sich so lange immer wieder an dieselbe Stelle, bis die bisherige Ursache/Wirkung-Verknüpfung erkannt und ersetzt wird durch eine andere Ursache/Wirkung-Verknüpfung. Es besteht die Möglichkeit, sowohl das Menschheitskarma, als auch das persönliche Karma zu verändern. Ja, es besteht sogar die Möglichkeit, das Schicksalsrad zu verlassen. Die Veränderung besteht zum einem darin, das Karma-Gesetz von Ursache und Wirkung zu akzeptieren und zu kennen. Zum anderen, dieses Gesetz zu erkennen und damit zu wissen, ich, also der Mensch, kann eine andere Ursache setzen, und dadurch wird sich entsprechend eine andere Wirkung manifestieren.

Wie es in der matriarchalen Kultur war, fällt mir schwer einzuschätzen. Durch langjährige Charakterarbeit und der speziellen Forschung innerhalb meiner Zeit in einer Gemeinschaft, kann ich klar sagen, dass spätestens mit der patriarchalen Kulturentwicklung, im Wesentlichen geprägt von Eroberungskriegen und imperialistischen Herrschaftsstrukturen, jeder Mensch schwerwiegende Traumata in sich trägt. Gewalt, Krieg und Machtmissbrauch sind Ursachen und bewirken innerhalb der derzeitigen patriarchalen Welt Wirkungen, die im wesentlichen Leid mit sich bringen.

Das Gesetz des Karma besagt, es gibt einen direkten Zusammenhang zwischen Ursache und Wirkung. Jeder Gedanke, jedes Gefühl, jedes Wort und jede Tat lässt sich als eine Schwingung mit verschiedenen Frequenzen auffassen. Sie sind die Ursache. Eine Schwingung, die entsprechend ihrer Frequenz Energie erzeugt. Diese Energie wird sich, entsprechend ihrem Inhalt, manifestieren. Die Manifestation ist die Wirkung. Die vedische Beschreibung des Karma besagt Folgendes, wie in dem Buch „Bhagavad Gita – Wie sie ist" – von Sri Srimad A.C., beschrieben wird:„*Handlung, die immer eine materielle Reaktion – ob gut oder schlecht – nach sich zieht und den Ausführenden an den Kreislauf* von Geburt und Tod bindet. Gesetz des Karma; Gesetz von Aktion und Reaktion."

In der Bhagavad Gita gibt es weitere, aufschlussreiche Ausführungen zum Karma. Dazu ergänzend zwei Aussagen von Rudolf Steiner:

> „Das universelle Schicksalsgesetz von Ursache und Wirkung besagt, dass jede physische, seelische oder geistige Wirkung, die von einem Wesen ausgeht und – bewusst oder unbewusst – die geistig-kosmische Ordnung stört, auf dieses selbst zurückschlägt und auch dessen eigene innere seelisch-astrale Ordnung stört und in Disharmonie zur geistigen Weltordnung bringt und dadurch sein Schicksal bestimmt."

Das, was wir als einzelner Mensch tun, sowie das, was die Menschheit tut, hat unmittelbare Auswirkungen, die auf einen selbst zurück kommen. Jeder Mensch ist verantwortlich für seine Taten und die daraus entstehenden Konsequenzen. Neben dem persönlichen Karma gibt es ein Menschheitskarma. Auch die Menschheit als Ganzes ist verantwortlich für ihre Taten und die daraus entstehenden Konsequenzen. Beide sind miteinander verwoben. Dazu weiter, aus der Gesamtausgabe 100, Seite 86, von Rudolf Steiner:

> „Neben dem individuellen Karma hat der Mensch, insofern er immer auch einer Menschengemeinschaft und damit einem Gruppen-Ich angehört, auch ohne jede persönliche Verfehlung Anteil am Gemeinschaftskarma, z. B. am Familienkarma, am Volkskarma usw. und insbesondere am **Menschheitskarma**. … Der Mensch gehört der ganzen Welt an und hat auch sein Schicksal in der Gesamtheit. Das Karma betrifft nicht nur den einzelnen Menschen, sondern es geht auch über das Leben von ganzen Völkern dahin."

Wie schon gesagt: „Wie du in den Wald hineinrufst, so schallt es heraus."

Das Karma, als Schicksalsrad, dreht sich also solange immer wieder an dieselbe Stelle, bis die bisherige Ursache/Wirkung-Verknüpfung erkannt ist und ersetzt wird durch eine andere Ursache/Wirkung-Verknüpfung. Ich finde es wichtig zu wissen, dass diese Veränderung des Schicksals dem Menschen möglich ist. Kraft seines, von Gott gegebenem, **innewohnenden** Potentials. Kraft seines Geistes. Kraft seiner Intelligenz. Kraft seiner Mitschöpferkraft. Kraft seiner Liebesfähigkeit. Dieses innewohnende Potential setze ich gleich mit dem in uns wohnenden Christusbewusstsein.

Es stehen der Menschheit, jedem selbst drei Möglichkeiten zur Verfügung:

Das Karma so zu lassen, wie es seit tausenden von Jahren praktiziert wird – was voraussichtlich zur vollständigen Zerstörung alles Lebendigen führt.

Das Karma zu verändern, z. B. durch die Entscheidung, für das Wohl des Ganzen zu wirken. Das setzt allerdings voraus, sich seiner unterbewussten/unbewussten Charaktereigenschaften und Verhaltensweisen bewusst zu werden und die Entscheidung zu treffen, seinen Charakter von einem „selbstsüchtigen" Ich zu einem wahren Ich, zu einem bewussten Selbst zu entwickeln.

Das Karma-Gesetz zu verlassen – mittels des Christus-Geistes in uns, der „Schnittstelle" zu Gott, der uns beauftragt und befähigt das „Königinnenreich der Göttin – das Königreich Gottes" zu erkennen, zu ehren, zu pflegen und wieder aufzubauen. In dem Buch von Emmet Fox „Die Bergpredigt" formuliert er eindeutig und klar, dass, sobald im Menschen das Christusbewusstsein aktiviert ist und angewendet wird, diese Möglichkeit gegeben ist, das Karma-Gesetz zu verlassen.

Vor kurzem bin ich auf einen bemerkenswerten Mann gestoßen, Kurt Tepperwein. Er geht noch einen anderen Weg, indem er sagt, wir sind *vollkommenes Bewusstsein*. Das hat er im Laufe seines Lebens erlernt und praktiziert es. Dieses vollkommene Bewusstsein ist immer im Jetzt und ist unsere Natur. *„In der Wirklichkeit Ihres wahren Seins sein, bei Bewusstsein und im Jetzt sein. Und, **es geschieht kein Karma mehr**. Sie erleben noch den Rest Karma, doch jedes weitere Karma bleibt aus"*. Zitat aus einem YouTube Video mit ihm.

In meinem Buch nenne ich dieses vollkommene Bewusstsein meistens Christusbewusstsein. Wie es auch benannt wird, in diesem *„sich seiner selbst gewahr sein"*, also sich seines *„So Seins"* bewusst zu sein, liegt die Möglichkeit, im Jetzt Ursachen zu setzen, die sich als Wirkungen in unserem Leben verwirklichen. Aus diesem Bewusstsein heraus nehme ich als Schöpfer aktiv teil an der Schöpfung und kann diejenigen Ursachen setzen, die die gewollten Wirkungen mit sich bringen, die mich aus dem Karma/Schicksalsrad befreien. Das bedeutet sich seiner selbst, als authentisches und wahres Ich bewusst zu sein. Sowie sich als Kind Gottes und der Einheit bewusst zu sein. Derjenigen Einheit, aus der Gott selbst, die schöpferische Intelligenz, hervorgegangen ist. Die Einheit ist komplexer als die Dualität und die Polarität. Sie ist, als übergeordnete Wirklichkeit, frei von dem Ursache-Wirkung-Dualismus. Das Karma-Gesetz zu verlassen, klingt zwar bislang wie eine Utopie, jedoch halte ich es für die Bestimmung des Menschen, im Paradies, im gelobten Land, zu leben. Das ist unser Geburtsrecht. Das ist die Anwendung und Freisetzung des uns innewohnenden Potentials.

Das innewohnende Potential

„God's greatest gift to you is your unlimited potential – your greatest gift to God is to use that potential to the fullest." Diesen Spruch fand ich in einem Restaurant, an einen Kühlschrank geheftet. Er hat mich zu diesem Absatz inspiriert und stammt von James Arthur Ray.

Dieser Spruch macht mir Mut und erzeugt Freude und Zuversicht. Großartig, welche Möglichkeiten uns Menschen in die Wiege gelegt sind. In diesem Buch will ich so viel „Schutt" wie möglich beiseite räumen, welcher dieses Potential blockiert. Das größte Geschenk, welches ich Gott machen kann, ist also dieses Potential durch Anwendung voll und ganz zu nutzen. Mein erster Schritt der Anwendung ist, die Aussage über das uns von Gott gegebene unlimitierte Potential anzunehmen und für wahr zu halten. Mein zweiter Schritt ist, gemäß dieser Aussage mein Leben daraufhin Auszurichten. Daraus ergibt sich mein Weg. Dieses innewohnende Potential frei zu legen, beinhaltet sich selbst zu erkennen, sich selbst zu achten, sich selbst zu lieben. Daraus ergibt sich Selbstverantwortung. Die bislang abgegebene Verantwortung an Eltern, Schule, Kirche, Autoritäten und Staat, hole ich zu mir zurück. Die bisherigen Schuldverschiebungen gegen diese „Institutionen" lege ich mehr und mehr ab. Ein Akt der Selbstachtung und Selbstakzeptanz. Der tut sehr, sehr gut.

Das göttlich innewohnende Potential steht dem Menschen uneingeschränkt zur Verfügung. Es ist im Menschen, damit es angewendet und genutzt wird. Zu diesem Potential gehören: Anteilnahme, Bewusstsein, Empathie, Gedanken, Gefühle und Glaube, Harmonie, Intelligenz, Kraft, Liebe, Mitgefühl, Schönheit, Vollkommenheit und Wille. Meiner Wahrnehmung entsprechend machen uns diese Gaben zu dem Ebenbild Gottes. Diese Gaben sind der Grund, weshalb wir über ein ethisches Gewissen verfügen, lieben können und die Intelligenz verfügen, eine Welt zu erschaffen, die frei ist von Angst und die auf das Wohl des ganzen Lebens auf Erden ausgerichtet ist.

In jedem Menschen, und ich vermute in allem Seienden, existiert ein göttlicher Funke. Ein Funke, wenn er auf dem Zunder landet, entfacht ein Feuer. Das Potential des Funken entfaltet somit seine Kraft. Dieses Potential ist grenzenlos und ohne Limit. Es kann immer und jederzeit entfacht und angewendet werden. Dazu ist es ja da und in uns. Neben der Schöpferkraft hat Gott das Vertrauen, dass wir als „Kinder" Gottes dieses Potential schöpferisch und verantwortungsbewusst anwenden. Wobei mehr als zu hinterfragen ist, inwieweit das bisherige Verhalten des Menschen in Übereinstimmung ist mit dem in uns von Gott, der schöpferischen Intelligenz, gesetzten Vertrauen. Aus eigenen Erfahrungen weiß ich, es gehören viele Irrungen, Wirrungen und Sackgassen dazu. Es ist gut, freundlich und gnädig zu sich zu sein, auch in Momenten des Scheiterns. „Hinfallen, aufstehen, Krone richten, weitergehen", das ist eine schöne Aussage, die dieses „Scheitern" treffend beschreibt.

Alentejo – Portugal

Das Coronavirus hat die ganze Welt im Griff. Es ist der 4.4.2020. Heute beginnt die Reise. Die Reise, dieses Buch zu schreiben. Die Reise heraus aus der Angst, heraus aus dem Zweifel, heraus aus der Ungewissheit. Ich will dasjenige mitteilen, was mir auf diesem Weg Mut macht. Ich folge dabei meiner Intuition und lasse es zu, dabei durchaus naiv zu sein. Die Naivität hilft mir zu staunen, was wahrlich adäquat ist, im Angesicht der unermesslichen Schönheit des Alls und der Schöpfung, der atemberaubenden und erstaunlichen Harmonie und Präzision der Abläufe in den unendlichen Weiten des Alls sowie in Biotopen und unserem Körper.

„COVID-19" ist ein Zen-Schlag für uns, für die Menschheit. Die Herausforderung besteht darin, aufzuwachen in das innewohnende Potential. Es gilt, seine Gaben zum Wohle aller anzuwenden.

„COVID-19", dieses Virus existiert, unbestritten. Das Virus wird jedoch missbraucht. Waren vormals Erkältungen, Grippe und Infektionen zum Leben dazugehörend, wird mit diesem Virus die ganze Menschheit in Angst, Paranoia und Schrecken versetzt. Das Böse zeigt ungeschminkt seine Fratze. Sind die, die das Böse wollen, am Ende? Bakterien und Viren gehören nun ein mal zum Leben dazu, sie sind lebenswichtig. Gerade das Durchleben jeder Art von Infektion macht einen kräftiger und stärker. Der Körper ist auf das Leben hin geschaffen und mit allem ausgestattet und wird durch jede Infektion stärker.

„COVID-19", falls es noch korrekt ist, es so zu sagen. Mittlerweile wird „ein Kaninchen nach dem nächsten aus dem Hut gezaubert". Wir schreiben November 2021. Nach der Mutation in die Delta-Variante – dazwischen gab es noch die Mutation B 1.1.529, sind wir jetzt bei der Omikron-Mutation/Variante. Wird es weiter und weiter so laufen? Vor Corona haben sich Grippen und Erkältungen ebenfalls stetig entwickelt und verändert. Ab der „Corona-Zeitrechnung" wird jedoch alles auf dieses Virus bezogen, damit die Kette der sich verschlimmernden Pandemie ununterbrochen bleibt!?! Die Impfungen halten weniger, als sie versprechen. Der zunehmende Ausschluss, die einsetzende Diffamierung – kurz vor der absoluten Kriminalisierung – von denjenigen Menschen, die sich erlauben, selbst zu bestimmen, was, wann, wie mit ihnen gemacht wird, ruft Erinnerungen wach. Wird in naher Zukunft der „Ungeimpfte" ein „unwertes Leben" sein? Ein Schelm, wer Böses dabei denkt. Ich gehe fest davon aus, dass die Menschheit aufgerufen ist, innezuhalten und die bisherigen Verhaltens- und Konsumgewohnheiten zu überdenken und zu verändern!

„COVID-19" ist eine Katharsis/Reinigung, bis in die tiefsten Tiefen, durch alle Ebenen und Schichten unserer Existenz, gründlich und fundamental. Die Menschheit, die Natur, die Welt hält inne, für einen Blick in die bisherige Realität und kommt in Berührung mit der Wirklichkeit. Ich benutze das Wort Realität im Sinne der von uns Menschen gemachten Welt. Das Wort Wirklichkeit beinhaltet diese Realität und geht zugleich weit darüber hinaus. Wirklichkeit ist demnach diejenige Welt, in der die Erde, der Mensch, das Kreatürliche und die Natur sowie die

Sonnensysteme und die Galaxien existieren, das Welt-All, die schöpferische Intelligenz – Gott. Unsere Mutter Erde/Gaia ist ein, in der Wirklichkeit seiender, beseelter Organismus. Alles, was existiert, ist beseelt, erhaben, komplex und zum Staunen. Des weiteren ist erstaunlich, dass sich die Existenz in Wirklichkeit immer weiter entwickelt, durch Evolution. Dadurch vervollkommnet sich alles Existierende und wird immer komplexer.

Ein Aspekt der Evolution

Die Evolution entwickelt sich permanent. Diese Entwicklung führt dazu, die das Leben bejahenden Resultate zu erkennen. Alle geistigen, künstlerischen, philosophischen, wissenschaftlichen, spirituellen und religiösen Richtungen sind für diesen Erkenntnisprozess von Bedeutung. Bedeutend im Versuch, dem Mysterium des Lebens sowie der göttlichen Wahrheit und Wirklichkeit auf die Spur zu kommen. Alle Kulturen beruhen im Grunde – in ihrer Essenz – auf einer aus der Schöpfung kommenden Ethik. Sie ruhen auf den Pfeilern derjenigen Erkenntnisse, die im Laufe der evolutionären Entwicklung das Mysterium erkennbarer und begreifbarer machen. Das Mysterium des Lebens selbst, die ungreifbare Unendlichkeit des Alls, ist durchwoben von einer schöpferischen und universellen Intelligenz – zu der ich gerne Gott sage. Gott ist der umfassende, zugleich sich jeder Definition entziehende Begriff. Gott ist eher ein Seins-Zustand. Das „Phänomen" einer numinosen, schöpferischen Intelligenz, eines sich im All befindenden, aktiven Bewusstseins. Das Schöne ist, dass wir die ganze Zeit, auf immer und ewig, mit diesem aktiven Bewusstsein verbunden sind. Wir sind Teil dieses Bewusstseins und zugleich latent das ganze Bewusstsein. Das ist eine weitere Wahrnehmung, wie ich das **innewohnende Potential** erlebe.

Suchen und finden

Zeit meines Lebens, von Kindesbeinen an, versuche ich, etwas zu begreifen, zu verstehen, was sich im Unbekannten befindet. Ich fühle „etwas". Dieses Etwas nehme ich wahr und nehme es „für wahr". Also mache ich mich auf die Suche und werde fündig, in einem langen, immer noch andauernden Prozess. Auf diesem Weg offenbart sich: es gibt einen Sinn, es gibt eine schöpferische Intelligenz. Es gibt Göttinnen – Artio, Astarte, Bastet, Durga, Eris, Freya, Hathor, Indra, Isis, Itzpapalotl, Kali, Maat, die Nossa Senhora, Nike, Nuit, Shakti/(Shiva), Tara, ..., um nur einige Göttinnen zu nennen. Es gibt Gott – Allah, Brahman, Jahwe, Sri Krishna, Odin, Shiva/(Shakti), Vishnu ...

Es gibt die indigenen Völker, die diese göttliche Signatur ehren in den Bäumen und Wäldern, den Tieren, den heiligen Kraft- und Zeremonie-Orten, denn Wasserquellen usw. Jede Kultur hat für die göttliche Signatur ihren eigenen Ausdruck. Ohne diese schöpferische Intelligenz bliebe das Leben für mich unverständlich. Die göttliche Welt der verschiedenen Weltreligionen ist eine kunterbunte und vielfältige Welt. Das Eine, Unendliche, Ewige manifestiert und offenbart sich dem Menschen auf unterschiedlichste Art und Weise. Die Beschäftigung mit den göttlichen Vorstellungen der verschiedenen Völker ist faszinierend.

Ich werde mich im Wesentlichen „christlich" ausdrücken. Das Christentum ist in diesem Leben meine Kultur. Doch der Weg, ein gläubiger Mensch zu werden, ist ein interreligiöser, spiritueller Weg. Je weiter ich auf diesem spirituellen Weg voranschreite, desto mehr unterschiedliche Quellen erregen mein Interesse. Und das Erstaunliche ist, in der Tiefe sind sich die authentischen Quellen des indigenen Mysterien-Wissens, des schamanischen Wissens, der Mysterien-Schulen und die spirituellen Quellen der Religionen im Wesentlichen einig. Obwohl die Symbole variieren und die Göttinnen und Götter andere Namen tragen. Das Göttliche wurde und wird angebetet, in Bergen und Flüssen, als Devas, Elfen, Feen, das kleine Volk, Kobolde und Zwerge, bis hinauf in die Galaxien und Sterne. Doch in der Quintessenz wird das Mysterium des Lebens ähnlich oder gleich ausgedrückt und empfunden. Es gibt sozusagen einen durchgehenden roten Faden, der darauf hinweist, wir Menschen sind „Spirituelle Wesen" mit menschlichen Erfahrungen. Die Welt ist komplexer als unsere dreidimensionale Wahrnehmung. Und diese komplexe Welt ist aus Gott, ist aus einer schöpferischen Intelligenz hervorgegangen.

Grundlegendes

Der apokalyptisch bedrohliche Grundzustand auf der Erde ist mir schon seit meiner Geburt zu viel. Ich empfinde und fühle die Grausamkeit und Zerstörung. Es ist mehr als genug. Dass sich dieser apokalyptische Grundzustand noch steigert und verschlimmert, das hielt ich lange Zeit für unmöglich und unvorstellbar. Ich gehe davon aus, dass es eine Kraft im Menschen gibt, die willens und in der Lage ist, die Apokalypse im Sinne des Untergangs zu beenden. Diese Kraft und dieser Wille befinden sich ausnahmslos in jedem Menschen. Diese Kraft empfinde ich als bedingungslose Liebe.

Ich gehe vom ewigen Leben aus. Von Reinkarnation, von der ewigen Existenz der Seele.

Ich gehe davon aus, dass Christus, die Anwesenheit Gottes im Menschen, ausnahmslos in jedem Menschen existiert.

Ich gehe davon aus, dass Ahriman, die Anwesenheit des Teufels/ des Bösen, ausnahmslos in jedem Menschen existiert.

Ich gehe davon aus, dass wir Menschen dazu bestimmt und in der Lage sind, zu wählen: Gehen wir den Weg des Guten oder den Weg des Bösen? Es ist die Aufgabe des Menschen, diese Dualität des ewigen Kampfes zwischen Gut und Böse zu erkennen und die daraus resultierenden Konsequenzen zu beenden.

Ich folge im Wesentlichen meinen Gefühlen und meiner Intuition. Schon vor meiner Lehre als Handwerker wollte ich unbedingt ein Intellektueller werden, ein geistiger Mensch, der logisch denken kann und geistig alles durchdringt. Bis heute halte ich das für ein ehrenwertes Ziel. Doch im Verlauf meines Weges erkannte ich, dass ich zuerst fühlend wahrnehme und dann versuche, das Wahrgenommene geistig einzuordnen und zu verstehen. Dass ich mehr ein Gefühlsmensch bin, kann ich mittlerweile akzeptieren, doch das hat sehr lange gedauert. Ich teile das hier mit, da ich weitgehend alles, was ich schreibe, zuerst fühlend und intuitiv erfasse. Das ist für Sie wichtig zu wissen, vor allem, wenn ich versuche, mich auf wissenschaftliche Aussagen zu stützen. Ich schätze zwar das wissenschaftliche Denken, jedoch das intuitiv Wahrgenommene dann wissenschaftlich zu formulieren, stellt eine größere Herausforderung für mich dar, als ich wahrhaben will. Dabei bin ich immer wieder fasziniert und verblüfft, dass sich vermehrt spirituelle Empfindungen in wissenschaftlichen Aussagen formuliert, wiederfinden. Es drängt sich der Eindruck auf, dass sich die Wissenschaft immer öfter mit der spirituellen Welt überschneidet. Ich werde versuchen, so genau und präzise wie möglich zu sein, die benutzten wissenschaftliche Aussagen wiederzugeben, obwohl es sein kann, dass ich dabei eher „ungenau und unscharf" bin.

Es wird im Verlauf des Buches auch zu Widersprüchen kommen. Das ist unvermeidlich, da sich auf dem spirituellen Weg die Einsichten ausweiten, weiter entwickeln und verändern. Der Weg, ein gläubiger Mensch zu werden, bringt mich Schritt für Schritt dem Göttlichen näher. Während ich Gott näher komme, verändert und verfeinert sich meine Wahrnehmung von Gott. Wem die Sufi Barracks oder die Zen Koans bekannt sind, dem werden das Paradoxe und die Widersprüche bekannt vorkommen. Widersprüche gehören zum Leben dazu und bringen eine gewisse Dynamik mit sich.

Die drei Lebensphasen

Zu meinem 60sten Geburtstag, am 12. 6. 2021, fasse ich einen Entschluss und betrete, absichtlich und bewusst, meine dritte Lebensphase, mit der Grundhaltung: *Ich bin ein Mitarbeiter/ Mitschöpfer Gottes!* Als dieser halte ich mich nun bereit, empfänglich und offen, für die Weisungen Gottes. Damit löse ich mich von der ersten Lebensphase, ein Handwerker aus einer Handwerkerfamilie zu sein. Enttäuscht, wütend und rebellisch zugleich.

Ich löse mich von der zweiten Lebensphase, Mitarbeiter an einem globalen Projekt für eine „Neue Kultur" zu sein. Diese Lebensphasen sind Vorbereitung gewesen und ich lerne mehr und mehr die Qualitäten dieser Phasen, die ich wertzuschätzen lernen darf, zu integrieren. Die Integration besteht u. a. darin, dass ich zu akzeptieren und wertzuschätzen lernte, „nur" ein Handwerker zu sein. Dass ich lernte, meine Eltern zu sehen und zu verstehen, dass sie ihr Bestes taten. Mit bestem Gewissen und Wissen. Das Wichtigste jedoch ist, dass ich lernte, trotz aller Schwierigkeiten, sie zu lieben. Gott sei Dank habe ich es ihnen vor geraumer Zeit gesagt.

Der gesamte Weg durch die Gemeinschaft, mit allen Höhen und Tiefen, hat meinen Charakter verfeinert. Er hat mich gelehrt, den menschlichen Fehlern und Schwächen gegenüber tolerant zu werden, durch das Wissen, dass jedem Menschen die Fähigkeit zu lieben gegeben ist, dass es möglich ist, sich zu verändern und sich weiter zu entwickeln.

Hinweis zum besseren Verständnis

Ich weise darauf hin, dass ich mich durchaus auf umstrittene
Aussagen, Quellen und/oder Menschen und Gruppen beziehen
werde. Mir geht es dabei mehr um die dort gewonnenen Aussagen, die Essenz der erarbeiteten Aussagen, in Anerkennung und
im Bewusstsein über die „Fehlbarkeit", denn irren ist menschlich. Es ist wichtig, Fehler zu machen, sie zu akzeptieren, dann
zu erkennen und diese schließlich zu korrigieren.

*„Großer Geist, bewahre mich davor, über einen Menschen zu urtei-
len, ehe ich nicht 10000 Meilen in seinen Mokassins gelaufen bin".*
Sinngemäße Worte aus dem Gebet eines Apachen.

Ich werde von Gott, Liebe, Spiritualität, Sexualität, Teufel und
das Böse sprechen. Das mag befremden. Ich bin mir bewusst,
damit in eine bestimmte Ecke gestellt zu werden. Es ist gut
möglich, mich für einen „Schwurbler" (absurdes Wort), einen
Verschwörungstheoretiker oder sonst etwas zu halten. Ich will
lediglich etwas herausfinden über die Liebe und das Bewusstsein,
da diese beiden Themen mich von Kindesbeinen an begleiten.
Deshalb erlaube ich mir, von den „absurdesten, dreckigsten und
staubigsten" Winkeln, bis hinauf zu den erhabensten Winkeln
des „Wahren, Schönen und Guten" zu blicken. Erst in einer weitgehenden Gesamtschau lässt sich wohl die Spreu vom Weizen
trennen. Ich will, soweit und so tief wie möglich, herantreten
an archetypische, seelische Bilder und Inhalte – konfessionsfrei,
interreligiös und forschend.
   Gott, Liebe, Spiritualität, Sexualität, Teufel und das Böse begreifen zu lernen und zu nutzen, für die Entwicklung der Aussagen, das ließe sich sicher auch abstrakter, psychologischer,
wissenschaftlicher formulieren. Auch ohne die Worte Gott, Liebe und Teufel gibt es ja Angst, Gewalt, Grausamkeit, Krieg und
die Zerstörung der Lebensgrundlagen auf Erden. Doch da mich
diese Begriffe, diese Worte schon lange auf meinem spirituel-

len Weg begleiten und beschäftigen, sind sie mir vertraut. Um es bildlich auszudrücken, sie sind das Skelett, dass den Körper dieses Buches tragen soll.

Ich werde mich „*des Öfteren wiederholen*". Damit ist eine Absicht verbunden, die darin besteht, wie bei den Gebetsmühlen immer wieder das Wesentliche zu betonen. Damit jedes Missverständnis von vornherein klar gestellt ist: Die konkreten Auswirkungen des Bösen auf der Erde sind zu grausam, über die Grenze des Aushaltbaren und Sagbaren hinaus. Dennoch wage ich es, Lösungen in Betracht zu ziehen und hier vorzustellen, die sich mir auf dem spirituellen Weg zeigen.

Des Weiteren will ich deutlich sagen, dass mir die scharfe Kritik an den politischen Strukturen, in diesem Buch, wichtig ist. Dabei ist mir klar, dass ich einen zu einseitigen Standpunkt gegenüber diesem komplexen politischen Thema einnehme. Das entspringt meinem heiligen Zorn. Der heilige Zorn entsteht, wenn die grundsätzliche Absicht von Politik, dem Gemeinwohl zu dienen, zu Korruption und Machtmissbrauch verkommt. Ich anerkenne, wenn Politik glaubwürdig ist, wenn Politik wirklich darauf basiert, an sozialen Strukturen zu arbeiten, die geeignet sind, komplexe gesellschaftliche Systeme zu koordinieren. Ich halte es für möglich, dass diese Zeit angebrochen ist, in der sich die Politik wieder an ethischen Prinzipien orientiert. Liebe das Böse gut.

Willkommen

Herzlich Willkommen bei diesem Versuch, einen Ausweg aus der globalen Krise und Not zu finden. Einen selbstbestimmten und verantwortlichen eigenen Weg zu gehen. Zum Wohle des Lebens, zum Wohle des Ganzen, zum Wohle der ganzen Welt. Ich will mit diesem Buch eine Möglichkeit für diesen Weg aufzeigen. In der Hoffnung Mut zu machen, dabei sein Herz zu öffnen und der Liebe zu folgen.

„Du kannst nicht ‚nicht erlöst' werden. Es gibt keine Hölle, außer der, dass du dies nicht weißt". Sagt Shams-e Tabrizi, in dem tiefgründigen Buch „Die vierzig Geheimnisse der Liebe" – von Elif Shafak

Bescheiden und Dankbar, in aufrechter Demut, von Herzen und in wachsender Liebe – Namaste und Ya Azim

1. Kapitel: Liebe das Böse gut

Logbuch und Notizen eines Werdenden

Liebe das Böse gut. In einem geöffneten seelischen Moment fiel mir dieser Titel zu. Der Titel, der dieses Buch inspiriert. Dieser Titel führt zu Erkenntnissen. Diese Erkenntnisse führen zu einer Konsequenz. Die Konsequenz, sich zu entscheiden. Diese Entscheidung gilt es letztlich, in jedem Augenblick zu treffen. Wähle ich das Böse oder wähle ich das Gute?

Ausgestattet mit dem göttlich gegebenen innewohnenden Potential, ergänzt durch diese Entscheidungsfähigkeit, ist es für uns alle möglich, dem weltweiten Massaker und den Grausamkeiten gegen das Leben ein konstruktives Ende zu setzen – auch wenn der Krieg zwischen Ukraine und Russland eine andere Sprache spricht, sowie die Eskalation zwischen Israel und Palästina/Gazastreifen.

Dennoch hat die Menschheit auch längst damit begonnen, sich für das Leben auf der Erde einzusetzen. Beispiele dafür sind: Reinigung der Weltmeere und Wasserkreisläufe, Aufforstungen und Wiederbewaldung, Wüstenbegrünung; Veränderungen in der Energiepolitik durch die Reduzierung der Nutzung fossiler Brennstoffe; steigendes Bewusstsein für die Bedeutung echter Nahrungsmittel, zunehmender Anbau durch biologische Landwirtschaft; Aufbau lokaler und regionaler Netzwerke; steigendes Bewusstsein für die Rohstoff- und Ressourcenschonung, für die Abfallvermeidung und die zunehmende Umsetzung effizienten Recyclings. Erste konstruktive Ansätze lassen sich also erkennen. Ich gehe des Weiteren davon aus, dass die engagierten und verantwortungsbewussten Menschen sich darüber im Klaren sind, dass dies nur die ersten Schritte sind.

Das uns von Gott gegebene innewohnende Potential wirkt im Kern des Menschen als bedingungslose, selbstlose Liebe, als klares und reines Bewusstsein und als Gottesgewissheit. Zumindest gehe ich davon aus und bin davon überzeugt. Aktiviert ein Mensch diese Urkraft, aktiviert sich seine Liebeskraft. Ein liebender Mensch ist leicht in der Lage, Glück zu empfinden. Dieses Glück, sich ganz für das Leben zu öffnen und einzusetzen. Ich ziehe durchaus in Betracht, dass sich ein Gott abgewandter Mensch ebenfalls öffnen kann für das Glück, das Leben und die Liebe. Ich selbst kenne es ja aus der Zeit, bevor ich anfing, ein gläubiger Mensch zu werden. Der Unterschied besteht für mich darin, dass ich ohne Gott mehr oder weniger den „Launen des Schicksals" ausgeliefert war. Mir war völlig unklar, dass ich bewusst „Liebe machen" kann, indem ich mich darauf ausrichte und dafür entscheide. Zuvor ist es mir quasi nur „aus Versehen" passiert, mich zu verlieben, ohne mir darüber im Klaren zu sein, wie entscheidend die eigene Bewusstseinshaltung ist. Zu der Zeit wollte ich die „Liebe für mich haben" und bezog alles auf mich. Somit verkannte ich dieses große Geschenk Gottes, und in eben diesem Augenblick ging es mir verloren. Immer und immer wieder habe ich das erlebt. Die Liebe ist eine Kraft, welche die Gnade in sich trägt, über sich selbst hinaus zu gehen, sich auszudehnen und zum Wohle aller zu wirken. Die Liebe ist eine Kraft, sich zu öffnen, wie die Blüte einer Rose. Zuvor wirkt die Rose unscheinbar, mit stacheligen Stielen, einfachen Blättern und dann – die Öffnung der Blüte ... Der intensive Duft, die strahlende Farbe, der Stiel und die Blätter sind nun ein prachtvoller und schöner Ausdruck des Lebendigen. Die Rose entfaltet ihr volles Potential. Die meisten Menschen, die ich kenne, erleben – wie ich – Freude bei dem Anblick einer Rose. Und Freude erzeugt Glück. Die Rose ist oft ein Ausdruck für die Liebe. Ich halte die Liebe für den Schlüssel, die Absicht, das Vermögen und den Willen zur Veränderung. Zu lieben heißt in diesem Fall, wie schon gesagt, sich für die Liebe zu entscheiden – Liebe „machen".

Meiner Empfindung und Wahrnehmung nach leben wir Menschen mittlerweile in einer weitgehenden Gott- und lieblosen Welt, was zu den oben erwähnten Grausamkeiten führt.

Von daher ist das bewusste Liebe machen tatsächlich zu einer Entscheidung geworden.

Ich will hier nun einsteigen und beschreiben, aufgrund welcher Erlebnisse, Erkenntnisse, Erfahrungen und Überlegungen ich einen Lösungsweg sehe. Manchmal sind Worte unzureichend, um zu beschreiben, was und wie ich fühle. Zumal ich im wesentlichen intuitiv vorgehe. Intuitiv und spielerisch nähere ich mich Gott an und stelle fest, dass Gott sich mir nach und nach zeigt. Wie bei einer Zwiebel komme ich tiefer und tiefer, komme Schale für Schale weiter und dringe dabei bis zum Kern vor. Vorherige Annahmen werden verworfen, abgelöst durch eine erweiterte Annahme. Ich befinde mich in einem kontinuierlichen Prozess, ich lerne es, Gott zu finden. Dabei werde ich immer wieder mit Widersprüchen konfrontiert, etwas definieren zu wollen, was sich jeder Definition entzieht.

Ich stehe immer wieder vor „verschlossenen" Toren. Erschwerend kommt hinzu, dass ich als Mensch eine zu „menschliche Vorstellung" von Gott habe. Im Versuchen, im „Ringen", auf Meinem Weg, ein gläubiger Mensch zu werden und für das Öffnen geistiger und seelischer Tore, brauche ich Schlüssel und Werkzeuge. Die ersten Schlüssel und Werkzeuge dafür sind: Dualismus, Dialektik, Polarität und Einheit.

Dualismus, Dialektik, Polarität und Einheit

Dualismus

„Dualismus – das Nebeneinanderbestehen zweier verschiedener, unvereinbarer Zustände, Prinzipien, Denkweisen, Weltanschauungen, Willensrichtungen, Erkenntnisprinzipien". Philosophisches Wörterbuch, Kröner Taschenbuchausgabe Band 13, neunzehnte Auflage, 1974

Der Dualismus ist antagonistisch, die Gegensatzpaare sind unvereinbar. Das Gute und das Böse stehen sich unvereinbar gegenüber. Mittlerweile halte ich den Begriff Dualismus mehr für ein geistiges und philosophisches Werkzeug, als für ein universelles Prinzip. Zu Anfang habe ich den Dualismus mit der Polarität verwechselt. Ich halte allerdings die Polarität für ein Prinzip des Alls, des Universums, da das Wirkprinzip der Gegensätze negativ – positiv dynamischer dargestellt ist, als das alleinige, eher starre Nebeneinanderbestehen zweier unvereinbarer Gegensätze. Wobei, bei der Betrachtung und Differenzierung unvereinbarer Gegensätze ist der Dualismus als geistiges Konzept durchaus hilfreich. Wir Menschen sind es gewohnt, uns in der vorherrschenden dreidimensionalen Welt zu definieren und zu lokalisieren und halten diese 3D-Welt für die Wirklichkeit. Wir sind es gewohnt, uns dabei meistens in diesem dualistischen System von gut/böse, hell/dunkel, schwarz/weiß, Frau/Mann, Leben/Tod usw. zu bewegen. Ich selbst war lange „gefangen" gewesen in der Dualität. Es ist eine Krux, sich derart einzuschränken und einem Konzept zu folgen, welches nur unzureichend die Wirklichkeit erfasst. Sie reicht zwar aus, das Alltagsleben zu leben, ist dabei aber gleichzeitig sehr limitierend.

Wir übersehen dabei, dass die Wirklichkeit dynamischer und komplexer ist. Die Wirklichkeit beinhaltet, neben dem Dualismus, noch die Dialektik, die Polarität, die Einheit und gewiss noch weitere Prinzipien. Die Komplexität der Wirklichkeit wird sowohl im alten indigenen Wissen als auch in den Mysterien-Schulen und durch Erkenntnisse und Entwicklungen in der Wissenschaft, vor allem in der Quantenphysik, ausgedrückt und ihre Wirkungsweisen beschrieben. In der Berührung mit tieferen Fragen nach dem Sinn erreicht das Dualismusprinzip seine Grenze. Es ist zu formal und zu starr.

Dialektik

An dieser Grenze erlebe und fühle ich in mir entweder das Gute,
Lichte, Helle ... oder das Böse, Dunkle, Unlichte. Weder die eine
Seite, noch die andere gewinnt die Oberhand. Ich bin zu Beidem
fähig. In Wirklichkeit bin ich in der Lage, zu *entscheiden*, welcher
Energie ich folge. Füttere ich den weißen oder den schwarzen
Wolf? Die Entscheidungsfähigkeit ist ein Schlüssel, ein Werkzeug und öffnet die verschlossene Tür des Dualismus. Hinter
dieser Tür offenbart sich die Dialektik – These, Antithese, Synthese. Diese Struktur der Dialektik erweitert meinen Horizont,
in Bezug auf die „dualistische" Begrenzung. Ich bin dankbar für
die lange Tradition der Philosophie, in der die Methoden und
Prinzipien, auf denen die „Strukturen der Wirklichkeit" beruhen,
bearbeitet, durchdacht, erforscht und untersucht werden. Und
das schon seit Jahrhunderten. Der Dualismus, die Dialektik und
andere geistige Prinzipien werden eindeutig und klar umrissen,
und jedes Prinzip wird klar definiert und stellt ein denkerisches
Werkzeug dar. Dialektik ist ein faszinierendes Denksystem,
durch welches sich komplexe Fragestellungen sehr tief bearbeiten, durchdringen und erfassen lassen. In der Antike wird die
Dialektik als ein Instrument der Rhetorik verwendet, die Lehre von der wirkungsvollen Gestaltung der Rede, um Argument
und Gegenargument zu untersuchen, mit dem Ziel Wissen zu
erwerben, Gegensätze zu analysieren und zu überprüfen. Die
Dialektik ist in der Philosophie sehr ausdifferenziert. Ich darf
mich glücklich schätzen, das denkerische und geistige Werkzeug
der Dialektik kennenzulernen und für den weiteren Aufbau
und die Entwicklung meiner Hypothese – das Böse GUTzulie-
ben – also für den Inhalt dieses Buches, zu nutzen. Erst im 18.
Jahrhundert wird die Dialektik – in dem von mir für die weitere
Arbeit am Buch genutzten Sinn – formuliert: die Lehre von den
Gegensätzen in den Begriffen und Dingen. Einer These wird eine
Antithese, also ein Gegenargument, gegenübergestellt, mit dem
Ziel, eine Lösung oder ein neues Verständnis in einer Synthese
zu finden und zu erfassen. Die Synthese, so stelle ich es mir vor,

ist eine mögliche neue These, die eine weitere Untersuchung des zugrundeliegenden Themas ermöglicht. Das ist jedenfalls der Aspekt, der mich fasziniert. Mit der Methode der Dialektik lässt es sich immer weiter denken. Bei Kant finde ich dann Hinweise auf diejenige Fragestellung, mit der ich hier arbeite und ringe. In seiner Kritik der reinen Vernunft gibt es den Absatz zum Thema der transzendentalen Dialektik. Darin berührt er Fragen und Grundthemen der Metaphysik, die ich für wichtig halte: die Freiheit des Willens, die Unsterblichkeit der Seele und dem Dasein Gottes. Danke, oh Bruder im Geist. Hegel untermauert nochmal die Anwendung der dialektischen Methode: These, Antithese, Synthese. Zitat Philosophisches Wörterbuch, 1974: *„Den Dualismus prinzipiell zu überwinden, trachtet der Idealismus als einer vom Geist ausgehenden übergreifenden Einheit, besonders die Hegelsche Dialektik, die die Gegensätze in der Synthesis aufhebt.“*

Gott – die These, Teufel – die Antithese, der Entscheidungen treffende Mensch – die Synthese. Das Gute – die These – steht dem Bösen – der Antithese – in der Dualität unvereinbar gegenüber. In der Synthese – die Erkenntnis, dass es ein die Dualität überschreitendes Prinzip gibt, ergibt sich die Möglichkeit des Handelns, die Entscheidung. Statt entweder gut oder böse zu sein, kann ich sowohl gut als auch böse sein. Statt einem dualistischen Konzept „ausgeliefert“ zu sein, durch dieses begrenzt zu werden, stehen mir weitaus mehr Möglichkeiten zur Verfügung. Die Dialektik erweitert das Bewusstsein, stellt dem Geist eine weitere Möglichkeit zur Verfügung. Das ist ein erster Schritt zur Anwendung des innewohnenden Potentials. Die Wirklichkeit zeigt sich komplexer, als ich ursprünglich dachte.

Polarität

In Ergänzung zum Begriff der Dialektik stoße ich auf den Begriff der Polarität. Die Polarität ermöglicht einen weiteren Schritt, der Komplexität des Themas gerecht zu werden. *„Im deutschen*

Idealismus, einer philosophischen Strömung, findet der Begriff Polarität besonders Verwendung bei Schelling und Hegel. So spricht Hegel von der Polarität als *„von einem Unterschiede, in welchem die Unterschiedenen untrennbar sind"*. Polarität – Quelle Wikipedia. Es findet sich dazu des Weiteren die Definition; Philosophisches Wörterbuch, 1974: *„Polarität, gegensätzliches Verhalten, die Entfaltung einer Wesenheit nach zwei entgegengesetzten, doch aber sich gegenseitig bedingenden und ergänzenden Richtung hin; Urspannung."*

Das Polaritätsprinzip ist komplementär. Die Pole dieses Prinzips weisen auf die ursprüngliche Einheit hin. Tag lässt sich nur im Kontrast zur Nacht definieren, heiß nur, wenn es auch kalt gibt. In der Elektrizität wie im Magneten gibt es den Negativen/Minus- und den Positiven/Plus-Pol, die Erde hat einen Nord- und einen Südpol. In der Polarität lassen sich Gut und Böse wie die Pole auffassen, die sich gegenseitig bedingen und ergänzen.

Von Bedeutung jedoch ist, jeder Pol stellt für sich ein eigenständiges So-Sein dar. Der Plus-Pol ist etwas anderes als der Minus-Pol. Das Licht ist etwas anderes als das Dunkel. Der Tag ist etwas anderes als die Nacht. Das Heiße ist etwas anderes als die Kälte, usw. Die Gegensätze bedingen und ergänzen sich, doch jeder Pol trägt seine eigene Bedeutung und Energie in sich.

Das führt mich zu folgender Überlegung. Aufgrund einer Spannung zwischen den Polen, inklusive der neutralen Energie zwischen den Polen, ergibt sich das Prinzip der Polarität. Die Spannung ergibt sich aus derjenigen permanenten Bewegung, die entsteht, wenn sich negativ und positiv wieder vereinigen wollen. Die Kraft der Einheit, die Kraft der Neutralität, die weder negativ noch positiv ist, verhindert das jedoch. Die ursprünglich neutrale Energie/Kraft der Einheit, ist durch die nun in negativ/positiv aufgeteilte Energie unwiderruflich in Bewegung geraten. Diese Energie ermöglicht dadurch erst die Gestaltung der Materie, ermöglicht dadurch erst die uns vertraute Schöpfung. Die Pole, mit ihrer jeweiligen Energie, bedingen und ergänzen sich und sind die Basis dafür, Energie in Materie umzuwandeln.

Das Licht ist ohne Dunkel existent und dem Dunkel ungleich. Das ist umgekehrt genauso gültig. Liebe ist ungleich dem Hass. Gott ist ungleich dem Teufel. Jeder Pol ist in sich also einzigartig. Das heißt die Pole sind in sich eine eigene Qualität und/oder eine eigene Individualität. Das Gute ist das Gute und das Böse ist das Böse. Das Gute hat eine eigene Wirklichkeit und Sphäre, das Böse hat eine eigene Wirklichkeit und Sphäre, und es gibt eine eigene Sphäre, die ursprüngliche neutrale Einheit, um die herum das Gute und das Böse sich in einer polaren Spannung bewegen.

Zum einen: Diese je eigenen Sphären befinden sich in einem ewigen Kampf zwischen Gut und Böse. Das erleben wir als Menschen so und sind unmittelbar darin eingebunden. Dank der Dialektik sind wir jedoch in der Lage, innerhalb dieses Kampfes eigene Entscheidungen zu treffen und mitzugestalten, wie dieser Kampf ausgeht. Das dialektische Prinzip ermöglicht das geistige Verständnis, welche Aufgabe und Bedeutung uns die Synthese ermöglicht, nämlich die Balance zwischen Finsternis und Licht wieder herzustellen und somit das Prinzip der Polarität, für den Wieder-Eintritt in die Einheit, zu nutzen.

Zum anderen: Diese Sphären, die Spannung zwischen den Polen, nehmen wir als Menschen u. a. als Elektrizität, Energie, Magnetismus und Materie wahr. Auf der materiellen Ebene ist es uns Menschen möglich, die Spannung zwischen den Polen für die Gewinnung und den Einsatz von Elektrizität zu nutzen, für die Nutzung der Atomkraft, sowie weiteren technologischen Anwendungen. Alle technischen Errungenschaften und Anwendungen basieren auf der hohen Energie, die zwischen den Polen fließt.

Auf der geistigen-spirituellen Ebene ist es uns Menschen möglich, die Spannung zwischen den Polen in Balance zu bringen und somit zu nutzen. Sowie auf der körperlich-seelischen Ebene diese Spannung zu nutzen, als auch für die Steigerung der neuronalen Netze und der biochemischen Abläufe. Bevor die Pole entstehen, gibt es eine neutrale Ausgangssituation, in der weder der eine, noch der andere Pol existiert. Dies ist die uranfängliche Einheit, die die Ursache ist, aus der heraus die Pole erst entstehen.

Diese uranfängliche Einheit ist, nach meinem Dafürhalten, deckungsgleich mit bedingungsloser Liebe und mit der göttlichen Wahrheit und Wirklichkeit. Die Kräfte der Finsternis und des Lichts lassen sich also in eine Balance, ein Gleichgewicht und eine Harmonie bringen, indem das übergeordnete Prinzip angewendet wird. Die Fähigkeit, diese Balance zu praktizieren, sehe ich in unserer menschlichen Fähigkeit, zu lieben. Sobald die Kräfte in Balance, im Gleichgewicht sind, ist es möglich, diese enorme Energie, die zwischen den Polen frei gesetzt wird, anders auszurichten und z. B. eine Welt zu erschaffen, die auf Frieden, Harmonie und Liebe basiert.

Ich halte das sogar für unsere Aufgabe und Bestimmung, sowohl auf der Erde als auch für alles weitere Leben im All, in dieser Art und Weise die Liebe zu praktizieren. Wobei ich mich noch schwer damit tue, trotz vieler Hinweise, außerirdische Lebensformen und Lebewesen anzunehmen – obwohl dies durchaus denkbar ist und vieles erklärt, was sonst unverständlich bliebe.

Die Einheit

Um jedem Missverständnis zuvor zu kommen: Ich verwende den Begriff Einheit in einem philosophischen und spirituellen Sinn. In einem metaphysischen Sinn. Im Unterschied zum Begriff Einheit, wie er in mathematischen, physikalischen, ökonomischen und wissenschaftlichen Bezugssystemen verwendet wird.

Die Einheit – andere Worte, die ich benutze sind: das Absolute, das Ganze, das Göttliche, die Quelle, der Ur-Sprung oder die Ur-Sache/das Ur-Prinzip.

Ich erinnere an dieser Stelle nochmal daran: Ich erlebe Gott als eine Person und als Wesen, wie ein Sie/Er/Es und gleichzeitig als Über-persönlich, eher wie eine absolute Energie. Während all der Jahre, ein gläubiger und wissender Mensch zu werden, bin ich immer davon ausgegangen, dass Gott die „Einheit an sich" ist – das Absolute, ewig Seiende und Unteilbare. Das war meine Grundannahme, die erste Idee zu Gott. Die ewig seiende Einheit Gottes in Worte zu fassen, so dachte ich, ist eine einfache und klare Sache. Jetzt jedoch, wenn ich zur Einheit etwas aussagen will, stelle ich fest, dass das herausfordernder ist, als ich dachte und als es mir lieb ist.

Die Einheit ist mir deshalb so wichtig, weil ich davon ausgehe, dass sie den Menschen sowie den Geschöpfen, gleichwie Gott, innewohnend ist und eine Eigenschaft des Lebens selbst ist. Dass sich etwas, mit dem ich, mit dem wir verbunden sind, letztlich dem gedanklichen Zugriff entzieht, wie sich im Folgenden zeigen wird, macht mich über alle Maßen neugierig. Ich gehe davon aus, wenn es gelingt, sich mit dem Eins-Sein – der Einheit und Gott, der schöpferischen Intelligenz – wieder zu verbinden, dass sich dann das individuelle Bewusstsein sowie das Bewusstsein der Menschheit steigert und darauf ausrichten wird, die Erde, die Welt wieder in Ordnung bringen zu *wollen*. Das führt, so hoffe ich, zu einer Bewusstseinserweiterung, die sich dadurch auszeichnet, sich für das Wohl des ganzen Lebens einzusetzen und entsprechend zu handeln. Die Folge von diesem Aufstieg des Bewusstseins, so vermute ich, ist das Ende aller Ausbeutung, Brutalität, Gewalt, der Umweltzerstörungen und der Kriege – also eine bewusste Anwendung bedingungsloser Liebe und eine bewusste ethische Haltung.

Zunächst drehe ich mich im Kreis, wie die berühmte Schlange – Ouroboros – die sich selbst in den Schwanz beißt. Wie teile ich Einheit mit? Erinnerungen helfen mir auf die Sprünge. Ich erinnere mich an einige, wenn auch bislang wenige, Erfahrungen der Einheit, die ich aus dem Gebet sowie aus der Meditation, aus einem Zustand der Begeisterung und des Glücks sowie aus starken Liebesmomenten und sexuellen Begegnungen kenne. Im Gebet und in der Meditation, in Augenblicken der Stille, fühle ich die Gegenwart Gottes in mir. Die mich umgebende Welt und ich sind für Augenblicke Eins. Dieses Erreichen der Stille ist ein Trainingsziel auf meinem spirituellen Weg. Ich darf mich glücklich schätzen, neben den oben beschriebenen Erfahrungsmomenten auch auf einige starke sexuelle Erfahrungen zurückzublicken. Die Stärke des Erlebens bestand darin, dass sich meine Ich-Identität während des Erlebens auflöste. Während des sexuellen Erlebens verschmolz ich einerseits mit der Frau und andererseits mit dem Eins-Sein. Dieser Moment ist deckungsgleich mit dem Moment der Stille aus dem Gebet und der Meditation. Die geistige, körperliche und seelische Existenz und die Existenz des Alls sind für einige Augenblicke im Einklang.

Für dieses Erleben findet der Philosoph Plotin wunderschöne Worte, mit denen er mir voll und ganz aus dem Herzen spricht: *„Das Streben der Seele nach dem Einen charakterisiert Plotin als erotisch, den philosophischen Aufstieg zum Einen und das Ziel, die Einheitserfahrung, beschreibt er in erotischer Sprache … Daher schreibt er der Erotik in allen ihren Äußerungen eine einheitliche Natur zu. Zwischen den metaphysischen Gegebenheiten und der Sexualität sieht er eine doppelte Analogie, wobei er die Sexualität als Abbild auffasst: Die Fortpflanzung bildet als Hervorbringung den Hervorgang aus dem Einen ab, die sexuelle Anziehung das Zurückstreben des Hervorgegangenen zu seinem Ursprung.“* Quelle wikipedia.org/wiki/Das – Eine

Die sexuellen und spirituellen Erfahrungen veranlassen mich dazu, diesem Mysterium „Einheit" weiter auf die Spur kommen zu wollen. Die Einheit zu erfahren, stellt für mich ein Höchstmaß an Freude, Glück, Gesundheit und Vitalität dar. Diese von Plotin beschriebene Einheitserfahrung halte ich für einen der Schlüssel, die uns Menschen daran erinnert, welche Art Potential zur Anwendung in uns schlummert. Dankbarerweise, wie ich es eben beschrieben habe, stellt die Einheit für mich eine Erfahrung dar. Die Erfahrung ist beschreibbar, jedoch die Einheit selbst zu beschreiben, ist eine Kunst für sich. Glücklicherweise finde ich in der chinesischen Philosophie durch das Yin-

Yang-Symbol, in der vedischen universellen Weisheitslehre der Bhagavad Gita und allgemein in der östlichen und westlichen Philosophiegeschichte weitere Inspirationen zu diesem großen Thema der Einheit.

Yin und Yang

Das Yin-Yang-Symbol ermöglicht mir, mich auf eine einfache Art und Weise der Einheit anzunähern. Die Einheit bleibt zwar zunächst verborgen, doch durch die Komplexität, die das Yin-Yang-Symbol darstellt, weist es auf die Einheit hin. Das lässt Rückschlüsse auf dasjenige zu, was verborgen bleibt.

Die Grundform des Yin-Yang-Symbols ist ein Kreis. Ist der Kreis leer, ohne schwarz und weiß, lässt sich dieser leere Kreis als undefiniert auffassen, als ein Portal. Eine Schnittstelle zwischen einer ewigen, unendlichen Einheit und der uns vertrauten materiellen Welt. Der Kreis ist, wie Ouroboros ohne Anfang und ohne Ende. Diese Eigenschaft macht den Kreis sehr stabil dafür, eine unendliche Energie durchzulassen. Das ist eine Metapher, da mir detaillierte wissenschaftliche Kenntnisse fehlen, wie genau sich Energie in Materie umwandelt.

Die Einheit ist ein unendliches Energiepotential und ist zugleich ein Mysterium. Ich vermute, dass das unendliche Energiepotential der Einheit die Quelle aller Materie, die Quelle alles Seienden, ist. Sobald die unendliche Energie durch das Portal einströmt und sich in Materie umwandelt, verwandelt sich die Einheit und sie beginnt sich aufzufächern. Die erste Auffächerung ist die Dualität – Zweiheit. Es entstehen zwei Pole, die sich zunächst als unvereinbarer Gegensatz gegenüberstehen. Der lichte, positive und der dunkle, negative Pol – Plus und Minus, dargestellt in der weißen und der schwarzen Fläche. Dieser Dualismus ist eine erste Tatsachen-Feststellung, dass die Einheit etwas hervorgebracht hat. Zugleich bildet diese Zweiheit wieder ein Ganzes.

Verblüffend ist jedoch, dass sich in der schwarzen Fläche ein weißer Punkt befindet und in der weißen Fläche ein schwarzer Punkt. Ist dass der Hinweis, dass sich die Gegensätze bedingen und ergänzen, sich also im Polaritätsprinzip bewegen? Dass sich außerhalb der Einheit diese Dynamik ergibt, indem sich die Pole ständig aufeinander zu bewegen und zueinander wollen? Wollten die Urheber des Yin-Yang-Symbols darauf hinaus? In der weiteren Betrachtung lässt sich erkennen, dass die Punkte das ganze Symbol dynamischer werden lassen. Die Dualität erklärt lediglich die jeweilige Qualität der Pole. Der lichte Pol ist positiv und etwas anderes als der dunkle Pol. Der dunkle Pol ist negativ und etwas anderes als der lichte Pol. Die eigene Qualität und Eigenschaft schließt die Qualität und Eigenschaft des Gegenpols, des Gegensatzes, aus. Die Punkte weisen jedoch darauf hin, dass es eine Beziehung, eine Verbindung, zwischen den Polen gibt. Eine energetische Spannung. Wie in der Elektrizität, den Magneten und den Polen der Erde deutlich wird, fließt und strömt Energie zwischen den Polen. Obwohl sie sich gegenseitig ausschließen, bedingen und ergänzen sie sich und ermöglichen erst diesen ständigen Energiefluss.

Die Polarität veranschaulicht die Dynamik, die aufgrund des Energieflusses zwischen den Polen entsteht. Die Polarität stellt dar, wie sich die unendliche Energie in endlichen Strukturen auswirkt und in der Materie verhält. Die elektrische Spannung in den Atomen, Molekülen, Organen und Zellen usw. müsste demnach dem Polaritätsprinzip entsprechen. Es ist bemerkenswert, verschiedene Bedeutungsebenen in diesem einfachen Symbol zu finden.

Ich füge hier ein Zitat ein, aus dem Buch „Unsichtbare Welten" von Armin Risi: *„Dualität (Zweiheit) existiert im Spannungsbereich der Polarität (Gegensätzlichkeit von Teil und Gegenteil). Die Gegensätze der Polarität zeichnen sich dadurch aus, dass sie sich gleichzeitig ergänzen und ausschließen, was im Tao-Zeichen* (Yin-Yang-Zeichen) *ideal zum Ausdruck kommt: Die schwarzen und weißen Bereiche schließen sich gegenseitig aus, bilden zusammen*

aber ein Ganzes mit fließenden Übergängen. Aufgrund des Schöp-
fungsgesetzes der Polarität gibt es im Universum Lichtwelten und
Schattenwelten."

Dass es aufgrund der Schöpfungsgesetze der Polarität Lichtwelten
und Schattenwelten gibt, ist eine Aussage von Bedeutung. Diese
Aussage wird von dem Philosophen Jochen Kirchhoff, in seinem
YouTube Video zum Thema Gut und Böse, untermauert. Er sagt,
dass das ganze All durchdrungen wird von Finsternis und Licht.
Die Lichtwelten assoziiere ich mit dem Guten, im speziellen mit
der göttlichen Welt, letztlich mit Gott und die Schattenwelt mit
dem Bösen, dem Dunklen, letztlich mit dem Teufel. Gott lässt
sich – ich sage das mal so – als Plus-Pol auffassen, der Teufel als
Minus-Pol. Einerseits stehen sie sich als unvereinbarer Gegensatz gegenüber, schließen sich aus und andererseits bedingen
und ergänzen sie sich. Unter diesen Umständen ist es wohl der
Kampf zwischen Gut und Böse, der die Spannung ausmacht. Ich
will jetzt bei dem Thema Einheit bleiben, später mehr zu den
Lichtwelten und Schattenwelten. Das Yin-Yang-Symbol eignet
sich dafür, dass ich einen Ausgangspunkt finde, wie sich ein
Übergang aus der Einheit in die Vielfalt denken lässt.

Berührungen mit der Einheit

Die Einheit – obwohl ich ihr gerade Eigenschaften zuschrieb,
wie ewig und unendliches Energiepotential beinhaltend – ist
ihrem Charakter nach eher unbeschreibbar, undefinierbar und
jede Aussage entzieht sich letztlich dem gedanklichen Zugriff.
Allein schon die Worte ewig und unendlich weisen darauf hin,
dass diese Worte außerhalb der sinnlichen, also beschreibbaren, Wahrnehmung liegen. Durch den Kunstgriff, den ich mir
erlaubte, den Kreis als Portal zu beschreiben, ist dieser Kreis
auf der wahrnehmbaren Seite ja gefüllt mit dem, was eben das
Yin-Yang-Symbol darstellt. Doch die erregende Frage ist, was

ist auf der anderen Seite? Zu den Worten ewig und unendliches Energiepotential füge ich jetzt noch Leere und Nichts hinzu. Als ob das die Sache leichter macht. Dennoch, genau darauf will ich hinaus. Das Nichts, die Leere, die Einheit liegen, wie Gott, außerhalb jeder Definition. Der Clou daran ist, obwohl undefinierbar, ist dennoch alles Existierende und Definierbare daraus hervorgegangen. Ich bin geistig angeregt und fasziniert, gerade mit Hilfe von Definitionen den Wirkungen des Undefinierbaren näher zu kommen und somit ganz nah vor dem Undefinierbaren zu stehen. Weiter unten, im Besonderen im Absatz der Philosophie, wird diese Aussage noch erweitert. Dieses Undefinierbare fühle ich von Zeit zu Zeit. Dabei hilft mir die Meditation, still zu werden und dann still zu sein. Manchmal erreiche ich für Sekunden diesen Moment der Stille, Tendenz steigend. Das „Verrückte" dabei ist, ich kann mich aus der dreidimensionalen Welt verrücken in eine unendliche Welt. Ich kann mit meinem Bewusstsein/meinem Geist über die dreidimensionale Welt hinaus gehen. Bis hin zur Einheit und zum Nichts. Die Krux an dieser Stelle ist, dass mir dann dafür die Worte fehlen. Zum einen ist diese Erfahrung, wie gesagt, im Sekundenbereich, also echt kurz. Wobei die herkömmlichen Zeitbegriffe im Grunde außer Kraft gesetzt sind. Sobald ich emotional und/oder gedanklich reagiere, bin ich sofort wieder außerhalb dieser Erfahrung.

Zum anderen fällt mir zu dieser Erfahrung „nur" so etwas ein, wie ein leeres weißes Blatt Papier oder vollkommene Leere oder unendliches Energie-Potential, was für meinen Geschmack zu wenig aussagt. Die einzige Aussage, die ich machen kann, ist die, dass ich das leere Blatt dafür benutzen kann, um aus dem unendlichen Energie-Potential etwas zu schöpfen, z. B. eine Vision. Ich kann zu jeder Zeit das Blatt beschreiben, also etwas manifestieren. Ich kann, aus dem unendlichen Energie-Potential schöpfend, z. B. auf das Blatt „weltweiten Frieden und den Beginn seiner Verwirklichung" schreiben. Durch das unendliche Energie-Potential kann ich mich also steigern. In diesem angeregten und gesteigerten Zustand kann ich mir die Freiheit nehmen, etwas derart unrealistisch Erscheinendes, wie weltweiten Frieden, zu formulieren. Wobei ich davon ausgehe, dass sich dadurch die Wahrscheinlichkeit erhöht, dass sich weltweiter Frieden verwirklicht. Gedanken und Gefühle erschaffen Wirklichkeit.

Das ist nur ein Beispiel dafür, weshalb mir die Verbindung mit der Einheit, dem Eins-Sein, soviel bedeutet. Ich kann dann etwas sehen und in Betracht ziehen, was zuvor unmöglich schien. Ich will darauf hinaus, dass, wenn wir Menschen, als Teile des Ganzen, mit dem Ganzen, der Absoluten Einheit und Gott direkt verbunden sind, mehr tun können, als wir tun. Diese direkte Verbundenheit ist Bestandteil unseres innewohnenden Potentials. Dieses innewohnende Potential ist verankert in einem unendlichen, unerschöpflichen und undefinierbaren Energiekontinuum. Ich bin mir sicher, dass dieses innewohnende Potential freizusetzen und zu nutzen, das Ziel der Reise des Menschen auf Erden ist. Was das bedeuten kann, hat uns u. a. Christus offenbart und gezeigt. Die Wirklichkeit ist ein offenes System, voller erkenn- und erlebbarer Mysterien und Rätsel. Es gibt eine aufregende Schnittstelle zwischen dem Bekannten und dem Unbekannten. Es gibt noch soviel zu entdecken und zu entschlüsseln. Das Bewusstsein schreitet stetig voran und entwickelt sich weiter. Das ist doch großartig! Neben dieser zuvor beschriebenen Verbundenheit bin ich ebenso/gleichzeitig, als Teil, vom Ganzen scheinbar „getrennt". Zumindest erscheint es immer wieder so. Getrennt in dem Sinne, dass ich mich unterscheide von der Einheit, vom Ganzen, von Gott, da ich „lediglich" als Teil in der Vielfalt/Vielheit existiere. Ich halte diese Erkenntnis für wichtig. Dieser Unterschied erlaubt mir, jedwede Anmaßung und Verwechslung, wie die, Gott zu sein, zu unterlassen. Ich halte diese Anmaßung und Verwechslung für einen der Gründe, größenwahnsinnig zu werden, als eine Neigung zum Bösen.

Bhagavad Gita

Ich will an dieser Stelle noch bei Gott, bei der Einheit, dem Eins-Sein und dem Ganzen bleiben. Im vedischen Weisheitswissen, wie es in der Bhagavad Gita dargestellt wird, wird Gott – Sri Krishna – als absolutes Wesen beschrieben und als höchste Persönlichkeit Gottes. Es wird gesagt Sri Krishna ist individuell, was wörtlich „eins und unteilbar" bedeutet. Das ist ein bemerkenswerter Hinweis, da der Mensch, meiner Empfindung nach, als ein aus Gott hervorgegangenes Wesen, auch individuell ist. Die Eigenschaft „eins und unteilbar", als eine Eigenschaft des Menschen, verbindet uns Menschen mit Gott.

Die Bhagavad Gita war mir lange unbekannt. Durch die Berührung mit ihr komme ich weiter und weiß sie zu schätzen. Sich mit diesem vedischen Weisheitswissen zu beschäftigen, kann durchaus eine Quelle zum besseren Verständnis der Wirklichkeit sein. Sie ist für einen spirituell Suchenden bereichernd und hilfreich für seinen spirituellen Weg. Die kritischen Stellen lasse ich außen vor, die Bhagavad Gita hat auch ihre „Schwächen". Wie schon gesagt, beziehe ich mich auch auf umstrittene Quellen. In der Bhagavad Gita wird Gott sehr lebendig beschrieben. Sri Krishna wird sehr differenziert dargestellt und trägt viele weitere Namen. Jeder Name steht für ein bestimmtes Thema, welches durch Erklärung und Unterweisung erläutert wird. Dadurch erklärt sich nach und nach der Aufbau und die Struktur der Schöpfung und die Aufgabe des Menschen, nämlich dem Wohl des Ganzen zu dienen.

Sri Krishna – ist auch Brahman, der Aspekt, der die höchste absolute Wahrheit darstellt und besagt, dass es nur göttliche Energie gibt. Sri Krishna – ist auch Vishnu, der Herr der Halbgötter, einschließlich Shiva. Vishnu beseelt die Urmaterie des materiellen Kosmos. Brahman und Vishnu sind nur zwei Beispiele für die anderen Namen, die anderen Erscheinungsweisen Sri Krishnas. Die Anführung der weiteren Namen und ihrer Bedeutungen geht an dieser Stelle zu weit. Sri Krishna – ist auch ein Freund von Arjuna, einem Menschen, einem Krieger. Das absolute Wesen und die höchste Persönlichkeit Gottes, begibt sich unter die Menschen. Die Bhagavad Gita beginnt mit den Unterweisungen, die Sri Krishna in Menschengestalt seinem Freund gibt. Ausgerechnet auf einem Schlachtfeld. Das fand ich anfangs mehr als befremdlich. Dann erkannte ich, dieses heilige Buch erläutert von Anfang an die göttlichen Prinzipien. Es erläutert, dass die Abweichung des Menschen von den göttlichen Prinzipien Leid und Krieg verursacht. Im weiteren Verlauf erklärt Sri Krishna, in seinen verschiedenen Aspekten/Namen, welche Möglichkeiten der Mensch zu seiner Selbstverwirklichung hat, um damit Leid und Krieg zu beenden.

Das mündet in der Schlussfolgerung, die im18. Kapitel, am Ende der Bhagavad Gita, wie folgt ausgedrückt wird: *„Der höchste Pfad der Religion ist uneingeschränkte, liebende Hingabe zu Sri Krishna. Solche Hingabe befreit den Menschen von allen Sünden, erhebt ihn zu vollständiger Erleuchtung und ermöglicht es ihm, in Krishnas ewiges Reich zurückzukehren."* Sri Srimad A.C. Bhaktivedanta Swami Prabhupada

Beeindruckend ist die Parallele zwischen Sri Krishna und Jesus Christus. Christus – Gott im Menschen – ist ebenfalls unter den Menschen. In Gestalt von Jesus Christus hilft uns Gott, in die göttliche Wirklichkeit eingeweiht zu werden. Ich will darauf aufmerksam machen, dass diese zwei verschiedenen Religionsansätze in der Quintessenz ihrer Aussagen zumindest ähnlich sind. Die indische und hinduistische Mentalität ist eine andere als die christliche. Es ist eine andere Art, das Göttliche auszudrücken und ihm zu begegnen. Ich danke ausdrücklich dafür, dass die Einheit, sowohl in der Bhagavad Gita als auch im Buch „Unsichtbare Welten" von Armin Risi, auf einen Ausdruck, auf einen Begriff gebracht wird – *Vielfalt in der Einheit/Einheit in der Vielfalt* – und dadurch sich meine eigenen Überlegungen erweitern.

Gott bringt aus der Einheit die Vielfalt hervor: *„Vielfalt in der Einheit/Einheit in der Vielfalt ist die Haupteigenschaft der spirituellen Realität."* aus „Unsichtbare Welten" von Armin Risi

Diese Formel ist einfach zu verstehen. Doch in der geistesgeschichtlichen Auseinandersetzung der Philosophie stoße ich
erneut auf die Aussage, die Einheit entziehe sich jedem gedanklichen Zugriff. Es bleibt dabei, eine Eigenschaft der Einheit ist,
sie ist unbeschreibbar, per Definition undefinierbar. Ihre Wirkung lässt sich beschreiben, doch ihr So-Sein? Ouroboros lässt
grüßen. Wie untersuchen die Philosophen dieses Thema?

Philosophie

Ich empfehle, sich mit der philosophischen und der theologischen
Geschichte, vertraut zu machen. Was in der Bhagavad Gita und
in der chinesischen Philosophie entwickelt wurde, setzt sich in
der westlichen Philosophie fort. „Das Eine" wird von der Antike
bis in die Neuzeit gedanklich erforscht und untersucht. Ich finde es anregend, eine lange geistige Tradition vorzufinden und
verbeuge mich mit Respekt, vor den großen philosophischen
Denkern der Menschheitsgeschichte. Was mir oft fehlt, ist die
weibliche Stimme. Ich gehe davon aus, dass es zu jeder Zeit auch
großartige Denkerinnen gab, gegeben haben muss und gibt.

Das Eine, als philosophischer Begriff, wird als ein höchstes Prinzip bezeichnet. Dieses Prinzip wird oft als transzendent, jenseits
von Sinneserfahrung und sich jedem gedanklichen Zugriff ent-
ziehend, betrachtet. Schon in den Ursprüngen der Philosophie
geht es um das Verhältnis des Einen als Gegenteil zum Vielen.
Damit fühle ich mich in guter Gesellschaft.

In der Philosophie finde ich brillante Gedanken und Unter-
suchungen in Bezug auf das Eine. Sehr ausgereifte gedankliche
Konzepte mit Tiefgang. Vor allem finde ich eine weitere Bestätigung dafür, dass sich das Eine dem gedanklichen Zugriff entzieht.
Genau bis dahin bin ich ja selbst schon gekommen. Die Philosophie
bietet die Möglichkeit der Annäherung. Die untersuchten und
vorhandenen Wirkungen der Vielfalt erlauben Ableitungen und
Rückschlüsse auf die Existenz der Einheit und ihr Vorhandensein.

Ihre Existenz, sowie die Existenz Gottes und eines Göttlichen tritt am deutlichsten hervor, sobald alle Begriffe, Definitionen und Eigenschaften erschöpfend behandelt wurden. Das Einzige, was einem bleibt, ist die Erfahrung, die allerdings wiederum zumeist außerhalb des Beschreibbaren liegt. Das fühlt sich paradox und widersprüchlich an. Als ein gedankliches Experiment kommt mir folgendes in den Sinn: Wie ist der Duft einer Rose zu beschreiben, für jemanden, der den Geruchssinn verloren hat? Wie ist das Rot der Rose mitzuteilen, für jemanden, der blind ist? Die geistige Herausforderung, das Unfassbare der Einheit zu erfassen, ist bereichernd. Allein die Erkenntnis, dass das Eine Eigenschaften und Subjekte hervorbringt, wie Entitäten, Geschöpfe und Materie, ohne sich durch diese Eigenschaften definieren zu lassen, ist von unschätzbarem geistigen Wert. Das bekannte Leben findet innerhalb des Inconnu (frz.), des Unbekannten, statt.

Dazu die für mich tiefgreifendsten Betrachtungen, die eine von dem Mystiker Meister Eckhart, die andere aus der philosophischen Schule der antiken Neuplatoniker: Eckhart differenziert zwischen Gott und Gottheit, die Neuplatoniker differenzieren zwischen Sein und Über-Seiendes. Während ich von Definitionslosigkeit gegenüber dem Einen spreche, benutzen Meister Eckhart und die Neuplatoniker den Begriff der Bestimmungslosigkeit. Gott gehört demnach noch zu einem Seinsbereich, in dem die Aussage Gott-Ist-Schöpfer gültig ist. Auf dieser Ebene des Seins lassen sich noch Aussagen über Gott machen und Eigenschaften zuordnen. Gott tritt dem Menschen als Schöpfer gegenüber, ist jedoch selbst unterschieden von der Gottheit. Die über Gott liegende „*Gottheit*" (Meister Eckhart) existiert als „*über-seiendes Sein und eine über-seiende Nichtheit*" (die Neuplatoniker) und ist somit eine höhere Wirklichkeit, in die Gott quasi selbst eingebettet ist. Diese Gottheit sei nur auf sich selbst bezogen. Weder bringe sie etwas hervor, noch teilt sie sich mit. Sie ist der über-persönliche Aspekt einer göttlichen Gesamtwirklichkeit. Meister Eckhart machte die Aussagen zu Gott und Gottheit, die Neuplatoniker die Aussagen über das Über-Seiende.

Durch diese Aussagen wird die quälende Frage: „Woher kommen Göttin und Gott, das Göttliche und letztlich also auch die Finsternis und das Licht?" vorerst beantwortet. Das Eine, als göttliche Gesamtwirklichkeit, als über-seiende Nichtheit lässt sich als Ur-Quelle alles Seienden auffassen, inklusive Schöpferin und Schöpfer, inklusive aller Widersacher Kräfte. Apropos, vor kurzem kam mir in den Sinn, ob es so etwas wie eine Spiegelung des Alls voller Licht gibt? Ob „hinter" dem leeren Kreis ein All der absoluten Finsternis existiert? Das lass ich an dieser Stelle einmal so stehen.

Dass dies überhaupt gedacht wurde, dass es eine Gott übergeordnete Gottheit gibt, dass ein über-seiendes Sein, eine über-seiende Nichtheit existiert, bestätigt meine Vermutungen, die ich nun besser einordnen kann. Jetzt passt alles zusammen. Einheit, Ewigkeit, Gottheit, Leere, Nichts – all diese Begriffe verweisen auf den metaphysischen Charakter der Existenz. Diese Begriffe lassen Eines zu, dass es in den unendlichen Weiten des Alls unendlich viel Energie gibt, aus welcher sich das ganze materielle Leben erzeugt und speist. Im Moment finde ich meinen Seelenfrieden darin, ein Hervorgebrachtes dieser Energie zu sein und das mich Hervorbringende zu fühlen und zu wissen, es ist in mir und entzieht sich gleichzeitig meinen Begriffen. Die Gottheit, die in sich selbst ruht, weder etwas hervorbringt, noch sich mitteilt, das über-seiende Sein, die über-seiende Nichtheit, die göttliche Gesamtwirklichkeit, in die passt alles hinein. Die Göttinnen und Götter aller Kulturen wussten und wissen das und gestalten, konstruieren und manifestieren ihr Schöpfungswerk da heraus.

Das ist erregend und ich finde diese Anschauung erhellend und sinnvoll. Ist das wirklich so? Für den Augenblick will ich Ja dazu sagen, wohl wissend, dass die Wirklichkeit offenendig ist und von daher weitere Erkenntnisse mehr als wahrscheinlich sind. Doch an diesem akzeptablen Punkt angelangt zu sein, hat etwas Beruhigendes, zumal ich in der Bearbeitung zum Thema Einheit oft an die Grenze der Verzweiflung gelangt bin. Zusätzlich bin ich versöhnt mit der Aussage, es gibt weder einen

Anfang noch ein Ende, über die ich mich lange ärgerte, da sie sich meinem Verständnis entzog. Nun ergibt die Aussage einigermaßen Sinn, durch die Gottheit, die über-seiende Nichtheit, die in sich selbst ruht.

Zum Abschluss dieses Absatzes will ich noch einmal Plotin zitieren, seine Art zu denken ist für mich eine echte Entdeckung: *„Da das Eine völlig bestimmungslos ist, ist genau genommen auch seine Bestimmung als „Eines", als einfach oder einheitlich im Sinne eines Gegensatzes zur Pluralität, eine Verkennung seiner wahren, gegensatzfreien Natur. Somit ist über die Natur des Einen paradoxerweise überhaupt keine zutreffende Aussage möglich. Das Eine ist „unsagbar". Es kann gedanklich nicht erfasst werden. Der Bewegung des Hervorgangs der vielen Dinge aus dem Einen steht die umgekehrte Bewegung gegenüber, das Streben nach Rückkehr in die Einheit. Die Rückkehr entspricht einem Grundbedürfnis der Seele, die von den Sinnesobjekten zum Nous (Geist, Intellekt, das Seiende-Eine; Eines-Vieles) und darüber hinaus schließlich zum Einen gelangen will. Darauf zielen letztlich alle philosophischen Bemühungen ab. Der Aufstieg der Seele zum Einen setzt eine Befreiung von irdischen Verstrickungen voraus".* Zitat aus einem, als exzellent ausgezeichnetem Artikel, zu finden über wikipedia.org/wiki/Dasein. Diesen Artikel kann ich nur empfehlen. Eine sehr gründliche und profunde Arbeit. Eine spannende Reise durch die Philosophiegeschichte.

Die Kraft des Menschen, sich zu entscheiden

Es liegt an uns Menschen, welchen Weg wir gehen. Kraft unseres Bewusstseins sind wir zu tiefen geistigen Erkenntnissen fähig. Die Ausführungen zum Thema Einheit lassen ahnen und vermitteln einen Eindruck, mit welch weitreichenden Möglichkeiten des Bewusstseins wir Menschen ausgestattet sind. Ich formuliere dabei ja „nur" den Teil, der sich mir bislang erschließt. Weder ist das der Weisheit letzter Schluss, noch ist die Einheit in all ihrer Komplexität erfasst. Was sich jedoch erkennen lässt: Wir können weder Gott/das Gute noch den Teufel/das Böse allein dafür verantwortlich machen, was hier auf Erden geschieht. Wir sind vollwertige und vollkommene Wesen und nehmen voll verantwortlich an dem Schicksal der Welt teil, wir gestalten es weitgehend mit. Gott und Teufel sind energetische Archetypen, Prinzipien und Regeln im All. Meine Hypothese ist die folgende. Aus dem unsagbaren Einen, dem Über-Seienden, gehen Gott und Teufel, aufgrund des Schöpfungsprinzips der Polarität, hervor. Gott ist der Pol der Lichtwelten und Teufel ist der Pol der Schattenwelten. Die Geschöpfe und wir als Menschen bewegen uns in und zwischen diesen Welten. Zu unserem Selbsterkenntnisprozess gehört, dies zu wissen: Wir sind ebenfalls direkt mit dem unsagbar Einen, der Gottheit und dem Über-Seienden verbunden und Gott und Teufel sind in uns. Sobald ich als Mensch in einem Bewusstseinserweiterungsprozess des Aufwachens, in einem Vorgang der Selbsterfahrung und Selbsterkenntnis bin, erkenne ich, dass das, was für die Schöpfer*innen gilt, letztlich für alle anderen Mitgeschöpfe gleichfalls gilt.

Das bedeutet, es liegt durchaus sehr viel an uns, uns Menschen, die Welt wieder in Ordnung zu bringen, indem wir lieben und bewusster an der eigenen, sowie der Selbsterfahrung und Selbsterkenntnis von Gott und Teufel mitarbeiten. Dabei existiert ein feiner und wesentlicher Unterschied. Es gibt eine Trennschärfe zwischen Mensch und Schöpfer*innen und die halte ich für absolut wichtig! Der schöpferische Mensch unterscheidet sich vom Schöpfer Gott dadurch, dass dieser Schöpfer direkt aus der Gottheit, dem Über-seienden-Sein kommt. Dass Gott die Wirklichkeit des uns bekannten Alls erschaffen hat und das kann. Die Einheit stelle ich mir an dieser Stelle als Null (0) vor. Göttin/Gott sind die Eins (1) und machen das „Licht an", sind also das erste Bewusstsein, welches das unerschöpfliche, unendliche Energiepotential für eine Schöpfung nutzt.

An dieser Stelle möchte ich auf die starken Beschreibungen von Anke Evertz hinweisen, die sie in ihrem Buch „Neun Tage Unendlichkeit" beschreibt. Aufgrund eines schweren Unfalls, bei dem sie schwere Brandverletzungen hatte, wird sie in ein künstliches Koma gelegt. Sie macht in diesem Koma außerkörperliche Erfahrungen und wird in die Wirklichkeit der Schöpfung eingeweiht. Speziell die Beschreibung, dass das Schöpfungsgeschehen ein immerwährender Gestaltungsprozess ist, der in jedem Augenblick kreativ sich selbst wieder und wieder erschafft und entwickelt, ist von einer erhabenen Schönheit und Tiefe. Ich bin entzückt darüber, dass diese Schöpfung sich permanent verändert und entwickelt. Und jedes Wesen innerhalb dieser Schöpfung ebenfalls. Mehr noch, wir sind permanent selbst schöpferisch tätig, in einem unvorstellbaren Ausmaß. Ich danke Anke Evertz sehr für diesen Erfahrungsbericht.

Dennoch gilt, ich kann zwar als Mensch schöpferisch und kreativ tätig sein, jedoch ein ganzes All zu erschaffen, ein Gott zu sein, in aller Bescheidenheit, diese Anmaßung geht zu weit. In genau demselben Maß geht es zu weit, als Gegensatz und Gegenpol zu Gott, in Gestalt des Teufels, dieses All zu verneinen und zerstören zu wollen. Wobei der Mensch in seinem zerstörerischen Potential schon soweit gegangen ist, die Erde und das Leben zerstören zu können. Das nenne ich Teufelswerk. Einige Menschen haben wahrlich ihre Seele dem Teufel verkauft. Es ist doch großartig genug, dass wir als Menschen dazu bestimmt sind, schöpferisch mitzugestalten. Es ist gut und ethisch, dabei bescheiden zu bleiben, bei aller menschlichen Größe. Die Ebene, die uns zusteht, ist dass wir das Göttliche in uns tragen, u. a. In Form des grenzenlosen Christusbewusstseins, statt Göttin/Gott zu sein. Wir tragen ja die Grundstrukturen des Universums in uns, sind quasi selbst ein Universum, ein Mikrokosmos. Wir sind aufgerufen und bevollmächtigt, das uns innewohnende Potential, die Christus-Kraft und die bedingungslose Liebe, anzuwenden. *„Gott schuf uns nach seinem Bilde, nach seinem Bilde schuf er uns"*, ich benutze die Aussage sinngemäß, weil sie mir gefällt, obwohl ich mir über die genaue Quelle im Unklaren bin. Ich denke, das steht so in der Bibel, in Genesis 1/1. Mose 1.

Es manifestiert sich dasjenige, welchem ich Energie gebe. Füttere ich den schwarzen oder den weißen Wolf?

Vervollkommnung der Vollkommenheit

Diese Aussage ist durchaus paradox, jedoch ist es eine Aussage, die mich seit Langem beschäftigt. Die bisherige Schöpfung ist ja in sich vollkommen, dass offenbart sich durch die Harmonie, die Genauigkeit und die Präzision in der Natur, im eigenen Körper, in den extrem genauen Abständen der Planeten in Sonnensystem und den Galaxien im All. Diese Harmonie, die sich im All und der Natur zeigt, empfinde ich als vollkommen.

Allerdings gibt es einen „Schönheitsfehler". Die Zerstörung von Biotopen und Ökosystemen, die Gewalttaten und Kriege, vor allem die Tötung vieler Unschuldiger, erzeugen ein massives Ungleichgewicht. Die Konsequenzen der Abweichungen und Störungen wie wir sie derzeit auf Erden erleben, sind abgrundtiefe Grausamkeit und Schmerzen. Diese massiven Abweichungen stören die fein ausbalancierte Vollkommenheit empfindlich. Das kann ich nur dann begreifen, wenn ich weiterhin in allem Schöpfungsgeschehen, Absicht und Sinn sehe. Erst dann ergeben Zerstörungen einen Sinn. Auch wenn es mir schwer fällt, das zu akzeptieren. Und nur dann, wenn durch diese Abweichungen und Störungen eine nächst höhere Ordnungsebene entstehen soll, und wenn darin der Sinn liegt. Der Sinn der nächst höheren Ordnungsebene muss dann darin bestehen, eine umfassendere Stufe zu erreichen, auf welcher die Abweichungen und Störungen unmöglich werden. Mein Gedankengang lautet dann so: Die ursprüngliche Vollkommenheit beinhaltet die Möglichkeit zur Unvollkommenheit. Die Auswirkungen dieses Unvollkommenen sollen die ursprüngliche Vollkommenheit letztlich ergänzen und weiterentwickeln, was dann zur Vervollkommnung der Vollkommenheit führt.

Obwohl mir dieser Gedankengang missfällt, ist es mir wichtig, ihn zu bringen. Insgeheim hoffe ich, dass er falsch ist. Es liegt ein Zynismus darin, mir vorzustellen, dass ein, in meinem Verständnis, gnädiger, gütiger und liebender Gott, indem er uns durch den freien Willen die Wahl lässt, dem Leben zu dienen oder es zu zerstören, dieses Ausmaß an Grausamkeiten zulässt. Das Einzige, was ich mir vorstellen kann, ist, dass Gott dieses Ausmaß an Grausamkeit weder zulässt noch gutheißt. Da es jedoch eingetreten ist, bleibt mir nur die Vorstellung, dass es für jedes durch Grausamkeit geschundene Wesen die vollkommene Ausheilung gibt – der Allmacht und dem Willen Gottes entsprechend. Wie in der Beschreibung über den verlorenen Sohn gesagt wird, dass trotz aller Irrungen, Verfehlungen und Wirrungen der verlorene Sohn, der verlorene Mensch, selbst die gefallenen Engel, jederzeit wieder angenommen und willkommen geheißen werden. Also, dass es die Gnade der vollkommenen Ausheilung aller geschlagenen Wunden gibt. Ausnahmslos.

Dass dieses Ausmaß an Grausamkeit doch eingetreten ist, schreibe ich eher dem Antichristen zu, der in seinem Machtrausch die Zerstörung will, und das empfinde ich als Teufelswerk. Der Teufel macht sich den Aspekt der Schwäche, der eigenen Schatten und die Unvollkommenheit im Menschen zunutze und spannt uns vor seinen Karren. Genauer gesagt, wir lassen uns aus Unwissenheit oder Gier vor den Karren spannen. Pierre Teilhard de Chardin hat einmal sinngemäß dazu gesagt, dass Gott ihm die Kraft geben möge, diese Seine Schöpfung nicht zu verfluchen. Vielleicht wäre es sinnvoller, statt jeden Gedanken zu erörtern, der mich beschäftigt, es zu lassen? Doch dieses Thema Vervollkommnung der Vollkommenheit ist eines, welches ich durchdringen will und muss. Das verlangt allein schon der Titel – Liebe das Böse gut. Diese Aufforderung ist der bislang einzige Ausweg, denn ich sehen kann, damit der Wahnsinn beendet wird.

Von daher ist jeder Liebesakt bedeutend. Die Entscheidung für die Liebe ist eine Entscheidung für Gott! So wie die Entscheidung gegen die Liebe eine Entscheidung für den Teufel ist! Der Mensch ist „auserkoren" mitzuhelfen, dass eine andere Ordnungsebene entsteht. Diese andere Ordnungsebene stellt die ursprüngliche Einheit komplexer wieder her, indem alle Abweichungen, Irrungen und Wirrungen erkannt, integriert und aufgelöst werden. Auf dieser umfassenderen Stufe werden Gott, Teufel, Mensch, Geschöpfe und Schöpfung von diesem ewigen Kampf zwischen gut und böse erlöst. Dieser Kampf ist der Bereich des Unvollkommenen. Die bedingungslose und grenzenlose Liebe gehört zum Vollkommenen und ihre ganze Kraft befähigt uns Menschen, ich wiederhole mich gerne, die Vollkommenheit zu vervollkommnen. Die Liebe ist aus sich heraus umfassend. Sie ist die Essenz, die in der Lage ist, Herzen zu öffnen und Wunden zu heilen. Die Liebe, diese Fähigkeit und Kraft, die dem Menschen innewohnt, lässt sich dafür nutzen, die Finsternis und das Licht auszubalancieren. Wie bei den alten Apotheker-Waagen ist die Liebe quasi der Stab, an dem die Waagschalen aufgehängt werden. Sie, die Liebe, hält das Gleichgewicht. Das Ungleichgewicht, welches die Inbalance der Waagschalen verursacht, wird zentriert. Die Liebe ist dazu bestimmt, das immense, zur Verfügung stehende, Potential zu balancieren. Die Balance ermöglicht es, das Potential zum Wohle des Ganzen einzusetzen. Wie bei den sogenannten Wunderheilungen steht zu vermuten, dass es dann sehr schnell gehen kann, z. B. Die globalen Wasserkreisläufe zu entgiften und zu reinigen.

Das Böse erkennen, integrieren, heilen und transformieren, indem es durch Liebe geheilt wird – liebe das Böse gut!

Das erfordert alles von den Menschen. Dazu ein Orientierung gebendes Mantra von Dhyani Ywahoo, einer indigenen Cherokee. Sie sagt es folgendermaßen: *„Mit der bewussten Entscheidung, in heiliger Weise zu leben, ziehen wir die Informationen, die Lehren und das Verständnis an uns heran, die uns helfen werden, unsere Gaben zum Wohle aller zu entfalten".* Am Feuer der Weisheit – Dhyani Ywahoo

Das Tor

Wir schreiben das Jahr 2006, genauer gesagt, März 2006. Ein langjähriger Freund, eine von mir akzeptierte Autorität und ein Lehrer, sagt mir eines Tages, was er wirklich von mir denkt. Er sagt mir seine Wahrheit. Ich bin tief erschüttert und ich stelle mich vollkommen infrage. Zu der Zeit werde ich noch von Minderwertigkeitskomplexen „geplagt". Wenn ich ein solcher Mensch bin, wie er sagt, dann bin ich von miesem Charakter und nach all den Jahren innerer Arbeit echt gescheitert. Mein eigenes Urteil über mich ist vernichtend, ich bin am Ende. Ich will mich trennen, von ihm und der Gruppe, mit der ich schon lange zusammenarbeite. Diese Schlussfolgerung macht meinen Freund echt wütend. Jahre später werde ich erkennen, dass er mir die Wahrheit so schonungslos sagte, um mich letztlich zu unterstützen und wachzurütteln. Ein paar Tage später bekomme ich durch ihn das Angebot, für drei Jahre im Politischen Ashram, in einer Art modernem Kloster zu arbeiten und mich darum zu kümmern, wieder „Herr im eigenen Haus zu werden, zur Besinnung zu kommen". Ich bin erleichtert und nehme dankbar an. Das ist der Anfang des Weges, ein gläubiger, fühlender und wissender Mensch zu werden. Das ist der Anfang von allem, was ich nun berichten will.

Der Ausgangspunkt, das Kernstück –
Das Leben und die Lehren der Meister – 2006

Das Leben und die Lehren der Meister, von Baird Spalding, wird und ist meine „Bibel 1.0". Im Vorwort findet sich der erregende Satz: *„Die Meister bekennen sich zu der Auffassung, dass Buddha den Weg zur Erleuchtung darstellt; sie sagen aber klar und deutlich, dass Christus die Erleuchtung ist, oder – anders gesagt – ein Bewusstseinszustand, den wir alle zu erreichen suchen: das Christusbewusstsein".*

Dieses Buch ist für mich das Fundament, der Leitfaden, seit diesem März 2006, durch das ich zu einem gläubig werdenden

Mensch erwache und an dem ich wachse. Kennen Sie das Phänomen, ein Buch aufzuschlagen, genau an der Stelle, wo ein aktuelles und brennendes Thema beschrieben wird? Ich werde Jahre brauchen, dieses Buch ganz zu lesen. In den kommenden fünf Jahren bin ich immer wieder erstaunt, wie genau und präzise eben jenes Thema kommt, welches ich gerade bearbeite, zu verstehen suche und welches es zu lösen gilt. Diese Synchronizitäten sind verblüffend. Ich liebe es, in Staunen versetzt zu werden. Lange ging ich ja Gott „aus dem Weg", angesichts dessen ist es umso überwältigender, seine Gegenwart mehr und mehr zu fühlen. Die Welt ist voll mit Hinweisen: Wer Augen hat zu sehen, der sehe, wer Ohren hat zu hören, der höre.

Die Meister ehren Christus als Meister und Lehrer. Ein Auszug:

> *„Es ist Weihnachtsmorgen- Uns (den Meistern) bedeutet dieser Tag weit mehr als das; für uns hat dieser Tag nicht nur den Sinn, dass Jesus, der Christus, auf die Welt kam, sondern diese Geburt ist die Art der Geburt des Christus in jedem menschlichen Bewusstsein. Dieser Weihnachtstag bedeutet die Geburt des großen Meisters und Lehrers, des großen Erlösers, der die Menschheit aus den Fesseln und Begrenzungen des Materiellen befreit hat. Nach unserer Auffassung kam diese große Seele auf die Erde, um uns deutlicher den Weg zum wahren Gott zu zeigen, dem großen Allmächtigen, Allgegenwärtigen, Allwissenden Einen; uns zu zeigen, dass Gott Seinem ganzen Wesen nach Güte, Weisheit, Wahrheit ist. Alles und in allem. Dieser große Meister, der an diesem Tag zur Welt kam, ward gesandt, um uns besser zu zeigen, dass Gott nicht nur außer uns wohnt, sondern in uns, dass Er nie getrennt war, noch getrennt werden kann, weder von uns, noch von irgendeinem anderen Seiner Geschöpfe; dass Er allzeit ein gerechter und liebender Gott ist; dass Er alle Dinge ist; dass Er alle Dinge kennt; dass Er alles weiß und alle Wahrheit selber ist.*
> *Aber selbst, wenn ich das Verständnis aller Menschen besäße, wäre es mir nicht möglich, euch auch nur im beschei-*

densten Maße auszudrücken, was für uns der Sinn dieser
heiligen Geburt ist. Wir sind alle völlig überzeugt und hoffen,
ihr seht es mit uns ein, dass dieser große Meister und Lehrer
zu uns gekommen ist, damit wir ein volleres Verständnis für
das Leben hier auf Erden erlangen; dass wir einsehen lernen,
dass alle menschlichen Beschränkungen nur von Menschen
gemacht worden sind und in keinem anderen Sinn ausgelegt
werden sollten. Wir glauben, dass dieser größte aller Lehrer
kam, um uns vollkommener zu zeigen, dass Christus in ihm,
durch den er sein gewaltiges Werk zu vollbringen imstande
war, derselbe Christus ist, der in euch, in mir und in der gan-
zen Menschheit wohnt; und dass wir, wenn wir seine Lehren
befolgen, alle Werke tun können, die er tat, und mehr. Wir
glauben, dass Jesus kam, uns vollkommener zu zeigen, dass
Gott die eine große und einzige Ursache aller Dinge ist, dass
Gott alles ist.“ Leben und Lehren der Meister – von Baird
Spalding, Seite 12/13.

Das erregende an diesem Buch ist die Authentizität. Die Meister
sprechen aus dem eigenen Erleben, den eigenen Erfahrungen.
Sie wenden das Christusbewusstsein an. Dass es solche Erfah-
rungsberichte überhaupt gibt. Dass es Menschen gibt, die die
Christusgeburt als Tatsache anerkennen und das Christusbewusstsein selbst zur Anwendung bringen. Ein Baustein für Zuversicht, in einer immer mehr aus den Fugen geratenen Welt.
Beschreibung einer Wirklichkeit, die die scheinbaren Grenzen
des menschlichen Lebens erweitert. Es öffnet das Bewusstsein.
Das große Geschenk, welches der Menschheit in die Wiege gelegt
ist, wird greifbarer. Die Meister sind meine Initiation.

Zuvor öffnet mir *Mutter Theresa* die Tür einen Spalt. Durch
diesen Spalt werfe ich einen Blick in die göttliche Welt und auf
Jesus Christus. Sie sagt sinngemäß: *„Durch meine Hände arbei-*
tet Christus, mit meinen Füßen geht Christus, durch meine Augen
sieht Christus, durch mein Gehirn denkt Christus, durch mein Herz
liebt Christus.“ Die Essenz ihrer Aussage ist die bedingungslose

Liebe. Sie stützt sich auf die Kraft der bedingungslosen Liebe. Liebe hat Essenz, Charakter. Sie ist, wie Gott, allgegenwärtig und bedingungslos. Die universelle und materielle Heilkraft per se und eine Aussage, die mit meiner ersten Frage überhaupt, die ich schon als Kind stellte, verbunden ist. Was ist Liebe? Wieso spricht Sie von bedingungsloser Liebe? Das erregt meine Aufmerksamkeit, wird zu einem ersten Anhaltspunkt.

Pierre Teilhard de Chardin sagte: *„Wir sind keine menschlichen Wesen mit spirituellen Erfahrungen, wir sind spirituelle Wesen, mit menschlichen Erfahrungen".*

2. Kapitel: Christusmord

Dank des brillanten Buches von Wilhelm Reich – Christusmord – ist eines klar: Bis zum heutigen Tag kreuzigen und morden die Menschen Christus. So die Aussage, die Wilhelm Reich in diesem Buch trifft. Ich las dieses Buch endlich in Gänze, da es für ein bestimmtes Verständnis dessen, was ich ausdrücken will, von hoher Bedeutung ist. Wilhelm Reich hat schon früh, als er um die zwanzig war, intensiv geforscht. Sein erstes Forschungsgebiet lag in der aufkommenden Psychoanalyse. Soweit ich erinnere, hat er zu Anfang mit Sigmund Freud zusammengearbeitet. Reich hat in spezieller Weise die Charakterstruktur des Menschen beschrieben. Laut seiner Forschung stellte es sich ihm so dar:

Die erste Charakterschicht ist die der sozialen Interaktion, der „political correctness" und der „didaktischen Sauberkeit". Dies führt zu dem höflichen, zumeist oberflächlichen alltäglichen Umgang. Mit der didaktischen Sauberkeit ist gemeint, die durch Bildung und Erziehung vermittelten Lehr- und Lerninhalte sowie die gesellschaftlichen Verhaltensregeln unhinterfragt anzunehmen und sie „brav" zu befolgen.

In der zweiten Charakterschicht sind Hass, Missgunst, Neid und Perversionen aller Art angesiedelt. Aufgrund von frühkindlichen Traumata und/oder anderen Verletzungen; Flucht, Gewalt, Hunger, Krieg, Liebesentzug, Misshandlungen und dergleichen mehr, wird dem Geist, dem Körper und der Seele massiver Schaden zugefügt. Damit diese Schädigungen „auszuhalten und überlebbar" sind, werden sie in das Unterbewusstsein verdrängt und werden zu unbewussten Programmen. Diese Programme beeinflussen Gewohnheiten, Routinen und Verhaltensweisen. Die Programme verursachen dann Hass, Missgunst und müssen „geheim gehalten und so gut es geht versteckt" werden.

Die dritte Charakterschicht ist der authentische, biologische und ursprüngliche Kern. Dieser Kern beinhaltet die eigentlichen, ethischen und den Menschen ausmachenden Eigenschaften und Qualitäten.

Das Buch der „Christusmord" dokumentiert klipp und klar, welcher Art die Strukturen sind, die im Un- und Unterbewussten, und/oder in verdrängten, geleugneten und unverarbeiteten Programmen der zweiten Charakterschicht liegen. Die Wucht des ungelebten Lebens, die Unfähigkeit authentisch zu sein und sich zu zeigen und seinen biologisch intakten Kern zu erreichen, zu fühlen und zu leben, bilden einen „brodelnden Nährboden" im eigenen Inneren, bis hin zur Verzweiflung. Das eigene „Unvermögen, die Verzweiflung" werden zunächst wenigstens in der Fantasie durchbrochen. Hier kann ich alles tun, was mir in der „realen" Welt versagt bleibt. Im Extrem werde ich zur „Bestie". Die von der Kette freigelassene, aus der Fantasie in die Realität ausbrechende, Bestie zeigt sich immer wieder.

Wie es sich in der matriarchalen Kultur zeigte, darüber weiß ich zu wenig. Begonnen mit dem Einbruch der Kurgan Völker, die systematisch die matriarchale Kultur vernichteten, beginnen geschichtlich die Vernichtungsfeldzüge. Es zieht sich eine grausame Spur durch die Geschichte. Christusmord, Hexenverfolgung, Sklavenhaltung, die systematische Vernichtung von Menschen in Konzentrationslagern, Kindesmissbrauch/Kinderpornografie, häusliche Gewalt, jedwedes außer Kraft setzen dessen, was der nach dem zweiten Weltkrieg festgelegten Regeln der Genfer Konvention entsprechen müsste, wie sich Kriegsparteien zu verhalten haben, das sind ja nur einige „wenige" Beispiele. Diese zeigen auf, die Perversion des menschlichen Geistes ist grenzenlos! ... Allein in den Regeln, wie Krieg zu führen ist, offenbart sich eine Mentalität, die eine friedliche Koexistenz und eine Welt, die auf Frieden basiert, für unmöglich hält.

In der ersten Charakterschicht muss ich also anständig bleiben, damit ich am „normalen gesellschaftlichen" Leben teilnehmen kann. Die dritte Charakterschicht bleibt unerreicht. Also bleibt mir nur übrig, mich in der zweiten „auszutoben". Der Schmerz, die Verzweiflung und die Wut müssen ja irgendwohin „entladen" werden.

Das alles beschreibt Wilhelm Reich im „Christusmord". Er setzt Christus mit dem Menschen gleich, der aus seinem biologisch intakten Kern handelt. Christus verkörpert den freien, gesunden, idealen, liebenden und sexuellen Menschen. Er ist das offenbarte Potential, welches jedem Menschen innewohnt. Der einzige Unterschied ist, dass er sich dessen bewusst ist und es anwendet. Sehr zum Argwohn seiner Jünger, und erst recht der anderen Menschen, die sich durch Ihn bedroht fühlen. Er wird beneidet, bewundert und überhöht, auf einen unerreichbaren Sockel gestellt. Er ist Ziel einer dem Menschen innewohnenden Sehnsucht, so zu sein wie Er. Zugleich ist Er eine Bedrohung, weil Er etwas tut, was einem selbst versagt bleibt und unmöglich erscheint.

Solange ich als Mensch meine wahre Natur, die Natur des lebendigen Gottes, des Christus im Menschen, ablehne, leugne und verneine, muss ich am Ende den Christusmord begehen. Die intensive Sehnsucht nach dem „Unerreichbaren", die schmerzhaft ist, muss beendet werden. Das führt zu einer grausamen, paradoxen Handlung – ich töte, was ich liebe! – weil die eigene Liebesfähigkeit unerreicht bleibt, verschüttet unter dem „Schutt der Geschichte und den Abgründen der eigenen Seele".

Für mich ist „Christusmord" ein Schlüsselwerk. Eine wichtige Grundlage dafür, das Böse, in dem Fall im eigenen Inneren, zu begreifen und zu erkennen. Diese Grundlage zu kennen, eröffnet die Möglichkeit, mit dem eigenen Bösen zu arbeiten. Diese Innenarbeit halte ich für absolut wichtig. Damit der Schutt abgetragen und der authentische, intakte, wahre menschliche Kern endlich frei gelegt wird. Mit dem Ziel, eine bewusste Balance zu finden, aus der heraus sich in jedem Augenblick entscheidet, ob ich das Gute oder das Böse aktivieren will? Statt dass diese

Kräfte ein beliebiges Eigenleben führen und immer unbewusste Auswirkungen darauf haben werden, was ich sage, denke, fühle und tue. Im Guten wie im Schlechten! Es gilt, die Anwendung der eigenen bewussten Handlungsvollmacht zu finden.

Der Überlebensmodus erschafft den Emotionalkörper, welcher zum Christusmord führt

Aufgrund der Entdeckung, wie genau Sprache ist, fragte ich mich vor einigen Jahren, weshalb von Emotionen und Gefühlen gesprochen wird. Die beiden unterschiedlichen Wörter lassen vermuten, dass es durchaus einen Grund für diese Unterscheidung gibt. Ich blieb damals ohne Ergebnis stecken. Erst im Jahre 2020, durch die Arbeit von Clinton Callahan, erklärte sich mir der Unterschied. Er sagt, Emotionen sind steckengebliebene *wahre* Gefühle. Oder Fehlidentifikationen, auf die man beharrt, wie z. B. Mercedes ist besser als Ford, Amerika ist besser als Afrika usw. Es gibt vier wahre Gefühle: Angst, Freude, Traurigkeit und Wut. Ob es wirklich „nur" vier sind, sei dahingestellt. Ich kann damit etwas anfangen.

Anhand eines eigenen Beispiels, folgende Beschreibung: Die längste Zeit meines Lebens, aufgrund eines Erlebnisses in der Kindheit, kenne ich mein immenses Wutpotential nur als Emotion. Ich verstecke die Wut, so gut es geht. Ich fürchte mich sogar vor ihr, deshalb war und ist mir völlig unklar, wie ich Wut ausleben und/oder zeigen will, kann und darf. Außer in meiner Fantasie, in meinem Inneren. Durch Clinton Callahan erkannte ich, dass ich in Situationen der Wut wie versteinert werde und vollkommen handlungsunfähig bin. Ich erkannte, dass ich, seit dem Erlebnis in der Kindheit bis (fast) heute, die Wut „runter schlucke", statt sie einmal ganz und gar voll so zu zeigen, wie ich sie fühle. Das authentische Gefühl Wut wurde zu einer steckengebliebenen Emotion. Wenn ich, bis auf den heutigen Tag, in eine sich ähnlich oder eine sich gleich anfühlende Situation komme, werde ich starr, in meinem Gesicht ist nur noch regungslose Versteinerung. Die Wut in dem Moment zu leben, wo sie gefühlt wird, findet jetzt in diesem Augenblick statt. Das geht jedoch nur, wenn sie als wahres Gefühl erlebt wird. Wird sie gezeigt, „verraucht" sie ziemlich schnell wieder und alles ist gut. Der Vorteil, sein wahres Gefühl zu zeigen, besteht darin, sich des Gefühls bewusst zu sein, einen Ausdruck dafür zu finden und damit jede weitere Emotion sein lassen zu können. So zu handeln, setzt Selbstbewusstsein voraus. Wird die Wut verschluckt, tobt sie weiter, wird immer und immer wieder, als Emotion statt eines Gefühls, aktiviert. Sie entlädt sich dann in einem Moment, der völlig irrational daher kommt und wenig mit dem eigentlichen Ursprung zu tun hat.

Aus dem Buch – Die Kraft des Bewussten Fühlens – von Clinton Callahan: „*Die recht klare Formel lautet: Wahre Gefühle lokalisieren uns im Jetzt, haben eine relativ kurze „Haltbarkeit". Emotionen werden immer und immer wieder aktiviert und existieren solange, bis sie „erlöst" werden. Emotionen sind im Unterbewusstsein gespeicherte, körperliche Erfahrungen. Gefühle sind die Ursache, Emotionen die Wirkung, sozusagen eine verzerrte Variante wahrer Gefühle.*" Im Grunde simpel und verständlich.

Seit einiger Zeit, wir schreiben mittlerweile 2023, experimentiere ich mit der Wut. Ich „erlaube" mir, Wut zu zeigen und mache eine erstaunliche Entdeckung. Wenn ich mir jetzt, in diesem Augenblick, Luft verschaffe, ist es im nächsten Moment vorbei. Ah, siehe da, meine Befürchtung, dass ich die Kontrolle verliere, ist unberechtigt. Ah, siehe da, jemand hat meine Grenze überschritten, „bringt mich auf die Palme" und ist dadurch aktiv mit daran beteiligt, dass ich wütend bin. Ich erlaube mir, meine Wut zu zeigen und damit zeige ich dem Gegenüber, dass die Grenze überschritten ist. Somit nehme ich die Selbstverantwortung an, für mein Wohl zu sorgen und gebe dem Gegenüber eine Orientierung. Bislang ist es besser gelaufen, als ich immer befürchtete. Vor allem, wenn ich Wut und/oder andere Gefühle „schlucke", bin ich Stunden, manchmal Wochen lang immer noch mit einer Situation beschäftigt, die längst vergangen ist. Emotionen binden einen somit an die Vergangenheit. Nun jedoch, die Wut ist gezeigt und fertig. Das fühlt sich im wahrsten Sinne des Wortes befreiend und gut an.

Emotionalkörper – das „Biest"

Dass ich mir meine Wut erlaube, basiert auf einer Erkenntnis. Es gibt eine „Line of Tention", einen roten Faden, der sich nun als eine Hinführung offenbart. Meine langjährige Charakterarbeit hat mich den emotionalen Strukturen schon sehr nahe gebracht, ohne jedoch zu einer nachhaltigen Lösung zu führen. Ergänzend zur Charakterarbeit bringt mich der spirituelle Weg in folgende Auseinandersetzung: klare Bewusstseinszustände im Gegensatz zu Emotionalen Reaktionen. Gott sei dank finde ich mehr und mehr „Ausstiegsluken". Ich lerne, auszusteigen aus demjenigen Zustand, der besagt: *Ich bin ein Opfer meiner Emotionen." Das gelingt a*ufgrund der kontinuierlichen Gebet-Meditation und den damit einhergehenden klaren, geistigen Gedanken und wahren Gefühlen. Dennoch hat etwas „gefehlt", nach dem ich schon länger Ausschau hielt. Gracias a Deus, es kommt ja immer im stimmigen Moment dasjenige zu einem, für welches die Bereitschaft da ist.

Im stimmigen Moment stoße ich auf das Buch „Ein neues Ich" von Dr. Joe Dispenza. Er „behauptet", es bestehe die Möglichkeit, auf der Grundlage seiner Forschungen und seines erarbeiteten Wissens, sich fundamental zu verändern; einen Wechsel vollziehen zu können vom Überlebensmodus, auf dem der Emotional Körper beruht, hin zu einem Schöpfermodus. Dafür schlägt er das Studium seines Buches vor und s. o. eine, auf den Aussagen des Buches basierende, vier Wochen andauernde Meditation. Zu meinem Erstaunen erlebe ich, es stimmt, was er „verspricht". Nach diesen vier Wochen weiß ich, wovon er spricht. Ich erlebe mehrfach diesen Wechsel vom Überlebensmodus in den Schöpfermodus. Das ist erst der Anfang, und es wird noch dauern, bis diese Veränderung, dieser Wechsel greift und sitzt. Doch die Ausrichtung ist klar. Ich erweitere also die eigene tägliche Gebet-Meditation, indem ich in der Meditation an meinem Hohen Selbst, meinem authentischen wahren Ich arbeite und mein innewohnendes Potential immer deutlicher erkenne und anwende.

In seinem Buch erklärt er im Vorwort, welche Auseinandersetzungen, Ausbildungen und Studien ihn zu diesem vielversprechenden Vorschlag bringen. Das Wichtige für mich ist Folgendes. Die langjährige Frage, warum fällt es mir so schwer, mich zu verändern, obwohl ich doch schon lange diesen spirituellen Weg gehe? Diese Frage wird sinnvoll beantwortet. Dr. Joe Dispenza hilft mir, Puzzleteile, die ich schon in Händen halte, zu einem Bild zusammenzufügen.

Die grob vereinfachte Formel, in meinen Worten, lautet: Wir Menschen sind wohl ausnahmslos „gebrannte" Kinder. Jede/ Jeder trägt eine geistige, körperliche und seelische Verletzung in sich. Wo in grauer Vorzeit der Menschen einen der „Säbelzahntiger" gejagt hat und daraufhin der Überlebensmodus einsetzte, werden wir Heutigen von diesen unseren „Verletzungen" gejagt. Der ganze Organismus will sich schützen. Der Überlebensmodus, als eine der ältesten Struktur im Gehirn, will den Körper, den Organismus schützen. Die Überlebensstrategien laufen im Wesentlichen im Unbewussten, als unterbewusste Programme ab. Was Dispenza dann beschreibt, führt in mir zu einem Aha-Effekt, das ist diejenige Information, die mir gefehlt hat: *Diese Programme beeinflussen die neuronalen Verschaltungen im Gehirn; beeinflussen die biochemischen Ausschüttungen im Körper, sowie die hormonellen Abläufe in den Drüsen; bis hin zu den genetischen Expressionen.*

Genau dieser Zusammenhang war mir unklar, nämlich wie sehr der Überlebensmodus, ein durchaus wichtiges Element im Körper, sich in sein „Gegenteil" verkehrt, weil sich seine Programme stets und ständig wiederholen. Das führt dazu, dass wir immer und immer wieder, diesen Programmen entsprechend, täglich dasselbe tun. „Täglich grüßt das Murmeltier", wer diesen Film kennt, gewinnt einen Eindruck, wie sich das auswirkt. Diese gewohnten Programme führen zu Verhaltensgewohnheiten. Der sich daraus bildende Emotionalkörper – Emotionen sind in diesem Fall gespeicherte und integrierte Erfahrungen – reagiert immer wieder nach den bewährten und gleichen Mustern. Das verhindert letztlich Veränderung und Weiterentwicklung, da es dem Überlebensmodus „nur" um das „nackte" Überleben geht und er im Körper die geistige Position ein- und übernommen hat. Da dies alles im Unterbewusstsein abläuft, entzieht es sich dem bewussten Zugriff des Geistes. E voilà, der Überlebensmodus kreiert Programme, die zu Verhaltensgewohnheiten führen und das Fundament für den Emotionalkörper bilden.

Erst durch die gewonnenen Erkenntnisse von Dr. Dispenza, erhellt sich mir dieser Zusammenhang. Die Puzzleteile fügen sich nun zu einem Bild zusammen. Die von ihm entwickelte Meditation, die auf diesen Kenntnissen beruht, führt mich tatsächlich in denjenigen geistigen Bewusstseinszustand, wo ich wieder „Herr im eigenen Hause" werde. Ich bin an ein sinnvolles Ende des roten Fadens angelangt. Am Anfang des roten Fadens, der Line of Tention, steht, ich verdränge meine Wut. Erst durch die Charakterarbeit lerne ich die Strukturen des Emotionalkörpers kennen. Die Charakterarbeit basiert auf den in 31 Jahren gemachten Erfahrungen meines Lebens in einer Gemeinschaft. Jedoch bleibt die Ursache im Verborgenen. Immerhin erlange ich Kenntnisse darüber, welches „Biest in mir an der Kette reißt" und dass dies wohl bei jedem Menschen der Fall ist. Clinton Callahan zeigt mir den Unterschied zwischen wahren Gefühlen und Emotionen auf. Ich lerne zu akzeptieren, dass ich Gefühle liebe, und versuche seitdem, all die emotionalen Reaktionen auf ihren Ursprung zurückzuführen. Dr. Joe Dispenza gibt mir nun das Werkzeug in die Hand. Ich bin fähig, den Überlebensmodus zu verwandeln. Diese Wandlung übe ich nun jeden Tag. Sobald ich den Schöpfermodus erreiche, bin ich endlich dort, wo ich erlebe, Gedanken und Gefühle sind tatsächlich eins und kohärent. Ich lerne bewusst meine Wirklichkeit zu erschaffen und die von mir so heiß ersehnte Veränderung mehr und mehr in den eigenen Händen zu halten, statt nur der Erschaffung derjenigen einschränkenden Realität ausgeliefert zu sein, die der Emotionalkörper erschafft.

Ein Höhepunkt, neben anderen, kommt plötzlich, unerwartet und taucht mitten in der Meditation auf – *Ich war schon als Säugling wütend und traurig!* – Ich dachte immer, die Wut hat sich erst im Verlauf meiner Kindheit aufgestaut. Mit dieser gewonnenen Einsicht verstehe ich mit einem Mal mehr über mich. Dadurch verändert sich meine bisherige Biografie. Ab jetzt trainiere ich auf meinem spirituellen Weg auf einer nächsten Stufe weiter.

Zusammenfassung

Die Gewohnheiten des Emotionalkörpers „verhindern" Veränderung, da sich die Gewohnheiten bestens bewährt haben. Emotionen sind, laut Dr. Dispenza, abgespeicherte Erfahrungen im Körper. Bevor der Geist wieder die Orientierung setzt, will der Körper erst einmal erfahren, dass das sicher ist. Diese Prüfung findet nun seit Tagen in mir statt. Es ist wirklich „Arbeit", das Verhältnis – die Balance und Harmonie, das Vertrauen und die ursprüngliche Ordnung – zwischen Geist, Körper und Seele wieder herzustellen.

Wilhelm Reich hat herauskristallisiert, der Christusmord basiert auf der **emotionalen** Pest im Körper des Menschen. Clinton Callahan kristallisiert heraus, es gibt einen fundamentalen Unterschied zwischen wahren Gefühlen und **Emotionen**. Dr. Joe Dispenza kristallisiert die geistig-körperlich-seelischen Konsequenzen heraus, die der **Emotionalkörper** verursacht und die ihn ausmachen.

Aus allen Blickwinkeln zeigt sich, das Überlebensmodus-Programm sichert zwar das Überleben, doch der auf diesem Überlebensprogramm aufsitzende Emotionalkörper richtet sich letztlich gegen das Leben. Zur „Ehrenrettung" des Emotionalkörpers stelle ich dennoch fest, er hat seinen Sinn. Zum einen, mithilfe des Unterbewusstseins zu gewährleisten, dass die vormals wahren Gefühle nun in Form verzerrter Emotionen „sicher" aufgehoben sind, statt permanent das Bewusstsein zu überfluten. Ansonsten wäre eine mögliche Konsequenz, die ich mir vorstellen kann, dass solche Überflutung immer wieder „emotionale Entgleisungen" verursachen. Die Frage, weshalb „brave Mütter und Väter" im Nationalsozialismus zu solchen Gräueltaten fähig waren und weshalb derzeit in der Ukraine und im Gazastreifen die Gewalt so unverhältnismäßig eskaliert, beantwortet sich hiermit – es sind emotionale Entgleisungen. Zum anderen besteht der Sinn des Emotionalkörpers darin, zu lernen, zwischen wahren Gefühlen und verzerrten Emotionen zu unterscheiden. In einer geheilten Welt ist es dann möglich, wahre Gefühle zu fühlen und zu zeigen. Dadurch entfällt der „Selbstschutz-Charakter" des Emotional Körpers.

In der Konsequenz heißt das, es gilt, diese Strukturen zu erkennen und die Emotionen in wahre Gefühle zu verwandeln; sich dann auf die innewohnenden Schöpfer-Kräfte, sowie das innewohnende Potential zu besinnen und diese Kraft, dieses Potential, anzuwenden. Meinem Empfinden nach führt das zu dem Hohen Selbst, dem authentischen und wahren Ich, zur Aktivierung des biologisch intakten Kerns und zu einem sich seiner selbst gewahr seienden Bewusstseins. Das – ich will hier den Konjunktiv könnte/wäre weglassen und sagen – ist der nächste evolutionäre Schritt. Dieser führt dazu, den Christusmord sowie jedes weitere Vergehen gegen das Leben zu beenden.

Selbsterkenntnis wird zur Selbstliebe und zur bedingungslosen Liebe führen.

Doch nun Wilhelm Reich selbst, aus dem Vorwort des Christusmord:

„Gott ist die Natur, und Christus ist die Verwirklichung des Naturgesetzes. Gott (Natur) hat die Genitalien bei allen Lebewesen geschaffen. Er hat das getan, damit diese nach natürlichen, göttlichen Gesetzen funktionieren. Deshalb ist es weder Sakrileg noch Blasphemie, dem Verkünder Gottes auf Erden ein natürliches, göttliches Liebesleben zuzuschreiben. Dieses ist im Gegenteil die Verwurzelung Gottes in der reinsten Tiefe des Menschen. Diese Tiefe existiert im Leben von Anfang an. Die Fortpflanzungsfunktion kommt erst in der Pubertät zu dieser Genitalität hinzu. Die göttliche, genitale Liebe ist schon lange vor der Fortpflanzungsfunktion da; deshalb wurde auch die genitale Umarmung von der Natur bzw. von Gott nicht nur zum Zweck der Fortpflanzung geschaffen."

Mir gefällt der Begriff – die genitale Umarmung – von Anfang an sehr. Er hat etwas Intimes, Weiches und Zärtliches. Ich verstehe die genitale Umarmung als eine gegenseitige Kommunikation zwischen den sich sexuell Liebenden. Sie basiert auf Kontakt, gegenseitigem Respekt und Vertrauen. Die genitale Umarmung drückt etwas aus, was ich selbst schon lange im Sexuellen suche und Gott sei Dank auch mehr und mehr kennenlerne – nämlich dass die sexuelle Energie und Kraft per se eine heilige, heilende und spirituelle Dimension verkörpert. In jungen Jahren sagte ich oft, dass die sexuelle Vereinigung die körperliche Sprache des Göttlichen ist.

Ich führe das hier an, da mich der „sexuelle Starkstrom" schon mein Leben lang begleitet. Dieser sexuelle Starkstrom wird mich später zu dem „spirituellen Starkstrom" führen. Zwei Ströme, die eingebettet sind in die Kraft des Bewusstseins und die Kraft bedingungsloser Liebe. Diese Ströme machen uns Menschen doch aus, sie gehören zu unserer Natur. Geist-Körper-Seele sind Eins und kohärent; im Falle vollkommener Gesundheit.

Wilhelm Reich beschreibt es so: „*Die genitale Umarmung erwächst natürlicherweise aus einem sich langsam im ganzen Körper bemerkbaren Drang, mit einem anderen Körper zu verschmelzen. Die vollständige organismische Erregung geht der speziellen genitalen Erregung voraus. Orgastische Potenz erwächst aus dieser Lust des ganzen Körpers und nicht allein aus den Genitalien.*" Er widmet der genitalen Umarmung in seinem Buch Christusmord ein eigenes Kapitel.

Christus offenbart dem Menschen einen fürsorglichen und liebenden Gott. Sowie einen Gott, der die Liebe und die genitale, sexuelle Lust bei uns Menschen in die Wiege, in den Körper gelegt hat. Ich will hier die Bedeutung von Maria Magdalena betonen, wie es in dem Buch: Das Manuskript – Maria Magdalena „Die Alchemie des Horus und die Sexualmagie der Isis", beschrieben wird. Aufgrund ihrer Einweihung in die Sexualmagie war Maria an Jesu' Seite wichtig. Dafür, ihm einerseits geistig und seelisch zur Seite zu stehen, andererseits ihn auch körperlich-sexuell zu nähren und zu stärken. Das zu lesen war befremdlich, wo steht so etwas schon in den heiligen Schriften geschrieben? Zugleich erfreulich, weil es menschlich, allzu menschlich ist. Ob es so war? Ich denke ja und erfreue mich daran! Christus wendet an, was es bedeutet, Gott im Menschen zu verkörpern. Die sogenannten „Heilungswunder und Wundertaten" dürften der göttlichen Wahrheit und Wirklichkeit entsprechen. Christus zeigt, was es heißt, das innewohnende Potential anzuwenden und was alles möglich ist. Er erinnert daran, mit welchen Fähigkeiten wir, als Kinder Gottes, ausgestattet sind und dass diese Fähigkeiten zum Gebrauch geschaffen wurden.

Diejenigen, die verhindern, dass Christus erkannt wird und veranlassen, ihn zu kreuzigen, sind „normale" Menschen. Pontius Pilatus, der sogar selbst etwas für Jesus Christus übrig hatte, handelte im Interesse der imperialistischen römischen Machthaber, der ganzen Machtkaste von Priestern und leider auch dem Volk. Alles ganz „normale" Menschen, die tatenlos zusehen werden. Selbst die Jünger, die Christus liebten, verehrten und ihn als ihren Erlöser feierten, werden tatenlos zusehen – aufgrund derjenigen Charakterstruktur, die Wilhelm Reich als die zweite Charakterschicht analysiert hat. In dieser befinden sich die Strukturen, die psychischen Dispositionen, von Hass, Neid und jede Form von Perversion. Solange diese Strukturen undurchschaut sind, führen sie unweigerlich dazu, absichtlich oder unabsichtlich, wissend oder unwissend, „böse" zu sein. Das führt zum Christusmord, bis heute. Eins sollte klar sein, diese Strukturen sind in jedem von uns.

Wenn ich als Mensch darauf abfahre, Macht missbrauchen zu wollen, indem ich andere Menschen und die Natur unterwerfe, dann muss ich verhindern, dass die Christus-Kraft, die stärker ist, als der Missbrauch von Macht, erkannt und angewendet wird. Ich denke, Macht ist ursprünglich, an und für sich einfach eine Kraft, diejenige Form von Macht, die auf einer authentischen Autorität basiert, entsprechend den Gaben und Talenten des Einzelnen. Als ursprüngliche Kraft ist sie weder gut noch böse. Immer ist es eine Frage, wie setze ich die Kraft ein? Nutze ich diese Kraft zum Wohle des Ganzen oder nutze ich diese Kraft für den Machtrausch? Im Machtrausch glaube ich omnipotent zu sein, erhebe mich anmaßend zu einem Gott und vergreife mich gierig am Leben. Macht zu missbrauchen kommt, wie die Anmaßung, Gott zu sein, der Gotteslästerung gleich und wird, in der Konsequenz, absichtlich Christus morden wollen – da Christus, als ein Inbegriff des Lebens selbst, jedweden Machtmissbrauch verhindern will und wird. Christus, die Liebe für alles Lebendige, die Kraft, die stärker ist als der Missbrauch von Macht, soll – mit allen Mitteln – ausgeschaltet werden. Gott sei Dank ist das letztlich unmöglich. Das Leben und das Universum werden ja wohl kaum selbstmörderisch sein. Das ist ein Widerspruch in sich!

Dazu weiter Wilhelm Reich selbst: „*Das lebendige Leben wird von Christus repräsentiert. Er ist einfach ungeniert gesund – und allein.*

Weil er so ist, wie er ist, erinnert er alle anderen Menschen an ihre emotionelle Verkrüppelung. Er ist faszinierend, die Menschen saugen sich mit seinem brillanten Charisma voll. Doch sie können nicht so sein wie er, obwohl jeder Mensch diesen Christus, das ungepanzerte, nur lebendige, Leben in sich trägt. Die Erkenntnis, dass sie so sein könnten wie Christus und dass sie dieses lebendige Erleben niemals erfahren werden, dass es nicht zu „haben" ist, diese Erkenntnis ist ein unerträglicher Schmerz. Die einzige Methode, sich Christus zu bemächtigen, ist seine Vernichtung. Und deshalb müssen sie ihn ermorden. Sie ermorden den Christus seither in allen Kindern, sie ermorden ihn in der natürlichen Umgebung und in sich selbst ... Bis jetzt gab es weder Kultur noch Zivilisation. Beide sind gerade dabei, in das gesellschaftliche Leben einzudringen. Das ist der Anfang vom Ende des chronischen Christusmordes" Wilhelm Reich, „Christusmord", S. 391

Was für eine erschütternde Aussage: Bisher gab es weder Kultur noch Zivilisation – jedoch eine ernüchternde Tatsachenfeststellung im Angesicht der damaligen und auch immer noch existierenden Situation auf Erden. Möge die Zeit der Hoffnung, jetzt, nach der Jahrtausendwende, die Wilhelm Reich damals schon formulierte, definitiv angebrochen und gekommen sein. So sei es.

Das Thema Christusmord erschüttert mich bis ins Mark. Wilhelm Reich hat sich tief hineingewagt in die menschliche Charakterstruktur und ist fündig geworden, was uns Menschen dazu veranlasst, sich so gnadenlos gegen das Lebendige zu wenden. Ich selbst kann dem, was Reich aussagt, folgen und zustimmen Durch die eigene jahrzehntelange Charakterarbeit, zu der ich mich aufgrund sexueller Handlungsunfähigkeit, Minderwertigkeitsgefühle, weitgehender Impotenz und Schüchternheit entschloss, kenne ich die gärende Wut, die sich letztlich als Gewalt Bahn bricht. Allerdings bin ich ein „harmloser Gewalttäter". Entweder habe ich die Gewalt gegen mich gerichtet, durch permanente Minderwertigkeit und Schuldgefühle oder die Gewalttaten „nur" in Gedanken vollzogen. Na ja, als ob das besser wäre ...

Ich will damit sagen, dass die Brillanz und Konsequenz von Wilhelm Reich Aufschluss darüber gibt, zu was charakterliche Blockierungen führen; dass er einen Ausgangspunkt lokalisiert hat, der vieles erklärt. Es ist durchaus umstritten, was er sagte, und das hat ihn viel gekostet. Das geht weit über den Christusmord hinaus, es betrifft sein gesamtes Lebenswerk. Er ist seiner Zeit radikal voraus und legt fortwährend den Finger in die Wunde der menschlichen Psyche, mit all ihren Ausdrücken und Erscheinungsformen. Dennoch entwickelt er Lösungsvorschläge, die zu einem fundamentalen Umdenken aufrufen. Dafür ist er ja angefeindet worden. Undankbarkeit ist der Welten Lohn. Daraus folgte: Sein Ausschluss aus der psychoanalytischen Vereinigung, sein politischer Parteiausschluss, sein Exil in Norwegen, Flucht vor Nazi-Deutschland, sein Übersiedeln in die USA. In den USA wurden seine Bücher verbrannt, sein Labor zerstört und er wurde ins Gefängnis gesteckt – und das alles in den 1950er Jahren, als die Gewaltherrschaft der Nazi-Diktatur noch frisch im Gedächtnis der Menschheit war. Für mich ein Anzeichen dafür, dass er eine Wahrheit aussprach, die einen wunden Punkt berührt. Er starb im Gefängnis, und es gibt einige Stimmen, die vermuten, dass er umgebracht wurde. Ein mutiger Mann, der der Wahrheit seiner Einsichten und Gedanken unkorrumpierbar treu blieb, was er in einigen weiteren Büchern und seinem bemerkenswerten Lebenswerk dargelegt hat. Ich danke Wilhelm Reich für seine Erkenntnisse, Forschungen, Herausforderungen und seiner permanenten Suche nach Auswegen. Vor allem drückt er im „Christusmord" klar und deutlich aus, was ich fühle und sagen will. Während ich dieses Buch schreibe, habe ich erst begonnen, den „Christusmord" ganz zu lesen. Ich finde viele meiner eigene Gedanken und Überlegungen wieder und kann sie nun besser einordnen.

3. Kapitel: Annäherungen an Gott

Dieses Kapitel stellt chronologisch dar, wie verschiedenartig ich Gott schaute. Die erste Gottesbetrachtung spiegelt im Wesentlichen wieder, wie ich mir Gott, sowohl in meiner atheistischen als auch nihilistischen Phase, mehr oder weniger ernsthaft vorstellte. Die weiteren Gottesbetrachtungen entwickelten sich ab dem März 2006, seitdem ich ernsthaft in die Gott-Forschung eingetreten bin. Diese Forschung betreibe ich bis heute und sie wird wohl mein weiteres Leben bestimmen.

Zu Beginn dieses Kapitels will ich einen Gedankengang vorweg stellen. Mir war unklar, dass mein inneres Ringen und Zweifeln auch schon von anderen erlebt und formuliert wurde und dass es dafür einen Ausdruck gibt: Theodizee. Dank der Theodizee kann ich mich von der Vorstellung lösen, allein zu sein mit diesen Fragen, wer oder was oder wie Gott ist und wirkt.

*„**Theodizee** (griechisch Theos, „Gott" & djke, „Recht") die von Theologen oder von theologisierenden Philosophen (den Stoikern im Altertum, den Gnostikern, Leibniz in der Neuzeit) versuchte Rechtfertigung Gottes hinsichtlich des von ihm zugelassenen Übels in der Welt. Man leugnet entweder die Übel oder betrachtet sie als Prüfungen, die Gott schickt. Zu den Versuchen einer Theodizee hat zuerst Epikur kritisch Stellung genommen: Entweder will Gott das Übel in der Welt aufheben, aber er kann nicht; oder er kann, will aber nicht; oder er will weder, noch kann er; oder er will und kann auch. Die drei ersten Fälle sind in Hinsicht auf einen Gott undenkbar, der letzte verträgt sich nicht mit dem tatsächlichen Vorhandensein des Übels".* Philosophisches Wörterbuch, 1974

„Das Gott-Puzzle" – verschiedene Puzzlestücke

Die nun folgende erste Gottesschau ist das ursprüngliche Bild, welches schon in der Kindheit entsteht und welches ich einfach übernommen habe. Alle weiteren entstehen erst, nachdem ich mich 2006 auf den spirituellen Weg machte, ein gläubiger Mensch zu werden.

Die erste Gottesschau

Gott ist das All-Eine Bewusstsein und das Eine Sein, allgegenwärtig, immer und in allem existent und da. Ich bin überwältigt und es ist ja klar, Gott ist das „Stärkste, was es auf der Welt und im Weltall gibt". *„Ich bin klein, mein Herz ist rein, soll niemand drin wohnen als Jesus Christus allein".* Ich erinnere mich wieder an das Gebet aus meiner Kindheit, an dessen Wahrheit ich glaubte, und an welches ich seit März 2006 wieder anknüpfe.

Dazwischen die Kindheit, in der sich die bange Frage zu entwickeln beginnt: „Wenn Gott allmächtig ist, wieso gibt es das Böse, den Teufel? Und wieso ist die Macht des Bösen, des Teufels, auf Erden stärker als Gott?" Der Stachel des Zweifels wird immer stärker, ich verliere nach und nach den Glauben. Die lange atheistische und nihilistische Phase beginnt, ich verliere die Unschuld des Kindes. Das ist doch alles nur Wunschdenken, schaue dir die Welt doch an und höre auf, so naiv zu sein.

Doch ab dem März 2006 will ich es wieder wissen und will in Erfahrung bringen, ist dem so? Mein Herz ist rein, Gott zugewandt und das reine Herz ist Stärke – stärker als das Böse, der Teufel. Obwohl, die angebliche „Machtlosigkeit Gottes" macht mir echt zu schaffen und ist einer dieser wiederkehrenden Widersprüche. Ich will und muss dem auf den Grund gehen, dahinter kommen, warum das so ist oder zu sein scheint.

Wie ich schon sagte, lebte ich den Großteil meines Lebens ohne Gott. In jungen Jahren war es eben cool und schick, dem zu folgen, was Nina Hagen in einem ihrer Songs sagte: „Gott ist tot". In dieser nihilistischen Aussage spiegelt sich die Haltung einer ganzen Generation wieder. Ich wende mich bewusst von Gott ab, mehr noch, ich negiere ihn völlig.

Diese Ablehnung, dieses Negieren, das ist eine Entmachtung Gottes! Deshalb *erscheint* Gott „machtlos". Seine Macht ist in dem Maße „erloschen und inaktiv", in dem ich mich als Mensch, in dem sich der Mensch allgemein von Ihm abwendet und trennt. Seine Macht aktiviert sich sofort wieder, sobald ich Ihn bewusst anspreche. Das ist wichtig zu wissen! Ich bin froh, diese Einsicht gewonnen zu haben, dass die Allmacht Gottes immer da ist, jedoch erst erfahrbar wird, wenn ich mich aktiv und bewusst an Sie/Er/Es wende. Es hat lange gedauert, bis ich mir dieses Zusammenhangs bewusst wurde.

Die Macht Gottes ist auf höchstem Niveau, erhaben, eindeutig, klar und rein. Mein Wille, als ein Geschöpf Gottes, wird absolut respektiert. Gott greift nur ein, wenn er danach gefragt und darum gebeten wird. Das setzt einen liebenden Gott, einen gütigen und gnädigen Gott voraus – statt einen zornigen und strafenden Gott.

Etty Hillesum, eine junge Jüdin, die im KZ umgebracht wurde, hat intensivst um die Wahrheit und Wirklichkeit Gottes gerungen und eine ihrer sehr bemerkenswerten Aussagen war, aus dem Buch „Das denkende Herz": *„Wir müssen Gott an die Hand nehmen."* Wenn wir uns an Gott wenden, wird uns Seine Allmacht und Gnade zuteil. Mehr noch, Gott und Mensch ergänzen sich. In jedem anderen Fall erscheint uns Gott als machtlos, weil wir ihn selbst entmachten.

Das Übel in dieser nun lange währenden Gott- und lieblosen Welt basiert also einerseits auf den Entscheidungen des Menschen, andererseits auf einer sehr intelligenten Strategie derjenigen, die die Macht missbrauchen, einzig und allein zum Wohl ihrer eigenen Interessen. Wer Macht missbrauchen will, muss den Menschen Angst einjagen, sie unterwerfen und trennen von allem Guten, Wahren und Schönen. Dieser Zusammenhang wird ja in der damit verbundenen gnadenlosen Grausamkeit im Christusmord dargestellt. Die Konsequenzen des Christusmordes sitzen als traumatischer Schock im genetischen und zellulären Gedächtnis der Menschheit.

Was soll das für ein allmächtiger Gott sein, der seinen Sohn kaltblütig ermorden lässt? By the way, falls es jemand wagen sollte, die Botschaft der Liebe und die Heilkraft von Christus heute nochmals ernst zu nehmen, der sieht ja, wohin das führt. Es wirkt befremdend und merkwürdig, dass der allmächtige Gott scheinbar darauf angewiesen ist, ob ich mich von Ihm/Ihr zu- oder abwende. Der Sinn dieses Absatzes besteht darin, mein derzeitiges Verständnis zu unterstreichen, dass es sozusagen eine Vereinbarung zwischen Gott, dem Göttlichen und dem Menschen gibt. Die Vereinbarung, die Regel besagt – Bejahung oder Verneinung – und das ist verbindlich, in einem absoluten Sinn. Das ist die Regel, die Vereinbarung des „freien Willens". Gott wird sich erst dann einmischen, wenn ich ihn danach frage und/oder darum bitte. Angesichts der Weltsituation stellt sich allerdings die Frage, wer sich überhaupt noch an Gott und das Göttliche wendet?

Wie im oben zitierten Thema der Theodizee schon gesagt wird, Gott kann und will und wirkt auch unabhängig davon, ob ich mich Ihm zuwende oder von Ihm trenne. Die Unabhängigkeit Gottes in seinem Wirken zeigt sich für mich darin, dass vermutlich die Welt ansonsten schon mehrfach untergegangen wäre. Die Menschheit ist gut beraten, „Gott an die Hand zu nehmen", also viel aktiver mitzuhelfen, dass die Erde in Ordnung kommt. Dass die Erde noch existiert, dass die Welt sich noch dreht, dass bislang jedwede Weltdiktatur letztlich fehlgeschlagen ist, führe ich auf das unabhängige Wirken der Allmacht Gottes zurück, unterstützt von denjenigen Menschen, die beginnen, die Allgegenwart des Göttlichen anzuerkennen, zu bejahen, zu erforschen und zu respektieren; die danach trachten, das Königinnenreich der Göttin, das Königreich Gottes auf Erden zu verwirklichen. Ergo, es gibt also doch noch Menschen, die sich aktiv an das Göttliche wenden!

In dieser Frühphase meines spirituellen Weges bin ich noch im Dualismus-Konzept verheddert. Ich brauche einen Ausweg, eine komplexere Betrachtung. Die erwähnten Widersprüche nehmen jetzt Fahrt auf. In diesem Kapitel komme ich zu verschiedenen Gottesbetrachtungen. Das liegt daran, dass sich auf dem spirituellen Weg Schritt für Schritt weitere Einsichten, Gedanken und die nächst tieferen Fragen ergeben. Dies führt dazu, das bislang Angenommene zumindest zu hinterfragen oder gar auf den Kopf zu stellen und zu verwerfen. Die folgenden Ausführungen entstehen erst ab März 2006.

Die zweite Gottesschau

Gott ist sich sicher, dass die Schöpfung vollkommen erschaffen ist und sich die Geschöpfe und die Schöpfung gemäß dieser Vollkommenheit entfalten. In diesem Bewusstsein, mit dieser Gewissheit trifft Gott eine Entscheidung. *Sie/Er/Es hört auf, personal zu existieren.* Das „Risiko" dieser Auflösung als „Person" ist überschaubar. Zumal es ein Zugewinn ist, die Abweichungen, die sich in der „Unvollkommenheit" ergeben, dann zu integrieren und damit quasi die Vollkommenheit zu vervollkommnen, Gott existiert nunmehr in der Vielfalt. In jedem Staubkorn, in jedem Grashalm, in jeder Kröte, in jeder Zelle usw. ist Gott. Gott will wissen, was geschieht, wenn die Geschöpfe eigenverantwortlich agieren und handeln. Gott will, dass vom Menschen erkannt wird: ICH – Gott bin in allem, was ist. Deshalb kommen Atheisten, Nihilisten, Wissenschaftler und andere zu der Ansicht, Gott ist inexistent, Gott ist tot. Doch Gott ist überall.

Die „Machtlosigkeit" Gottes besteht nun also darin, dass Er/Sie/Es sich auflöste und unauffindbar zu sein scheint – obwohl Er überall zu finden ist. Er aktiviert sich sofort, agiert sofort, wird sofort wiedergeboren, wird auffindbar und sichtbar, sobald sich ein Kind Gottes, sobald sich überhaupt jemand an Ihn wendet. Entscheidend ist die aktive, bewusste und gewollte Kommunikation zwischen Mensch und Gott, zwischen Geschöpf und Schöpfer. Jede und jeder sind also aktiv daran beteiligt, dass Gott existiert – nunmehr als erlebtes Bewusstsein im Inneren eines jeden Wesens, statt „abstrakt in einem Himmel, in den unendlichen Weiten des Alls" zu sein.

Durch jedes Menschenkind, durch jedes Kind Gottes, welches sich auf die Wahrheit und Wirklichkeit Gottes bezieht, wird Gott wiedergeboren. *„In einem gewissen Sinne erlöst von der Auflösung; vom Nirgendwo".* Dieser Prozess der Wiedergeburt Gottes wird vollendet sein, wenn wir Menschen aufwachen in der Wirklichkeit; wenn wir unser göttlich innewohnendes Potential zum Wohle des Ganzen anwenden, wenn wir lieben. Mehr noch: Sowohl Gott, als auch die Geschöpfe und die gesamte Schöpfung werden erst wieder in der Vollkommenheit sein, wenn alle Schöpfungsbeteiligten zu vollem Bewusstsein erwacht sind.

Sobald ich also die Existenz und Substanz der universellen Intelligenz in mir finde, befinde ich mich als Zelle und/oder ein Organ des Göttlichen in der Lage, dem Organismus Gottes wieder zur Geburt zu verhelfen. Diese Wirklichkeit erlebte ich vor einigen Wochen, in einer tiefen Meditation. Ich erreichte einen Zustand des vollkommenen Seins, als kristallklares, reines und vollkommenes Bewusstsein. Die lang ersehnte Erfahrung war für einige, jedoch eindeutige und klare, Augenblicke fühlbar. Es ist, wie viele spirituelle und religiöse Meister immer wieder sagen: Der Mensch ist, im Grunde seines Seins, vollkommenes Bewusstsein. Es ist auch so, wie Pierre Teilhard de Chardin sagt: Wir sind spirituelle Wesen mit menschlichen Erfahrungen. Genau das sind die Momente, die ich für die Wirklichkeit halte.

Die unbekannte Variable

In dieser Betrachtung entsteht in mir zum ersten Mal der Gedanke der unbekannten Variablen. Will Gott herausfinden, was geschieht, wenn sich die Geschöpfe von Gott trennen? Ich stelle diese Frage, die an dieser Stelle auf ein Ja hinausläuft. Weitere Fragen sind. Was geschieht, wenn sich die Menschen für das Böse entscheiden? Was geschieht, sobald der Mensch die Eigenverantwortung annimmt? Genau das ist Sinn und Zweck der unbekannten Variablen. Ich setze die unbekannte Variable mit dem freien Willen gleich. Alles, was durch die Anwendung des freien Willens geschieht, ist unberechenbar und unvorhersehbar. Sowohl im Guten, wie im Schlechten. Einerseits verursacht also der freie Wille innerhalb der Schöpfung Abweichungen, Fehler, Irrungen und Wirrungen, wie z. B. Krieg. Krieg fasse ich als einen absoluten Ausdruck unvollkommenen Verhaltens auf. Andererseits ist der freie Wille das Korrektiv dafür, die Abweichungen zu erkennen, die Gründe zu durchschauen und zu korrigieren. Krieg ist definitiv eine Abweichung. Die Ursachen und Gründe für jeden Krieg zu beenden, ist eine Korrektur. Dieser gesamte Erkenntnisvorgang ist, nach meinem Empfinden, von Gott beabsichtigt und genauso vorgesehen.

Gewissermaßen ist es eine Prüfung,
ob wirklich alles vollkommen erschaffen ist!

Kraft des freien Willens kann ich den Willen also für oder gegen etwas anwenden. Wir Menschen sind wichtig, da wir es sind, die den freien Willen anwenden. Gott ist volles Risiko gegangen, indem er dem Menschen die Entscheidungsfreiheit mittels des freien Willens in die Hand gegeben hat. Neben den Verfehlungen des Menschen hat Gott auch dem Bösen das Tor geöffnet.

Krieg ist für mich ein Inbegriff der Verfehlungen des Menschen. Der Teufel ist für mich der Begriff, der alle Eigenschaften und Tendenzen des Bösen im Menschen verkörpert. Von daher ist Krieg ein Ausdruck von Teufelswerk. Darüber hinaus, als sich verselbstständigende Entität, bezieht der Teufel seine Energie aus dem Bösen im Menschen. Das verschafft ihm die Macht, eine eigene Schöpfung zu initiieren, die ich als des Teufels Schöpfung betrachte. Dieser Aspekt, dieser Teil der Schöpfung zeigt auf, was geschieht, wenn sich der Mensch willentlich von Gott trennt – aufgrund der Entscheidung, absichtlich und bewusst böse sein zu wollen. Sobald wir als Mensch unsere Seele dem Teufel „verkaufen", helfen wir mit, diejenige Realität zu erschaffen, die gemeinhin als Hölle bezeichnet wird.

Nochmal zur Erinnerung: Gott, der sich seiner Schöpfung ausliefert, wird wiedergeboren durch jeden Einzelnen von uns, der den freien Willen dazu benutzt, sich wieder der göttlichen Wahrheit und Wirklichkeit zuzuwenden. Die intensivste Zuwendung, nach meinem Empfinden, ist die Anwendung der bedingungslosen Liebe. Seit Neuestem kommt die Erfahrung, selbst reines und vollkommenes Bewusstsein zu sein, in Ergänzung zur bedingungslosen Liebe, hinzu. In jeder Hinwendung/Zuwendung zur Liebe, zum reinen Bewusstsein, liegt zugleich ein Abzug derjenigen bösen, dunklen und negativen Energien, die dem Teufel dienen. Sobald diese Energie abgezogen und damit anders ausgerichtet wird, ist es möglich, den Teufel mehr und mehr zu entmachten.

Wie bei einem Puzzle fehlen noch weitere Teile für das gesamte Bild. Das nächste Puzzlestück:

Die dritte Gottesschau

Gott ist die spitzeste Spitze der Pyramide. Einheit, Quelle, das Alpha, der Ausgangspunkt und Inbegriff des Ewigen und Unendlichen. Die gesamte Schöpfung ist ein Prozess der immer weiteren Ausdifferenzierung Gottes. Das All, die Galaxien, die Sonnensysteme mit ihren Planeten, das beseelte Leben in Fleisch und Blut, bis hinein in die Materie sind eine Manifestation immaterieller Energie.

Gott steigt aus den unendlichen Weiten hinab in das körperliche Dasein. Gott war „es leid, allein – All-Ein – zu sein" und zugleich neugierig, wie sich eine aus der Vollkommenheit erschaffene Schöpfung, an der nun sich immer weiter verbreiternden Basis der Pyramide, mit vielen Variablen, in all ihrer Unvollkommenheit entwickelt. Eine Variante der Unvollkommenheit ist die absichtliche Verneinung Gottes und somit die Trennung von Gott. Dass die Möglichkeit, sich von Gott zu trennen, einen mächtigen Gegenspieler, das Böse in Gestalt des Teufels, mit erschafft, halte ich für beabsichtigt. Dies ist zwar sehr unangenehm, doch erklärt sich dadurch leichter, weshalb Gott machtlos erscheint. Die „Machtlosigkeit" ist beabsichtigt, wird von Gott „in Kauf" genommen, zumal Er sich Seiner gewiss ist. Somit weiß, dass die Trennung eine vorübergehende sein wird. All-Mächtig zu sein bedeutet ja, alles im Blick zu haben, auch das eigene Gegenteil.

Die gesamte Schöpfung dient Gott, vor allem als Selbsterfahrung und Selbsterkenntnis. Gott muss davon ausgehen, obwohl es diese extremste Abweichung Seiner selbst geben wird, dass

„All-Es Erschaffene", damit sind die beseelten Geschöpfe gemeint, wieder zur Quelle finden will und wird. Die Abweichungen und ihre Korrektur „veredeln" die ursprüngliche Vollkommenheit.

Wie Sie hier sehen, betrachte ich Gott noch allzu menschlich, das ist immer auch grenzwertig. Dennoch erlaube ich mir, die Schritte auf meinem Weg, die zu diesen verschiedenen Betrachtungen Gottes führen, darzustellen. Auch diese Betrachtung, die eine Zeit lang trägt, ist unzureichend und führt zur nächsten Gottesschau. Die hier vorgestellten Gottesbetrachtungen sind chronologisch. Also die erste steht am Anfang meines Weges. Die darauffolgenden ergeben sich aus den sich jeweils verändernden weiteren Einsichten. Das ganze Thema entwickelt sich auf dem Weg weiter und weiter. Vorschnelle und befriedigende Antworten sind unzureichend.

Die vierte Gottesschau

Gott ist der ursprüngliche Archetyp des Menschen. Die ganze Erde, der Himmel und die Schöpfungsgeschichte werden vom Menschen in das All **projiziert**. Gott, Teufel, Mensch und die Schöpfung sind dem menschlichen Bewusstsein innewohnend. Die Erzengel und Engel, die Dämonen und Teufel, die Göttinnen und Götter sind archetypische Charaktereigenschaften im Menschen. Daraus folgt – **der Mensch hat Gott und Schöpfung erschaffen**. Die Projektion nach außen ist notwendig für die menschliche Selbsterkenntnis. Meine Annahme lautet von daher, alles, was im sogenannten Außen sichtbar stattfindet, ist ein Spiegel meiner geistig-seelischen Projektionen. Kurz gesagt, Gott und Mensch sind von Beginn der Zeiten an Eins. Von daher existieren die Schöpferfähigkeiten im Menschen. Gott ist in diesem Sinne der Brennpunkt und der führende Kopf menschlichen Bewusstseins – sowohl Ausdruck eines allgegenwärtigen Bewusstseins als auch die „Cloud", eine Metaebene individuellen Bewusstseins, also eher ein metaphysischer Seins-Zustand des Menschen.

Gott, Himmel mit allen darin seienden Wesen, Teufel, Hölle mit allen darin seienden Wesen, die Erde mit allen auf ihr seienden Wesen, dies alles ist in einer „Cloud" – dem Gesamtbewusstsein alles Existierenden – im All. Unser Körper ist eine holografische Verdichtung dieses Gesamtbewusstseins des Alls und ruft in jedem Augenblick die entsprechenden und notwendigen Informationen ab, die das Leben in allen Varianten ermöglichen. Der menschliche Körper ist so etwas wie eine Antenne, ein Empfänger für diese Informationen. Die faszinierende Harmonie und Präzision – z. B. Wie der Blutkreislauf, wie alle Organe und alle Zellen miteinander koordiniert sind – ist überwältigend und zugleich eine unmittelbare, sich in jedem Augenblick vollziehende Erfahrung. Eine einzige Kontinuität an Genauigkeit, Harmonie und Präzision, die Anwendung dieses Gesamtbewusstseins.

Die „Cloud"

Die „Cloud", als Metaebene individuellen Bewusstseins, beinhaltet die Daten aller individuellen Bewusstseinsinhalte und speichert diese wie auf einer „externen" Festplatte. Die Cloud ist also eine Art Bewusstseinsspeicher und alle bewussten Wesen haben Zugriff auf diese universelle Datenbank. Der Mensch ist in der Lage, dieses Bewusstsein, diese Schöpferfähigkeit in sich zu spüren und erlebt sie im Körper. In der Seele liegen die Bewusstseinsinhalte, sie ist direkt mit der Cloud verbunden und kann dort auf Daten zugreifen, der Geist entschlüsselt diese Bewusstseinsinhalte.

Das Individuum ist wie ein einzelnes Puzzleteil. Als dieses Teil verkörpert es eine einzigartige und genaue Information –

bedeutsam für die Entstehung des gesamten Bildes, des fertigen Puzzles. Die geschichtlichen Epochen sind je ein Bild, gleichsam Ausdruck des bis dato verwirklichten Bewusstseins. Durch die kontinuierliche Weiterentwicklung des Bewusstseins und der Evolution verändern sich die vorherigen Bilder und Motive. Das letztendliche, vollendete Bild ist die vollkommene Verwirklichung und Umsetzung des göttlichen und universellen, uns innewohnenden Potentials. Ausnahmslos jedes „Teil" hat sich dann in vollem Umfang „selbst" verwirklicht.

Christus als ein weiterer Brennpunkt

Christus ist, wie die Meister schon anmerkten, die Erleuchtung. Ich will an dieser Stelle sagen, Christus ist nach meiner Empfindung das derzeit komplexeste Bewusstsein der Existenz. Das Christusbewusstsein ist ein Brennpunkt, indem sich alle vorherigen Bewusstseins- und Erkenntnisströme vereinen. Vielleicht sind heute das Christusbewusstsein und die unendlichen Möglichkeiten und Wahrscheinlichkeiten des Quantenfeldes in Wirklichkeit deckungsgleich? Das lass ich hier einmal offen.

Christus ist der erwachte Mensch, der sich all dessen bewusst ist. Christus offenbart, dass wir Menschen uns in einer stetigen Entwicklung und Veränderung befinden. Christus erinnert daran, wer und was „ich Mensch" in Wahrheit bin. Die ganze Projektion auf und in die Schöpfung dient einzig und allein dazu, sich zu erkennen und an das innewohnende Potential, das vollkommene Bewusstsein, zu erinnern.

„Erschwerend" dabei ist, dass der Teufel als Gegenspieler im Menschen dieses Innewohnende Potential blockiert und die Wirklichkeit der Schöpfung in eine „trügerische und unwirkliche" Scheinwelt, genannt Realität, verwandelt und missbraucht, als Ablenkung und zur Verwirrung. Die Versuchung durch den Teufel dient dem Zweck, eben diese Versuchung zu durchschauen und wieder aufzuwachen in der wirklichen Natur des Menschen. Der Mensch hat ebenfalls den Teufel und Antichristen erschaffen, in sich selbst.

Ich gehe davon aus, dass heute, in diesem Zeitabschnitt der Evolution, ein Aufwachen geschieht. Dieses Aufwachen wird das gesamte Leben auf der Erde verändern. Jede einzelne Zelle ist ein Teil des Ganzen. Jeder Mensch ist ein Teil des Ganzen. Jeder Mensch ist sowohl Teil, als auch das Ganze und wird sich dem mehr und mehr, in vollem Umfang bewusst. Das wird dazu führen, das Ganze in sich zu fühlen und zu lernen, es anzuwenden, statt es in die unendlichen Weiten des Alls, auf Gott zu **projizieren.** Das Ganze anzuwenden heißt, allumfassend zu lieben. Sich gegen die Liebe zu wenden, gibt dem Bösen die Macht, ist die dauernde Geburt des Bösen. Die Dualität, diesen ewigen Kampf von Gut und Böse zu beenden, ist eine der dringlichsten Aufgaben des Menschen. Dafür ist der Mensch, als Schöpfer, wichtig!

Dieser ganze Abschnitt ist mir zwar unbehaglich, da ich hier meinen heiß geliebten Gott „abschaffe". Dennoch will ich diese Schau bringen. Ich halte es für wichtig, zu zeigen, wie viele Wege auf den Gipfel führen und dass jeder Weg seine eigene Qualität hat. Ich will zeigen, dass „offen bleiben" für Veränderungen einer Annäherung an die Wahrheit dienlich ist.

Die fünfte Gottesschau

Das ist definitiv die befremdlichste, bizarrste, heißeste und verwirrendste Schau. Wie gesagt, das sind alles Annäherungen, etwas zu beschreiben und zu sagen, was eigentlich unbeschreiblich und unsagbar ist. Eine Anmerkung: Ich lasse diese fünfte Gottesschau so stehen. Heute, im November 2023, bin ich auf einem anderen Bewusstseinsstand, wie er sich schon im Kapitel 1 zum Thema Einheit herauskristallisiert hat. Diese fünfte Gottesschau entstand vor dem ausgearbeiteten Absatz zur Einheit. Gott und Teufel hier zu einer Einheit zu machen, ist ein logischer Fehler. Dennoch ist mir diese Schau erhaltenswert, da sie einen inneren Entwicklungsprozess widerspiegelt.

Gott und Teufel sind eine Einheit

In meiner Liebe zu Gott und den bis heute gemachten Erfahrungen setze ich Gott als das All-Eine, umfassende Bewusstsein voraus, setze ich Gott als den Inbegriff der Einheit voraus. Was jetzt kommt, stellt alles auf den Kopf. Dieser Absatz widerspricht meiner bisherigen Erfahrung. Statt, wie zuvor angenommen, dass Gott alleine Eins ist, ist Gott sowohl das Licht als auch das Dunkle, der Teufel – ein Ganzes, eine Einheit, die zwei Seiten einer Medaille. Gemäß dem Polaritätsprinzip wird sich die Entfaltung einer Wesenheit nach zwei entgegengesetzten, sich jedoch gegenseitig bedingenden und ergänzenden, Richtungen hin offenbaren. Das Dunkle ist die bedingende und ergänzende Richtung des Lichts.

Das Polaritätsprinzip stellt sich in der Elektrizität als Minus/Negativ/Dunkel- und Plus/Positiv/Hell-Pol dar, im Magneten als Nord- und Südpol, usw. Wie schon in Kapitel 1 erwähnt, ist es genau dieser eine Aspekt der Polarität. Ich zitiere aus dem philosophischen Wörterbuch: *„Polarität, gegensätzliches Verhalten, die Entfaltung **einer** Wesenheit nach zwei entgegengesetzten, doch aber sich gegenseitig bedingenden und ergänzenden Richtungen hin – Urspannung"*. Der bringt mich auf die Idee, Gott und Teufel als die Urspannung der Einheit zu sehen. Das erklärt die Anwesenheit des Guten und des Bösen in der Schöpfung, gleichzeitig und von Anfang an.

Jetzt stellen sich Fragen. Aus welchem Grund ist aus der Einheit eine Vielheit entstanden? Wozu gibt es einen absoluten „guten" Pol? Wozu gibt es einen absoluten „bösen" Pol? Darin müssen eine Absicht und ein Sinn liegen! Der Minus- und der Plus-Pol, zwischen denen ein Energieaustausch, ein Energiefluss stattfindet, sorgen für eine Spannung. Während in der Dualität die Eigenschaften der Pole beschrieben werden können, die sich unvereinbar gegenüberstehen, stellt das Polaritätsprinzip die Dynamik dar, die sich aus der bewegenden und fließenden Energie zwischen den Polen ergibt. Genau diese Dynamik wird gebraucht, damit sich die Einheit in eine Vielheit auffächert. Ein anderes Wort für Vielheit ist Schöpfung. Die Schöpfung zu initiieren, muss demnach die Absicht und der Sinn sein, so stellt es sich für mich dar.

Ich kann bislang nur denken, dass die Einheit Geist und Intelligenz beinhaltet. Einfach aus dem Grund, weil wir Menschen mit Geist und Intelligenz ausgestattet sind und es von daher nahe liegt, dass es dafür eine Quelle gibt. Die aus der Einheit hervorgehende Vielheit kann ich nur denken als einen Selbsterkenntnis- und Selbsterfahrungsprozess des Geistes und der Intelligenz als Einheit. Da dieser Prozess einer „Initialzündung" bedarf, entsteht die erste Urspannung, die Gott-Teufel Einheit. Diese existiert genau an der Schnittstelle, im Übergang aus der Einheit in die Vielheit.

Die Gott-Teufel Einheit ist in diesem ersten Augenblick ein neutrales Energiepotential. Sie ist als polares Prinzip der Ausgangspunkt für die uns bekannte Schöpfung. Die Schöpfung, die Geschöpfe, die Menschen und die Natur sind, abstrakt ausgedrückt, materielle Manifestationen des Energieflusses zwischen den Polen. Der ganze Kampf zwischen Gut und Böse entwickelt sich erst im Laufe der Evolution, durch die bewusste Entscheidungsfähigkeit des Menschen, mittels seines freien Willens. Der

Mensch kann sich in jedem Augenblick entscheiden, welchen Pol er ansteuern will. Er kann in jedem Augenblick entscheiden, den Weg des Bösen oder den Weg des Guten zu gehen! Unabhängig davon wird sich das Böse verselbstständigen, siehe weiter unten.

Die Bedeutung des Menschen

Wir Menschen sind von Bedeutung. Will ich dem Teufel oder dem Heiland dienen? Entscheide ich mich für Krieg oder Frieden? Gott und Teufel sind die Pole, die Menschen und die Geschöpfe sind im Energiefluss und alle sitzen zusammen „im selben Boot". Die in Gang gebrachte Schöpfung offenbart sowohl Vollkommenheit als auch Unvollkommenes. Da ich der Schöpfung eine Absicht und einen Sinn unterstelle, wird es ein naheliegendes Ziel sein, auf eine nächste Ordnungsebene zu kommen. Die nächste Ordnungsebene besteht darin, erneut das Gleichgewicht der Kräfte der ursprünglichen Einheit herzustellen. Dieses Gleichgewicht herzustellen, wird einen Selbsterfahrungs- und Selbsterkenntnisprozess ermöglichen, den Gott, Teufel und Mensch gleichermaßen durchlaufen. Das führt dazu, dass es weder ein zu viel an Teufel gibt, noch ein zu wenig an Gott, was die Balance dieser beiden Mächte gewährleistet.

Der Teufel ist anders

Die Gottesschau dieses Absatzes ist nach wie vor befremdlich, heiß und verwirrend. Wenn dem so ist, wie ich in diesem Absatz darlege, dann ist der Teufel etwas anderes, als ich bisher dachte. Statt a priori der Inbegriff des Bösen zu sein, verkörpert der Teufel eher die Möglichkeit, die Tendenz, des Energiepotentials zum Bösen. Ob das Böse böse wird, stellt sich erst dann heraus, wenn ich mich oder wenn ein Mensch sich dafür entscheidet, sich von Gott zu trennen. Sobald diese Entscheidung getroffen ist, halten mir der Teufel, Diabolo, Schaitan, Satan gnadenlos die Konsequenzen vor Augen und öffnen Tür und Tor dafür, dieser Entscheidung zu folgen.

In Gott – für den Fall Seiner völligen Ablehnung, Leugnung und Verneinung – gibt es ein Gegenüber. Solange Gott und Teufel eine Einheit sind, handelt der Teufel durchaus im Auftrag Gottes. Im Auftrag Gottes fragt der Teufel uns Menschen: Willst du das wirklich tun, was du tust? Bist du dir der Konsequenzen darüber bewusst? Kannst und willst du das tragen? Bereust du? Diese Fragen werden uns gestellt, wenn wir uns gegen das Leben, die Liebe und das Wohl des Ganzen stellen. Diese Fragen werden uns vom Teufel gestellt, solange er noch im Dienst Gottes wirkt, da Gott weder strafend, noch richtend oder zornig ist. Ich will damit sagen, die Vorstellung eines strafenden Gottes ist insofern falsch, da es der Teufel ist, der diese Aufgabe übernommen hat. Der Teufel ist angstfrei und machtvoll genug, jedwede Verfehlung, wie grausam sie auch sei, zu erkennen. Er ist deshalb der Höllenfürst. Die Hölle ist mitten in uns Menschen, in dem Maße, wie wir uns weiter und weiter gehen lassen und dem Leben antun, was wir ihm antun, schon so lang, schon viel zu lang.

Schlimm finde ich, dass ich anfange, so etwas wie Sympathie für den Teufel zu empfinden. Wenn dieses Wesen einzig und allein deshalb existiert, bereit zu sein, meine/unsere Verfehlungen zu spiegeln, dann bekommt es den ganzen „Dreck der Menschenwelt" zu spüren. Auf dieser Ebene ist das, was Teufel genannt wird, diejenige Instanz, die bereit und befugt ist, zu richten und zu strafen. Ein strafender und zorniger Gott ist ein Widerspruch in sich. Statt wie im Alten Testament beschrieben wird, dass es diesen strafenden und zornigen Gott gibt, erlebe ich Gott eher, wie ihn Christus beschreibt, als einen liebenden, gütigen und gnädigen, fürsorglichen Gott. Ein Gott, der in der Lage ist, zu erkennen, der weiß, dass es Fehler, Irrungen und Wirrungen gibt, ohne darüber zu richten. Der bereit ist, den verlorenen Sohn, die gefallenen Engel wieder in sein Haus aufzunehmen. Der strafende Gott ist eine Projektion der Menschen, die wider besseren Wissens handeln und/oder die Schuld auf andere schieben, und/oder die böse sein wollen, diejenigen Menschen, die die Liebe verloren haben. In Wirklichkeit muss der Teufel als strafender Gott „herhalten". Er nimmt die Verantwortung an, zu richten und zu strafen.

Ich empfehle dazu den brillanten Dialog, aus dem Buch „Die Hütte, ein Wochenende mit Gott", von William Paul Young, in dem ein Mensch aufgefordert wird, über Gott zu Gericht zu sitzen.

Es gibt in jedem Menschen eigene Instanzen – das Herz, die Intelligenz und die Fähigkeit zur Liebe – welche ganz genau wissen, was ethisch „korrekt und koscher" ist. Die entgleiste „Zivilisation" einer Gott- und lieblosen Welt bedarf der Strafsysteme. In einer Welt, die der göttlichen Wahrheit und Wirklichkeit entspricht und in der die Liebe angewendet wird, ist es eher unwahrscheinlich, dass Strafsysteme gebraucht werden.

Danke für jene Synchronizität, die mir, nachdem ich diesen Gedanken ausformulierte, das Buch in die Hand spielte, aus dem ich hier zitiere, und genau die Stelle lese, die mit dem Thema direkt zu tun hat. Aus dem Buch „Die vierzig Geheimnisse der Liebe", von Elif Shafak, hier eine der vierzig Regeln von Shams-e Tabrizi: *„Die Hölle besteht im Hier und Jetzt. Der Himmel ebenso. Höre auf, dich vor der Hölle zu fürchten oder vom Himmel zu träumen, denn beide sind schon jetzt in dir selbst. Immer wenn wir uns verlieben, fahren wir zum Himmel auf. Immer wenn wir uns in Hass, Neid oder Streit ergehen, stürzen wir geradewegs in die Flammen der Hölle. Das besagt die Regel Nummer fünfundzwanzig. Gibt es eine schlimmere Hölle als die Qual, die ein Mensch erleidet, wenn sein Gewissen ihm sagt, dass er schreckliches Unrecht begangen hat? Frag diesen Menschen, er wird dir sagen, was die Hölle ist. Gibt es ein schöneres Paradies als die Wonne, die einen Menschen in* den seltenen Augenblicken seines Lebens erfüllt, wenn die Riegel des Universums zurückgeschoben werden und er sich im Besitz aller Geheimnisse der Ewigkeit und ganz mit Gott vereint weiß? Frag diesen Menschen, er wird dir sagen, was der Himmel ist."

Im Sinne des „Schöpfungsexperimentes"

Ich darf wissen, dass weder Gott noch der Teufel allein dafür verantwortlich zu machen sind, was in der Schöpfung und auf Erden geschieht. Gott und Teufel sind gleichermaßen äußere und innere Wesen. Weil sie in allem sind, was beseelt ist, und uns dort begegnen. Die ganze menschliche Kulturgeschichte sowie die Legenden und Mythen sind voll mit Bildern und Darstellungen über Gott und Teufel. Diese Darstellungen sind günstigenfalls dazu gedacht, uns daran zu erinnern, welche Auswirkungen unser Verhalten im Guten wie im Bösen hat. Im ungünstigen Fall erinnern die Darstellungen daran, welche Strafen auf uns zukommen werden. Und es sind von Menschen gemachte Bilder und Vorstellungen.

Ich verwende den Begriff des „Schöpfungsexperimentes" deshalb, um eine Abgrenzung zu schaffen zu der Aussage, dass Gott die Schöpfung vollkommen erschaffen hat. Dem stimme ich zwar zu, hier jedoch nur begrenzt. Seit meiner Überlegung zu der unbekannten Variablen – freier Wille – gibt es eben auch das Unvollkommene. Da ich eine göttliche Absicht unterstelle, die unbekannte Variable in die Schöpfung einzuführen, hat die Schöpfung seitdem eher einen experimentellen Charakter. Es sei noch einmal betont – und das gilt für alle Beteiligten gleichermaßen – Gott, Teufel, Mensch und alle Geschöpfe durchlaufen einen Selbsterkenntnis- und Selbsterfahrungsprozess! Solange auf Erden Krieg ist, ist Krieg im Himmel, ist Krieg in der Hölle! Es gilt, die ursprüngliche Einheit zu erweitern, zu läutern und die festgefahrene Dualität von Gut und Böse aufzulösen. Es gilt, das Mysterium des Lebens nach und nach, tiefer und tiefer zu entdecken und zu entschlüsseln. Ich finde es aufregend, dass sich die Schöpfung als ein offener Organismus, als ein offenes System offenbart, stets und ständig in Entwicklung begriffen. Eines weiß ich jetzt schon genau, und um mich zu „beruhigen" will ich mich in meine Lieblingsbetrachtung verankern. Dieses Mysterium ist die Offenbarung einer schöpferischen Intelligenz und ich bleibe dabei, zu dieser Intelligenz von ganzem Herzen Gott zu sagen. Gott ist alles, was ist – und ich bin ein Organ, eine Manifestation, ein Teil Gottes. Zugleich lerne ich, in dieser Schau, den Teufel anders zu sehen und zu akzeptieren, dass er ein Pol Gottes ist. In Ergänzung und so gesehen, wie eben beschrieben, lässt sich der Teufel in einem kreativen und unterstützenden Bund mit Gott betrachten. Und dennoch: Der Teufel verselbstständigt sich zum Bösen.

Das Böse ist böse und hat eine eigene Wirkungssphäre, ein eigenes Reich. Eine gängige Beschreibung, wie das Böse in die Welt kam, findet sich im Luzifer-Mythos. Wobei ich sagen darf, dass das ganze Thema Böses, Teufel, Antichrist, Widersacher Gottes viel verzweigter ist. Luzifer ist nur „eine der dunklen Figuren". Weiter unten beschreibe ich das Thema eingehender. Bei der Recherche zum Teufel begegnet mir als Erstes die „Luzifer-Legende".

Luzifer, der ursprüngliche Lichtbringer, wendet sich von Gott ab, trennt sich von Gott und setzt seine eigenen Interessen an die erste Stelle. Soweit ich weiß, ist Luzifer der erste von Gott geschaffene Engel, ein erstes Geschöpf Gottes. Als Gott den Menschen schuf, weigerte sich Luzifer, die neue Schöpfung anzuerkennen. Er hielt die Menschen für unbedeutend und lehnte deren Anerkennung ab, mehr noch, er rebellierte gegen Gott. Es heißt sogar, er habe Gott herausgefordert und griff nach Gottes Thron. Nach einem Kampf zwischen Luzifer und seinen Engeln gegen den Erzengel Michael und seine Engeln verlor Luzifer und wurde mitsamt seinen Engeln auf die Erde verbannt. Die so gefallenen Engel werden zu Dämonen. Luzifer verbündet sich mit Satan, der von Gott geschaffene Advocatus Diabolus, und wird zum Höllenfürsten.

Obwohl, es gibt noch diese eine kleine Bemerkung über Luzifer, zitiert auf der Internetseite viversum.de: *„Er dient dazu, den Unterschied zwischen Gut und Böse aufzuzeigen."* Diese Bemerkung weist darauf hin, dass Luzifer durchaus den Aspekt vertritt, immer noch Gott zu dienen. Im 17. Jahrhundert schrieb der britische Poet John Milton sein Meisterwerk „Paradise Lost". Darin heist es: *„It's better to reign in hell than to serve in heaven."* – Es ist besser, in der Hölle zu regieren, als im Himmel zu dienen. Treffender kann man die Geschichte des gefallenen Engels Luzifer und seine Widersprüche wohl kaum zusammenfassen.

Nun sind dies ja alles vom Menschen erschaffene Vorstellungen – ein zorniger Gott versus ein liebender Gott, ein abgrundtief böser Teufel versus einem Gott dienenden Teufel. Himmel und Hölle. Ich gehe davon aus, dass es Gott und Teufel als eigene Wesenheiten gibt, so wie es beseelte Wesen und uns Menschen gibt. Gleichzeitig sind Gott und Teufel in uns. Gott und Teufel gehen jedoch weit über das einzelne Individuum hinaus. Sie sind von vornherein ewige, unpersönliche und unsterbliche Wesen. Und sie werden begleitet von Engeln, Dämonen und einigen anderen Licht- und Schattenwesen. Aufgrund dieser fünften Schau entsteht ein eigenes Kapitel (Kapitel 5, „zum" Teufel). Dort gehe ich dann noch tiefer in das Thema „das Böse", untersuche verschiedene Quellen unterschiedlicher Kulturen. Es ist durchaus fruchtbar, sich mit der Gegenwart des Bösen in der Geschichte und im menschlichen Bewusstsein vertraut zu machen.

Die sechste Gottesschau

Was geschieht, sobald ich mich leer mache? Was geschieht, wenn ich zulasse, jeden Glaubenssatz, jede Interpretation, jeden Inhalt beiseite zu legen. Alle Befindlichkeiten, Gefühle und Gedanken, Meinungen, Programme, Vorstellungen aufzugeben? Pures Bewusstsein und Sein zu sein? Wenn ich zulasse, in Übereinstimmung und in Resonanz zu sein, mit allem, was ist? Was geschieht, wenn ich „beiseite" trete und das All, die Schöpfung durch mich wirken lasse?

Ich komme zu diesen Fragen aufgrund meines Interesses an ihnen. In einem Buch über die Einweihung, durch mittelamerikanischen Schamanen, von Carlos Castaneda, findet sich, neben einigen anderen bemerkenswerten Aussagen, die Aussage über das „Anhalten des inneren Dialogs". Im Jahre 2012 erregt speziell diese Aussage mein Interesse. Ich will diese Erfahrung machen, bei der das ewig während Geplapper in meinem Kopf aufhört und still wird. Also probiere ich es aus. Es gelingt mir, für knapp eine Minute, vollkommen still zu sein. Das Resultat ist, ich dehne mich über mein bekanntes und vertrautes Ich aus, hinein in die mich umgebende Natur und Schöpfung. Ich bin die Landschaft, der Wald, die Bäume, die Wolken, der Himmel und das Licht, ich bin alles gleichzeitig, ich bin drin, in allem, was mich umgibt. Ich bin in dem berühmten „Hier und Jetzt". Ich berühre Gott. Die Konturen sind scharf, die Grenzen sind fließend. Ich bin vollkommen nüchtern, weder unter dem Einfluss von Alkohol noch von anderen Substanzen.

Diese Stille ist leer. Die Leere ist still. Das fühlt sich großartig an. Ich erlebe eine grenzenlose Ausdehnung meines Daseins, meines Ichs. Was heißt da schon Ich, da sich auch das Ich auflöst, in einen umfassenden Zustand von Sein ... Seitdem weiß ich definitiv, dass das Bewusstsein grenzenlos ist. Wozu das gut sein soll? Ich finde darin eine Bestätigung, die besagt, dass es für alle Engpässe, Probleme und Widrigkeiten auf anderen

Ebenen eine Lösung gibt. Weshalb? Der menschliche Geist ist ungebunden und frei. Während ich hier sitze und schreibe, begebe ich mich von Zeit zu Zeit an Orte, die mich inspirieren. Die gemachte Erfahrung von 2012 fand in Brasilien statt. Also reise ich in meinen Geist immer wieder an diesen Ort, obwohl ich in Portugal bin. Ich schreibe auf einem Laptop, dessen Existenz und Technologie zum Zeitpunkt meiner Geburt noch unvorstellbar war. Im Geist ist alles möglich, auch das, was sich in der „Realität" schwer machen und vorstellen lässt, wie fliegen und vieles mehr. Bei der NASA wird seit Langem an einer Marsmission gearbeitet. Ich finde es bewegend, dass der Geist zu so etwas in der Lage ist und vermutlich noch zu viel mehr.

Und somit: Die in diesem Absatz gestellten Fragen liegen im Bereich des Erfahrbaren und Möglichen. Das Thema dieses Buches – Liebe das Böse gut – weist auf das Machbare und Mögliche hin. Es ist gut zu wissen, dass das Bewusstsein und der Geist sich von allen Einschränkungen lösen können. Seit 2012 praktiziere ich diese Art der Meditation immer mehr und bin mittlerweile in der Lage, länger in diesem Zustand der Stille zu sein. Die Kontinuität des spirituellen Trainings bringt eine Gewissheit mit sich, die mir erlaubt, voller Zuversicht zu sagen, dass die Erde noch zu retten ist. Das uns von Gott gegebene Geburtsrecht ist das Paradies und das Leben in einem Garten Eden. Wir haben zwar diesen Garten gründlich verwüstet, und dennoch, die Erde wieder in einen Garten Eden zu verwandeln, dafür sind wir von Gott mit allem, was dazu erforderlich ist, bestens ausgestattet worden. Die einzige Frage ist, wann wenden wir diese Ausstattung in diesem heilenden Sinne an? Die Leere und die Stille helfen mir, den Garten Eden zu sehen, zu wissen, dass es möglich ist, ihn wieder aufzubauen.

Wie William Blake schon sagte: *„Wer die Freude küsst in ihrem Flug, lebt im Sonnenaufgang der Ewigkeit."*

Die siebte Gottesschau

Gott entzieht sich jeder Definition. Es besteht zwar die Möglichkeit, Gott Eigenschaften zuzuschreiben, doch ist letztlich unbeschreibbar, wie es Gott möglich ist, eine solch differenzierte, genaue, harmonische und äußerst präzise Schöpfung zu erschaffen.

Das Inconnu, das Unbekannte, stellt sich mir bei dieser Gottesschau in verschiedenen Abstufungen dar. Eine Stufe beinhaltet immaterielle Informationen. Ich bin Tischler, ein gelernter Handwerker. Wenn ich einen Tisch bauen will, stelle ich ihn mir zunächst geistig, immateriell, vor. Dann mache ich Entwürfe und Skizzen, plane den Tisch. Dieser Plan ist die Information. Danach stelle ich die Materialien zusammen und benutze Werkzeuge, die geeignet sind, diesen Tisch zu bauen, zu materialisieren. Im Inconnu, im Unbekannten, in den unendlichen Weiten des Alls existiert ein immaterieller Tisch. Vielleicht ist es genauer, zu sagen, es existiert ein immaterielles Tisch-Potential. Vielleicht ist es sogar noch genauer zu sagen, der Tisch existiert bereits, jedoch unstofflich, eben immateriell. Dadurch ist es leichter, sich vorzustellen, im Geiste diese immaterielle Information Tisch „anzuzapfen", bis ich ihn, wie gerade beschrieben, materialisiere.

So gesehen ist das Inconnu, das Unbekannte, eine Art Datenbank des Immateriellen. Eine noch verborgene geistige, unkörperliche und unstoffliche Existenz. Es gibt in dieser Datenbank für alles materiell Erschaffene eine immaterielle Blaupause. Eine Art Quantenpotential. Alles, was in dieser Welt existiert, existiert bereits immateriell. Auf dieser Stufe kann ich Gott Eigenschaften zuschreiben, die auf sinnlicher Wahrnehmung beruhen. Ich finde die Signatur Gottes in allem, was ist. Das ist erregend und verblüffend. Jedes sich wiegende Blatt im Wind ist ein Wink Gottes. Zugleich ist der Wind, der Baum, dessen Blatt sich spielerisch bewegt, die Erde, in der der Baum wurzelt, die anderen Bäume, der Wald, ich, der ich das Blatt sich bewegen sehe – All-Es von Gott durchwoben. Die gesamte materielle Existenz offenbart zugleich das Immaterielle, das Unbekannte, Undefinierbare und Unsagbare.

Der Samen des Baumes enthält die vollständige immaterielle Information des ausgewachsenen Baumes. Aus der Blüte wachsen Samen. Es gibt Blüten, die enthalten weibliche und männliche Anteile, sie sind zwittrig. Die anderen Blüten sind entweder weiblich oder männlich. Die Befruchtung findet entweder durch Insekten oder durch Pollenflug statt. Dies als eine kurze Anmerkung, da mir unklar war, wie das bei Pflanzen mit der Fortpflanzung läuft.

Die gesamte Lebensphase des Baumes offenbart Schritt für Schritt die Umwandlung der immateriellen Information in materielle Existenz. Das Wachstum des Baumes ist ein Beispiel für das universelles Prinzip des Lebens überhaupt. Bei komplexen Organismen, wie Tieren und Menschen, befruchtet der männliche Same das weibliche Ei. Beide beinhalten immaterielle Informationen, die im Moment der Befruchtung aktiviert werden. Die jeweiligen Informationsinhalte werden zusammengefügt und bringen ein äußerst komplexes Lebewesen hervor.

Das Inconnu, das Unbekannte, zeichnet sich also durch eine immaterielle Information aus, die in der Lage ist, materiell zu werden, Materie zu erschaffen. Das Immaterielle und das Materielle sind unmittelbar miteinander verbunden. Es ist bemerkenswert, dass es immer diesen Zusammenhang gibt, dass Bekanntes und Unbekanntes gleichzeitig existierte, somit wahrnehmbar ist. Die eine Ebene ist begrenzt und endlich, die andere grenzenlos und unendlich. Ich nehme zwar eher das Endliche wahr, doch durch die Frage, woher es kommt, woher das Leben kommt, woher ich komme, lassen sich Rückschlüsse ziehen. Wie der, dass die Quelle woanders liegt, als in der materiellen Welt – außerhalb der sinnlichen Wahrnehmung und außerhalb des Greifbaren. Ich kann zwar einen Tisch erschaffen, sehe mich jedoch außerstande, mich selbst zu erschaffen; geschweige denn ein

Sonnensystem, eine Galaxie, ein ganzes All, selbst eine Blume übersteigt meine Fähigkeiten.

Wie also ist es Gott möglich, all dies zu erschaffen? Sie/Es/Er ist an der Quelle, erschafft aus dem Unbekannten das Bekannte, nutzt dieses immaterielle Potential für die materielle Welt. Der kleine aber feine Unterschied zwischen Gott und Mensch: Gott erschafft alles, während ich dieses All-Es „lediglich", im bescheidenen Ausmaß, anzapfen und durch eigene schöpferische Kreativität mitgestalten kann. Diese grenzenlose Ur-schöpferische Fähigkeit Gottes ist genau an der Schnittstelle Inconnu/ Unbekanntes – Bekanntes und sinnlich Erfahrbares tätig. Ist es die Absicht, der Zweck, dass sich das ewige, unendliche und vollkommene Bewusstsein in einem Selbsterkenntnis-Prozess befindet und sich selbst erfahren will?

Die achte Gottesschau

Sie ist die derzeit aktuellste, mittlerweile schreiben wir den 20. Mai 2022. inspiriert von Meister Eckhart und den antiken Neuplatonikern. Die antiken Neuplatoniker setzen ein über-seiendes Sein und eine über-seiende Nichtheit in die geistige Welt und Meister Eckhart setzt die Unterscheidung zwischen Gott und Gottheit in die geistige Welt.

In einer sehr angestrengten Phase, die aus der Frage ‚Woher kommt Gott?' entstand, kam ich in ein denkerisches Niemandsland. Immer wieder dasselbe Ergebnis: Es gibt eine Grenze, weiterzudenken; es gibt in der Wirklichkeit einen Seinsbereich, der sich dem gedanklichen Zugriff entzieht. Diese meine Gedanken finde ich, Gott sei Dank, In den Aussagen des über-seienden Seins, des über-seienden Nichts der Neuplatoniker und der höheren Wirklichkeit der Gottheit bei Meister Eckhart wieder.

Woher kommt Gott?

... Aus dem über-seienden Sein/Nichts und der höheren Wirklichkeit der Gottheit. Hier darf ich zunächst einmal einen Punkt setzen. Ich bin davon fasziniert, bis an die Grenze des Denkbaren gekommen zu sein, diese Grenze zu akzeptieren und zu ahnen, dass über diese Grenze hinaus eine Aussage gemacht wird, über die jede weitere Aussage letztlich unmöglich ist. Obwohl sich das wie ein Widerspruch, wie ein Paradox darstellt, hat es doch für mich eine beruhigende Logik. Endlich!

Die Gottheit sei nur auf sich selbst bezogen. Also eher wie ein in sich ruhendes und unendlich seiendes Potential. Weder bringe sie etwas hervor, noch teilt sie sich mit. Sie ist der überpersönliche Aspekt einer göttlichen Gesamtwirklichkeit, so Meister Eckhart. In diesem Sinn stelle ich mir diese göttliche Gesamtwirklichkeit sowie das über-seiende Sein und das überseiende Nichts wie ein ewig unendliches Energie-Reservoir vor. Aus diesem Energie-Reservoir schöpfen Gott, Göttin und alle Götter der verschiedenen Kulturen und wohl auch die Kräfte des Dunklen ihre jeweilige Schöpfung. Das ist bislang die schlüssigste Betrachtung. Ein vollkommenes metaphysisches Energie-Reservoir, welches die Quelle für alles ist. Für diese Quelle lassen sich wohl auch die Begriffe Einheit, Leere und Nichts benutzen. Was ich am erregendsten finde, ist die sich daraus ergebende Tatsache, es gibt eine Quelle/Ur-Sache alles Existierenden, jedes weitere Wort darüber ist unmöglich. Zugleich sind wir direkt mit dieser Quelle verbunden.

Es gibt eine Kontinuität. Aus dieser einen göttlichen Gesamtwirklichkeit/Gottheit/über-seiendes Sein/Nichts gehen Göttin und Gott hervor, sowie Ihre „Gegenspieler". Göttin, Gott und Gegenspieler bringen im nächsten Schritt das unendliche All, die darin enthaltenen Galaxien und Sonnensysteme, die darin seiende gesamte Schöpfung, bis hin zu Fleisch und Blut, Gestalt und Materie und die subatomaren Strukturen hervor.

All-Es was Ist! All-Es ist ein Bewusstsein und ein Sein!

Wenn ich zulasse, dass dem so ist, dann verneige ich mich mit Ehrfurcht vor dieser Erhabenheit der Existenz und erkenne, dass es eine Sinnlinie durch alle Existenzbereiche gibt und jeder Existenzbereich ist direkt mit dem anderen verbunden. Es gibt „nur" eine absolute Gleichwertigkeit alles Existierenden, aller Geschöpfe und aller Wesen. Die Grundsubstanz dieser Art von Sein ist immer dieselbe, sie drückt sich „lediglich" verschieden aus und stellt sich verschieden dar!

Die neunte Gottesschau

Die antiken Neuplatoniker setzen ja ein über-seiendes Sein und eine über-seiende Nichtheit in die geistige Welt und Meister Eckhart setzt die Unterscheidung zwischen Gott und Gottheit in die geistige Welt.

Das Thema hat sich jedoch noch weiter entwickelt. Die Folge davon ist die neunte Gottesschau, wie sie sich mir seit August 2023 darstellt. Basierend auf Aussagen von Dr. Joe Dispenza. Er leitet aus der Existenz des Quantenfeldes, welches unendliche Möglichkeiten in sich trägt und außerhalb von Raum und Zeit existiert, bestimmte Konsequenzen ab. Im Speziellen zielen diese auf eine Veränderung unseres Bewusstseins hin. Er arbeitet logisch die Möglichkeiten aus, unser Bewusstsein zu verändern und dadurch selbst schöpferisch tätig sein zu können. Ich habe immer wieder vom Quantenfeld, der Quantenphysik gehört und bin von ihr fasziniert. Doch erst durch eine intensive Beschäftigung mit den Büchern von Dr. Joe Dispenza hat mich etwas erreicht. Folge ich dieser seiner Aussage, dann ergibt sich eine

Ähnlichkeit zu den Begriffen Gottheit bzw. über-seiendes Sein. Ist das Quantenfeld, mit all seinen Aspekten, gleich der Gottheit des über-seienden Seins? Ich vermute Ja. Ist es dann zulässig, dieses Quantenfeld als „ist gleich das Dunkel am Sternenhimmel" zu setzen und somit als die Quelle unendlicher Energie aufzufassen? Das kann eine mögliche Antwort auf meine Frage sein, was denn dieses überwiegend Dunkle ist. Das überwiegend Dunkle am Sternenhimmel ist dann *die unendliche Energie, Quelle alles Existierenden*! Die Galaxien, die Sterne, die Materie und alle Geschöpfe sind dann materielle Anwendungen und Ausdruck dieser unendlichen Energie innerhalb eines endlichen Kontinuums. Im Licht des Daseins erkennbar, im Dunkel der „Nicht" Existenz unsichtbar, doch als Möglichkeit gegeben.

Quantenfeld/die Gottheit/das über-seiende Sein/Nichts/die Einheit

Wie weiter oben schon gesagt, ist dieses Quantenfeld/die Gottheit/das über-seiende Sein/Nichts = 0, besser = unendlich und Göttin/Gott sowie die Gegenspieler das erste Bewusstsein = 1, welches aus dieser unendlichen Energie die Schöpfung zur Gestaltung bringt. Das finde ich beruhigend. Null/0 ist, was es ist – undefinierbar, entzieht sich dem Denken, außer dass gesagt werden kann, es ist eine unendliche Energiequelle. Dennoch bildet sich sowohl im Bewusstsein, als auch im Unterbewusstsein und im Unbewussten eine Signatur dieser unendlichen Energiequelle ab.

Erst durch 1 tritt dieses Inconnu aus sich heraus, kommt zur Anwendung. Hier finde ich meinen heiß geliebten Schöpfer, Göttin/Gott, wieder. Die Allmacht, das Allvermögen, besteht ja zweifelsohne darin, eine Schöpfung zu verursachen. Aus 1 geht 2 ... bis N/unendlich hervor. Die zwei bis N unterscheiden sich von eins – obwohl sowohl Null, als auch eins in allem, was folgt, existiert. Und, das finde ich noch bemerkenswerter, diese Schöpfung ist immer in Bewegung, aus sich selbst heraus dauernd in Gestaltung, ohne Anfang und ohne Ende. Wie das auch die Symbole Ouroboros und die Lemniskate, die liegende 8, darstellen. Die unendlichen Möglichkeiten erlauben ein „Spiel", all dieses unerschöpfliche Potential in allen Varianten auszuprobieren. Das wirft ein anderes Licht auf die vorhandene Schöpfung. Irrtümlich dachte ich, sie sei „fertig", und alles, was derzeit geschieht, sei festgelegt oder eine Abweichung vom Festgelegten. In Wirklichkeit ist das Ganze wesentlich dynamischer, weit davon entfernt, dass alle Möglichkeiten schon „verwendet" wurden. Also das empfinde ich als eine frohe Botschaft. Das uns innewohnende göttliche Potential, sobald es angewendet wird, ist in sich selbst noch weit „über sich hinausgehend" anwendbar. Das wirft ein völlig anders Licht auf die Schöpferkraft des Menschen. Ich will schöpferisch tätig sein, indem es mir gelingt – Liebe das Böse gut – anzuwenden. Darin sehe ich nach wie vor die Möglichkeit, einen nächsten evolutionären Schritt zu machen und den angerichteten Schaden wieder in Ordnung zu bringen. Außerdem will ich gerne erfahren, wie es sich anfühlt, in einer geheilten Welt zu leben.

Pippi Langstrumpf sagte souverän: *„Ich mache mir die Welt, wie sie mir gefällt."* Sie war dabei äußerst liebevoll und kreativ, dem Leben fröhlich zugewandt.

Nachwort

Das nachfolgende Kapitel entstand im Wesentlichen vor derjenigen Schau, dass Gott/Teufel eine Einheit sind. Sie ist zwar überholt, jedoch will ich die authentische Entwicklung meiner Schritte zeigen. Obwohl mir die fünfte Gottesschau widerstrebt, behalte ich sie bei, aus diesen Gründen: Ich bin dabei, ein gläubiger Mensch zu *werden*. Auf diesem Weg erweitert und vertieft sich stets, Schritt für Schritt, das eigene Bewusstsein. In mir selbst findet eine kontinuierliche Veränderung statt. Was ich gerade eben noch auf dem Weg als Erkenntnisschatz geborgen hatte, offenbart sich im nächsten Schritt als unzureichend, überholt. Das verdeutlicht mir, gut darin beraten zu sein, offen zu bleiben.

Seit Jesus Christus uns zeigte, was es bedeutet, Gott im Menschen zu verkörpern und die göttliche Gegenwart anzuwenden, entfernen wir uns von Seinen Offenbarungen, Seiner Wahrheit/Weisheit und Seinem Wissen. Wahrheiten werden verkündet und in diesem „Wahrheiten-Dschungel" ist es leicht, den Weg aus den Augen zu verlieren. Einen Weg, auf dem es wichtig ist, sich wie Jesus Christus selbst darum zu kümmern, was die göttliche Wahrheit und Wirklichkeit denn nun ist und wie sie lebendig wirkt. In dem Bemühen, zu fühlen, zu spüren, was diese göttliche Wahrheit und Wirklichkeit ist, gibt es eine leibliche-seelische-geistige Resonanz, aufgrund derer sich Wissen bildet – statt einfach blindlings zu glauben, was andere sagen. Diese Eigeninitiative halte ich unbedingt für wichtig, unabhängig davon, gläubig oder ungläubig zu sein. Schließlich gilt es, die dem Menschen innewohnenden Gaben und Talente zu erkennen, freizulegen und anzuwenden. Auf der Basis, sich seiner selbst und den göttlichen Regeln und Prinzipien vollkommen bewusst zu werden zu sein, halte ich alle Handlungen, die dem Lebendigen schaden, für unmöglich.

Hier endet die vielfältige Gottesschau. Ich bin selbst gespannt, welche weiteren Einsichten sich zeigen werden. Hier schon ein erster zaghafter Versuch. Gerade sage ich noch, ich halte alle Handlungen, die dem Lebendigen schaden, für unmöglich. Jetzt beschleicht mich der Gedanke, einer dieser eher unangenehmen, was ist, wenn dieses Schadenzufügen ein notwendiger Bestandteil der Entwicklung ist? Das Unangenehme ist, dass diese Frage wie eine Art zynische Rechtfertigung daher kommt, dass alles, was ich als das Böse und als Teufelswerk empfinde, nötig ist. Ich hoffe inständig, dass ich mich täusche und diese Frage obsolet war und ist! Und, in den erhabenen, glückseligen Momenten, in denen ich tatsächlich die eigene Schwingung erhöhe und bedingungslos liebe, ist diese Befürchtung außer Kraft gesetzt und gegenstandslos – Gott sei Dank. Es ist beeindruckend, dass sich auf einem Weg immerwährend etwas offenbart. Jeder Schritt ist ein Schritt, den ich zum ersten Mal setze, obwohl ich schon Tausende von Schritten gegangen bin. Ich bin dankbar, so viele verschiedene Blicke auf das Wesen der göttlichen Existenz werfen zu dürfen.

4. Kapitel: Gott Ist

Dieses Kapitel spiegelt verschiedene Betrachtungen und Erfahrungen wider, die sich seit Beginn meines spirituellen Weges einstellten. Am ehesten kann ich sagen, es ist meine Art und Weise, die Liebe und Wertschätzung gegenüber dem auszudrücken, was ich als Gott empfinde, in all den verschiedenen Aspekten. Im Gegensatz zum vorhergehenden Kapitel, in welchem mein geistiges Ringen, Gott zu begreifen, dargestellt ist, sind die folgenden Bilder eher Momentaufnahmen. Für einen Moment offenbart sich Gott und tritt in die sinnlich beschreibbare und wahrnehmbare Welt ein. Für einen Augenblick ist die unbeschreibliche göttliche Wirklichkeit erfahrbar.

Gott Ist – die Einsicht

Ich bin in einem kleinen Tempel, der der Nossa Senhora gewidmet ist. Nossa Senhora ist das portugiesische Wort für „unsere liebe Frau" und wird auch gerne benutzt zur Marienverehrung, wie z. B. die Marienerscheinung 1917 in Fatima, einem kleinen Dorf in Portugal. Ein weiterer Ausdruck für die Marienverehrung findet sich in verschiedenen Kirchen Portugals. Das Altarbild stellt die Nossa Senhora mit dem Christuskind auf dem Arm dar, statt des gekreuzigten Jesus Christus. Ich empfinde diese Altarbilder als lebensbejahend, was ich sehr liebe. Dieser kleine Tempel ist also der Maria, der Mutter von Jesus Christus, gewidmet. Ich gehe ins Gebet. Zunächst ist das Gebet, die Meditation, in Gedanken und Worte gefasst. Eine mir vertraute Praxis, über die Jahre hinweg entwickelt, die sich stetig verändert und weiterentwickelt. Plötzlich ändert sich die Energie.

Statt Gedanken und Worten setzt ein Bilderfluss ein, ein unablässiger Strom. Ich sehe quasi die Matrix der Schöpfung, die Essenz des Lebens – kraftvoll und stark. Zuversicht zieht in mein Herz. Dieser Strom mündet in das Wissen: **Gott Ist** – weder weiblich, noch männlich, noch sächlich. Gott Ist – Sie/Es/Er ist – existent außerhalb aller Definitionen; pure, reine Energie; all-gegenwärtig; ohne Anfang, ohne Ende, in einem sich stetig entwickelnden Kontinuum. Diese Empfindung erlebe ich als Wirklichkeit, eine umfassende Wirklichkeit. Eine Wirklichkeit, die ich als wahr empfinde. Und diese Kraft, diese umfassende Wirklichkeit, existiert in uns Menschen und allem, was lebt.

Dieses Bild beeinflusst die Aussage, Gott Ist – außerhalb aller Definitionen. Weshalb? Einerseits lassen sich Gott zwar Eigenschaften zuordnen, als Beispiele: Gott ist ein strafender und zorniger Gott oder ein gnädiger und gütiger Gott usw. Mal ist Gott eine allumfassende Energie, eher ein Es und immateriell, dann wieder gibt es Göttinnen; mal ist Gott persönlich, dann wieder unpersönlich. Oder, wie hier in dieser Gottesschau, ein Sie/Es/Er- Wesen, ohne geschlechtliche Zuordnungen. Dann wieder, als eine weitere Eigenschaft, ist Gott „Alles was Ist" usw. Das sind viele widerstreitende Eigenschaften. Aus diesem Grund ziehe ich es vor, dass Gott im Wesentlichen letztlich außerhalb aller Definitionen sein muss. Die Eigenschaften beschreiben lediglich Aspekte, die auf der sinnlichen Wahrnehmung basieren. Andererseits, in der sinnlichen Wahrnehmung offenbaren sich die Wirkungen Gottes, doch die Ursache, wie und warum Gott das kann, bleibt ein Rätsel. Der metaphysische Charakter bleibt verborgen und jede eindeutige, klipp und klare Definition entzieht sich der sinnlichen Wahrnehmung.

Grundsätzlich weise ich darauf hin, dass mir diese Erfahrung, dass Gott sowohl ein Sie/Es/Er, als auch unpersönlich ist, sehr viel bedeutet und ich seitdem versuche, mich von Definitionen zu lösen. Ich werde im weiteren Verlauf des Buches verschiedentlich einmal Gott als Begriff nutzen, dann wieder Göttin, dann wieder das Göttliche. Je nach Kontext der Aussage, die ich machen will. Ich sage das hier vorbeugend, damit verständlich bleibt, warum ich das mache.

Gott Ist – Weiblich

Alles, was in Fleisch und Blut lebt, mit Haut und Fell bedeckt ist, kreucht und fleucht und schwimmt und fliegt, alles, was Gestalt, Form und Materie hat, empfinde ich als die weibliche Ausdrucksweise Gottes – die Göttin. Das ist weder als Herabsetzung, noch als ein Vergleich gemeint, sondern als eine eigene Daseinsqualität. Jeder Mensch, jedes Tier, sind von einer Mutter geboren. Die Empfängnis und das Austragen der Leibesfrucht löst in mir Ehrfurcht und Respekt aus. Die ganze Evolution der Schöpfung findet gleichsam durch das Wachstum des Embryos im Mikrokosmos der Gebärmutter statt. Die Mütter dieser Welt, sowie die Frauen von ihrem Sein her, sind geistig-leiblich-seelisch direkt und zellulär mit der ganzen Evolutions- und Schöpfungsgeschichte verbunden.

Während ich das als Mann hier eher abstrakt ausdrücke, erleben Frauen es ganz direkt und konkret. Bislang stellt es sich für mich so dar, dass die Frauen sozusagen zellulär wissen, wie sich die Schöpfung entwickelt, und der Mann versucht das auf denkerische Weise zu verstehen. Die geistig-leibliche-seelische Inkarnation findet im Mann eher dadurch statt, dass er die Schöpfung vor allem geistig zu begreifen versucht. Während die geistig-seelische Inkarnation in der Frau leiblich verankert ist. Das ist jetzt wirklich sehr kurz und knapp gesagt.

Ein nächster evolutionärer Schritt besteht nach meiner bisherigen Kenntnis darin, dass die Frauen ihr spezielles Wissen dem Mann offenbaren und die Männer ihr spezielles Wissen den Frauen offenbaren und sich beide dadurch gegenseitig besser ergänzen und verstehen lernen. Der nächste evolutionäre Schritt geht also über das Matriarchat und das Patriarchat hinaus. Was für ein ... archat wird das sein? Das lasse ich derzeit offen. Ich sehe zwar eine Möglichkeit, will diese jedoch noch reifen lassen. Sowohl Frauen als auch Männer stehen vor einer bedeutenden Veränderung. Die ergänzt wird durch diejenigen Menschen, die für die geschlechtliche Vielfalt und eine andere sexuelle Orientierung stehen, und derzeit im Begriff „LSBTIQ/LGBTIQ" zusammengefasst sind.

Gott Ist – fließend

Gott fließt, die Quelle, der daraus folgende Bach oder Fluss, bis zur Mündung. In diesem Bild ist Gott das Ganze des Flusses, jeder Tropfen, jedes Lebewesen im Fluss und von der Quelle bis zur Mündung überall zugleich. Gott fließt, als Sie/Es/Er, als unpersönliche Energie und unpersönliches Sein. Gott ist eher ein Phänomen, vom Anbeginn der Zeit, ohne Anfang und ohne Ende, raum- und zeitlos, zugleich Raum und Zeit gestaltend, in einem ewigen gestalterischen schöpferischen Fluss. Aus dem über-seienden Sein, dem über-seienden Nichts schöpft Gott immerwährend und ist in allem Geschöpften allgegenwärtig. Dass das möglich und die Basis allen Lebens ist, finde ich erhebend. In allem, was uns als Menschen ausmacht, existiert diese Erhabenheit. Der Mensch ist eingebettet in diese Weite, trägt sie in sich und ist somit grenzenloser und umfassender als für gewöhnlich angenommen.

Gott Ist – über die Anmaßung

In der Geschichte der Menschheit hat sich eine merkwürdige Verhaltensweise entwickelt. Der Mensch hat sich zusehends angemaßt, Gott zu sein, statt in aller Bescheidenheit und Demut anzunehmen und zu akzeptieren, ein *Geschöpf* Gottes zu sein. Da liegt eine massive Verwechslung vor. Durch Christus in uns, Gott im Menschen, gibt es sozusagen eine „Schnittmenge" mit Gott. Das ist in sich selbst großartig, da Christus uns Menschen offenbart, wie sich die Gegenwart Gottes im Menschen anfühlt, auswirkt und uns somit zeigt, welche Energie, Kraft und Liebe in uns ist. Wir Menschen sind beauftragt, diese göttliche Kraft anzuwenden und zu nutzen. In einer ethisch intelligenten Art und Weise. Wie Jesus Christus sagte: „... *Wer an mich glaubt, der wird die Werke, die ich tue, auch tun, und er wird noch größere als diese tun*". (Joh. 14,13)

Die Anmaßung, ich sage es nochmal, besteht darin, dass es von entscheidender Bedeutung ist, zu akzeptieren und zu wissen, ich trage zwar Göttliches in mir, doch mich zu einem Gott zu erheben ist vermessen. Diese Überheblichkeit, diese Verwechslung führt zu einer Art Größenwahn. Dieser Größenwahn zeigt sich unter anderem in den Eroberungskriegen und der Gründung von imperialen Reichen, wie z. B. Die Kaiserreiche Chinas, die ägyptischen Dynastien, das „Heilige" Römische Reich, Kolonialreiche, Drittes Reich der Nationalsozialisten, usw., mit einer Gott gleichgesetzten Herrscher- und Priesterkaste und einem angeblich von Gott auserwählten Herrscher. Dieser Größenwahn führt zur gewalttätigen Vernichtung des Matriarchats. Die daraus resultierende Geschichte ist geprägt durch den Aufbau imperialistischer Gewalt- und Herrschaftssysteme, mit all den Kriegen, dem Raubbau an der Erde durch Ausbeutung der Ressourcen, die Vergiftung der Luft und des Wassers, die Heimatlosigkeit der Kinder und und und. In der jüngeren Vergangenheit sind Atombomben, Gentechnologie, der militärisch-industrielle Industrie-Komplex, die immer noch stattfindenden Kriege, die übermächtige Herrschaft multinationaler Konzerne, Robotik, Künstliche Intelligenz, Transhumanismus, das alles sind Stichworte für diese Anmaßung. Technologie ist durchaus sinnvoll, doch noch ist offen, ob sie ein Fluch oder ein Segen ist.

Die Anmaßung ist ein Resultat der Nutzung der unbekannten Variablen, des freien Willens. Inwieweit das alles ein notwendiger Evolutionsverlauf ist, eine geschichtliche Notwendigkeit, ist mir noch ein Rätsel. Angesichts des bisherigen Verlaufes der Weltgeschichte, hart an der Grenze der völligen Zerstörung des eigenen Lebensraumes, darf, ja muss jetzt die Besinnung kommen. Alle bisherigen Versuche des Menschen – Schöpfer wie Gott zu sein – sind ethisch unreif!

Wie schon im Zauberlehrling, von Johann Wolfgang von Goethe geschrieben steht: *„Die ich rief, die Geister, werd ich nun nicht los".*

Es mag noch angehen, dass es zum Menschheitlichen Entwicklungsprozess gehört, all diese Fehler zu machen. Die Fehlerkette jedoch so unbeirrt beizubehalten und dann noch über das Limit hinaus zu gehen, das geht definitiv zu weit und bedarf einer Korrektur. Es ist ein fataler Irrtum, sich zu einem Gott zu erheben. Im Gegensatz zu Gott, der weiß, was er tut und verantworten kann, was er erschaffen hat, haben sich bislang die von Menschen erschaffenen Schöpfungen, in letzter Konsequenz, eher zu einem Fluch als zu einem Segen entwickelt. Ich werde, je nachdem was gerade in den Kontext passt, Gott geschlechtlich zuordnen. Aus diesem Grund benutze ich hier die männliche Form. Obwohl ich Gott als Sie/Es/Er wahrnehme, ist es mir zu aufwendig, dies jedes Mal einzuarbeiten.

Es gilt also diese Anmaßung zu verlassen, besser zu unterlassen und sich darauf zu besinnen, die Eigen- und Selbstverantwortung des Menschen anzunehmen und Netzwerke für die anstehende globale Heilungsarbeit aufzubauen. Verlassen wir die Via Dolorosa, es ist genug des Leidens. Betreten wir lieber die Via Vida. Mir gefällt der Gruß aus Costa Rica – Pura Vida Viva – das pure Leben bejahen.

Gott Ist – Selbsterfahrung

Ich schaue in den portugiesischen Sternenhimmel, was für eine überwältigende Schönheit. Unzählige Sterne, Galaxien, Asteroiden, Planeten, wie Venus und Luna, wie ich den Mond gerne nenne, leuchten in einer klaren Energie – sind ein feines und harmonisches Sein. Vor Kurzem noch bereichert durch die majestätische Konjunktion von Jupiter und Saturn. Zugleich die Empfindung, ich schaue, als wäre ich eine einzige Zelle, in das Innere des Körpers Gottes. Die Zelle/Ich sieht in den Gesamtorganismus, ist Teil des Ganzen und sich als Teil des Ganzen bewusst. Heute, am 4. Januar 2021, überlege ich noch etwas anderes. Die Sterne verkörpern und senden Licht. Sie sind Individuen, einerseits. Und andererseits Sternenbilder, Lichtgemeinschaften. Eine Harmonie, die sowohl individuell als auch in einer Gemeinschaft lebt. Sie senden ein raum- und zeitloses Signal, vermitteln das Gefühl einer – *ewigen Gegenwart*. Sie strahlen, eingebettet in eine grenzenlose Dunkelheit. Gerade durch die Dunkelheit ist das Leuchten so intensiv und schön. Die Urspannung in Harmonie. Was genau ist diese Dunkelheit? Ist hinter der Dunkelheit das Licht? Macht das Licht Löcher in das „dunkle Tuch" des dunklen Weltalls? Leuchten und funkeln deshalb die Sterne als einzelne Lichtpunkte bzw. Sternenbilder? Manchmal überkommen mich einfach solch naive Fragen.

Obwohl ich als Teil, als Zelle, auch das Ganze bin, gibt es einen Unterschied. Ich sehe das All, die Sterne, die Galaxien. Zugleich weiß ich, dasjenige, welches diese Schöpfung, dieses All zur Geburt gebracht hat, ist ein umfassenderes Bewusstsein als ich. Es ist in der Lage, All, Kosmos, Geschöpfe, Schöpfung und eine Vielzahl von Ichs zu erschaffen, und ich bin gut beraten zu wissen, das dieses Bewusstsein komplexere Fähigkeiten anwendet als ich. Ich darf also guten Gewissens bescheiden und demütig sein, erfreut, dieses schöpferische Potential in mir zu tragen und zu wissen, ich bin von göttlicher Herkunft. Es gibt eine Trennschärfe zwischen Gott und seinen Geschöpfen.

Mit dem göttlich innewohnenden Potential in Berührung zu sein, an dem Punkt, wo man sich gerade befindet, das ist schon sehr großartig. Statt die wirkliche Wirklichkeit als Hoffnung, intellektuelle und theoretische Vermutung, in Betracht zu ziehen, einzutreten in die Wirklichkeit, wie am heutigen Abend. Indem wir an die Quelle gehen und dort jedwede Regung, jeden Gedanken, jedes Gefühl, jedes Wort und jede Tat bis zur Essenz führen, zum wahrnehmen des Ausgangspunktes. Die Quelle empfinde ich als bedingungslose Liebe, als Gottespunkt und als Beobachterpunkt. Die Gottesgegenwart in sich zu fühlen, zu wissen und anzuwenden, ist eine Form der Selbsterfahrung, die mich beglückt. Sobald wir uns unserer wahren Natur bewusst sind und uns ihr zuwenden, werden uns alle Dinge zum Besten dienen. Die Welt, unser Alltag, wird sich fundamental verändern.

Gott Ist – fraktal

Die Mandelbrot-Menge, wegen seiner geometrischen Figur auch Apfelmännchen genannt, ist als ein Kunstwerk an eine Zelthalle gemalt. Ein großes Bild. Es zeigt, wie sich das große Apfelmännchen in immer kleiner werdende Bilder seiner selbst auffächert. Dabei bleibt das Große sowie das immer kleiner werdende des Großen eine identische und selbstähnliche Einheit, *das Fraktal*. Ich bin fasziniert. Anhand dieser Betrachtung sehe ich Gott als das Ur-Fraktal, aus dem sich die ganze Schöpfung entfaltet. Die Geschöpfe sind fraktale, selbstähnliche Einheiten des Schöpfers.

In der Bibel wird doch von der Ebenbildlichkeit Gottes gesprochen, wenn ich das richtig erinnere?

Das Folgende entspringt meiner Intuition – ob das wissenschaftlich haltbar ist, lasse ich bewusst dahingestellt sein. Die Teil-Fraktale weisen immer dieselbe Struktur wie das Ur-Fraktal auf. Da sich alle jedoch in verschiedenen Aufenthaltswahrscheinlichkeiten, Daseinsräumen und -zuständen befinden, hat jedes Fraktal seinen eigenen Erfahrungshorizont. Dennoch ist das Teil immer auch mit dem Ganzen, dem Ur-Fraktal, direkt verbunden und vernetzt. Bemerkenswert ist noch, dass jedes Fraktal eine weitere Iteration, eine weitere Verdopplung des in Gang gesetzten Prozesses auslöst. So gesehen löst das Teil weitere Schöpfungsschritte aus. Zumindest bereichert es von seiner individuellen Position aus das Ganze, durch die an diesem singulären Standpunkt gemachten Erfahrungen. Das Ur-Fraktal und jedes Einzel-Fraktal sind in einer ewigen Bewegung, Dynamik und Rückkoppelung. Dieses Kunstwerk an der Zelthalle erfreut mich insofern, weil ich einen wissenschaftlichen Ausdruck vorfinde, der meine Intuition bestätigt. Dass das Göttliche, dass Gott in allem existiert. Schöpfer und Geschöpfe sind selbstähnlich.

Gott Ist – Bewusstsein

Gott ist das umfassende Bewusstsein, die Essenz und die Quelle von Bewusstsein, das ursprüngliche Bewusstsein, all-gegenwärtig, all-vermögend und all-wissend. Alles, was sich im Bewusstsein des Menschen abspielt, lässt sich als Ausdruck dessen auffassen, was im Bewusstsein Gottes existiert. Gott ist sich Seiner selbst bewusst. Gott ist sich zugleich all dessen bewusst, was sich in jedem Geschöpf der Schöpfung als Bewusstsein ausdrückt. Der Mensch ist sich seiner selbst bewusst, als selbstähnliches Teil eines umfassenderen Ganzen. Ich gehe davon aus, dass eine der Aufgaben des Menschen darin besteht, das eigene Bewusstsein zu erweitern; dass im Potential des menschlichen Bewusstseins die Möglichkeit liegt, sich vom Teil in das umfassende Ganze zu erweitern. Was allgemein als „erwachen" beschrieben wird. Die Tatsache, dass sich im Menschen Bewusstsein befindet, ohne dass der Mensch es erschaffen hat, lässt auf eine „externe" Quelle schließen.

Ein Sinnbild: Diese Quelle beginnt zu fließen, es entsteht ein Fluss. Dieser mündet in die Weiten eines Ozeans. Gott ist Quelle, der Fluss mit allen Lebewesen und der Ozean, das gesamte Prinzip. Die Bewusstsein tragenden Wesen, also z.B wir Menschen, sind Teile dieses Prinzips – gewissermaßen die Bewusstseinsatome, die Bewusstseinsmoleküle, die Bewusstseinswirbel; die „Tropfen" und/oder die Tropfenhaufen und/oder die Wirbel und/oder die Strömungsabschnitte und/oder die Brandung. Ich „spiele" hier bewusst mit diesem Sinnbild. Ich will eine „aus der Kiste/out of the box" Betrachtung nahe legen, die Sie veranlasst, im eigenen Inneren zu fühlen, zu sehen, zu wissen: Ach so ist es möglicherweise mit dem Bewusstsein. Mich selbst hat es bislang dahin gebracht, bisherige Annahmen, Konzepte, Glaubenssätze und Vermutungen als zu eng und unzureichend zu empfinden und diese zu überprüfen. Es bleibt immer etwas offen. Am schlüssigsten ist mir nun, dass es eine schöpferische Intelligenz gibt, dass es Gott gibt. Ein Ausdruck, eine Charakteristik dieser göttlichen Intelligenz ist Bewusstsein. Vielleicht gibt es sinnvolle wissenschaftliche Erklärungen, die Aussagen machen können, was es mit dem Bewusstsein auf sich hat.

Dazu ein Zitat von der Website Neurologen und Psychiater im Netz: *„Trotz aller Erkenntnisse der Hirnforschung steht eine befriedigende und umfassende Erklärung für das Phänomen Bewusstsein noch aus."*

Woher also kommt das Bewusstsein, warum ist es da, weshalb existiert es in uns, weshalb existiert es überhaupt? Es ist doch aufregend, sich solche Fragen zu stellen und dabei in sich selbst diejenige Resonanz zu fühlen, das Gespür dafür zu entwickeln, wie es wohl in Wirklichkeit sein kann, in Wirklichkeit ist! Dass noch eine befriedigende und umfassende Erklärung für das Phänomen Bewusstsein fehlt, finde ich eher „tröstlich". Tröstlich, da es noch Menschen gibt, die die Größe und denn Mut haben, zu sagen, dass diese Frage noch offen ist.

Gott Ist – Resonanz

Die selbst erfahrene Erhörung von Gebeten, die sogenannten Zufälle, Geistesblitze und Eingebungen, unverhofftes Glück, „Wunderheilungen", wie ist das zu erklären? Es geschieht etwas, aufgrund eines körperlichen, geistigen, seelischen Impulses, ohne eigenes weiteres Zutun, ja ohne dass ich selbst dazu in der Lage bin, es so zu tun. Warum?

Ich Mensch „zupfe eine Saite", löse einen Ton aus, setze ein Signal ab. Durch Gedanken, Gefühle, Taten und Worte. Erstaunlicherweise kommt daraufhin eine Rückkoppelung zustande. Was da als Rückkoppelung in Resonanz zu dem Ton, dem Signal, kommt, verblüfft mich immer wieder. Die Möglichkeit und die Präzision, in der Gebete erhört werden, die Genauigkeit in der Erfüllung lässt mich staunen. Gott ist großartig, genau, harmonisch und präzise. Dass ich innerhalb eines „begrenzten" Seins erhört werde und aus einem unbegrenzten Sein Energie bekomme, empfinde ich als eine der Offenbarungen Gottes. Dies gibt mir die Gewissheit, dass Menschenwelt und göttliche Welt nahtlos miteinander verbunden sind. Trennung ist eine Illusion.

Das Instrument, das menschliche Individuum, ist ein Teil „des Orchesters". Das einzelne Instrument ist für den Gesamtklang, die Gesamtharmonie, des gespielten Stückes wichtig. Das Gesamtkunstwerk lebt von dem Zusammenspiel. Das „Zupfen der Saite" ist das Gebet, der Gedanke, das Gefühl, die Meditation, die Tat und das Wort. Die daraus entstehenden Schwingungen pflanzen sich durch Raum und Zeit fort. Wie die Zuhörer bei einem Konzert Resonanz geben, durch ihre Begeisterung oder Ablehnung, so gibt es aus dem göttlichen Milieu Resonanz, indem sich einlöst und erfüllt, was ausgesendet wird. Das betrifft sowohl konstruktive Energie als auch destruktive Energie. Gedanken und Gefühle schaffen Wirklichkeit, eines der universellen Prinzipien.

„Wie ich in den Wald hineinrufe, so schallt es heraus."

Das Instrument gut zu spielen, sodass die Töne sitzen, die Melodie stimmt, ist Aufgabe desjenigen, der ein Instrument spielen lernt. Sich selbst also tiefer und tiefer kennen- und spielen zu lernen hat eine Bedeutung. Die eigene „Erstklassigkeit", seine Gaben und Talente, sein Bewusstseins- und Liebespotential immer weiter zu entfalten, stimmt das Instrument feiner und feiner. Die Töne werden getroffen, die Melodien harmonischer. Der Gesamtklang in der Schöpfung wird bereichert und ergänzt, zum Wohle des Ganzen. Das bedarf einer kontinuierlichen Übung.

Gott Ist – Alles was ist

Ich kann es drehen und wenden wie ich will – Gott ist alles was ist – die Essenz. Eigenschaften des Menschen, wie Anteilnahme, Bewusstsein, Intelligenz, Liebesfähigkeit, Mitgefühl, Solidarität, Schöpferkraft und freier Wille sind in jedem Menschen präsent. Wie auch das komplette Gegenteil. Spätestens bei der Frage „Wieso sind diese Eigenschaften in uns, wer hat das gemacht?", öffnet sich ein „unbekanntes Land". Allein die Harmonie und Präzision innerhalb des Körpers geht weit über das bisherige Können des Menschen hinaus. Und es geht weiter. Das, was uns die Natur, die unendlichen Weiten des Alls, die Schöpfung offenbart, ist brillant. Wie fein Biotope aufeinander abgestimmt sind, mit welcher Kraft die Natur und die Körper bei Verletzungen sich selbst heilen und regenerieren können, grenzt an ein Wunder. Bei genauerer Betrachtung zeigt sich, dass „Wunder" nur innerhalb einer begrenzten Betrachtungsebene als solche erscheinen. Das soll Zufall sein?

Das Leben ist in jeder Hinsicht vollkommen. Dies legt eine zugrunde liegende Absicht und ein Sinn nahe. Egal, wo ich hinschaue, es lassen sich Strukturen erkennen, die jedem Leben zu eigen sind. Die DNS findet sich in mir genauso wieder wie in der Schnecke und dem Baum. Hunde laufen auf dem Weg nach Hause kreiselnd und oszillierend, ähnlich wie sich ein mäandrierender Fluss bewegt. Verletzungen heilen von selbst aus. Aale wandern teilweise Kilometer weit über Land, um von einem Fluss zum nächsten zu gelangen, auf dem Weg zurück zu ihrem Geburtsort, dem Golf von Mexiko. Das alles geht mit äußerster Präzision vor sich, ist fein und genau aufeinander abgestimmt, bis hinauf zu den Galaxien. Die Frage sei also erlaubt: Wer hat das gemacht? Allein durch diese Frage schließe ich auf eine komplexere und umfassendere Intelligenz und erkenne diese an. Hätte ich das gemacht, hätte der Mensch es gemacht, wäre die Antwort ja klar gegeben. Wir wüssten dann sehr genau, wie die Schöpfung, unsere Körper, die Strukturen der Wirklichkeit „funktionieren". Immer wieder empfinde ich in den letzten Jahren, dass mein Körper – wenn ich aufhöre, so zu tun, als ob ich wüsste, weshalb mein Körper so präzise sein kann – ein Gottesbeweis ist. Die Intelligenz, die mich hervorgebracht hat, ist sowohl in mir als auch, bei genauem Hinschauen, in allen Aspekten des Lebens zu finden. Gott ist Alles-was-Ist!

Gott Ist – die Liebe

Besser als im Folgenden ist es kaum zu sagen. Ich bringe hier ein längeres Zitat aus meiner Bibel 1.0, dem Leben und Lehren der Meister, von Baird Spalding. Die schöne Frau, wie sie im Buch genannt wird, spricht hier in Ich-Form:

Man war mit der Mahlzeit noch nicht weit gekommen, als unser Führer an die Frau die Frage richtete, was sie für Gottes höchste Eigenschaft halte. Ohne einen Augenblick zu zögern, antwortete sie: *„Die Liebe.“* Dann fuhr sie fort: *„Der Baum des Lebens ist in die Mitte von Gottes Paradies, in die tiefe Verborgenheit unserer Seele, gepflanzt worden, und die volle reiche Frucht, die zur vollkommenen Schönheit wächst und reift, die vollkommenste und lebensspendende Frucht ist die Liebe. Liebe wurde das Größte in der Welt genannt von denen, die ihr Wesen erfasst haben. Ich möchte hinzufügen, dass sie auch die größte Heilkraft in der Welt ist. Der Liebe bleibt kein Bedürfnis des menschlichen Herzens verborgen und keines ist für sie unstillbar. Das göttliche Prinzip der Liebe kann angewendet werden, wo immer es gilt, eine Sorge, eine Krankheit, eine harte Lebensbedingung oder irgendeinen Mangel aus der Welt zu schaffen, der auf der Menschheit lastet. Ein richtiges Verständnis und eine richtige Anwendung des subtilen und unbegrenzten Einflusses der Liebe kann die Welt von ihren Wunden heilen, und der holde Mantel ihrer himmlischen Barmherzigkeit kann alle Disharmonie, alle Unwissenheit und jeden Fehler der Menschheit zudecken. Mit ausgebreiteten Flügeln verhüllt die Liebe die schwachen Stellen des menschlichen Herzens, die dürren Plätze des Lebens, erlöst mit scheinbar magischer Berührung die Menschen und wandelt die Welt.*

Liebe ist Gott, ist ewig, unbegrenzt, unwandelbar und übersteigt in alle Ewigkeit jede Vorstellung. Wir können das Ende nur visionär erblicken. Die Liebe erfüllt das Gesetz ihres eigenen Geistes, sie geht auf in ihrem vollkommenen Werke und macht den Christus im Menschen wahrnehmbar. Die Liebe schaut immer aus nach einer kleinen Pforte, durch die sie in die Seele des Menschen sich Einlass verschaffen und alles Gute in ihm beleben kann.

Solange er nicht von der Perversion und dem verkehrten Denken daran verhindert wird, fließt Gottes ewiger, unwandelbarer Liebesstrom immer weiter und trägt mit sich in den großen, universellen Ozean des Vergessens jede scheinbare Hässlichkeit oder Disharmonie, die den Frieden des Menschen stört. Liebe ist die vollkommene Frucht des Geistes, sie geht aus, die Wunden der Menschheit zu heilen, die Nationen in engere Harmonie zu bringen und Frieden und Wohlstand in der Welt zu sichern. Sie ist der eigentliche Puls der Welt, der Schlag des universellen Herzens. Die Menschheit muss aus dem großen allgegenwärtigen Lebensvorrat damit erfüllt werden, wenn sie lernen soll, die Werke Jesu zu vollbringen."

Ich bitte um Entschuldigung für dieses lange Zitat. Doch diese Formulierung finde ich überwältigend schön. Diese Art von Liebe ist es, um die es mir in diesem Buch geht. Noch ein zusätzliches Wort von dem Sufi-Liebesmystiker Rumi: „*Kann man die Liebe überhaupt verstehen, ohne zuerst ein Liebender geworden zu sein? Die Liebe lässt sich nicht erklären, nur erleben. Die Liebe lässt sich nicht erklären, und doch erklärt sie alles.*"

Diese Worte sprechen mir tief aus Herz und Seele. In diesem umfassenden Sinn fühle ich heute wieder die Liebe meiner Kindheit. In kindlicher Unschuld fühlte ich zwar die Intensität der Liebe, verlor sie jedoch früh. Vor allem, da mir die dafür nötige Einweihung fehlte. Was zur Folge hatte, dass ich die Liebe völlig missverstand – indem ich nur auf mich schaute und geliebt werden wollte, ohne zu wissen, wie wichtig der bedingungslose Charakter der Liebe ist, wie wichtig es ist, Liebe liebend zu geben.

Ich bin dankbar, dass ich über Jahre hinweg reifen durfte und nach vielen Irrungen und Wirrungen nun endlich, nach 57 Jahren, die mir eigene Liebesfähigkeit und innewohnende Liebesintensität in mir fand. Der Ausgangspunkt war, ich „verlor" die Frau meines Lebens an einen anderen Mann, an einen Freund, der mir viel bedeutet. Ein Freund, mit dem es sofort und immer leicht war, in geistig-seelische und spirituelle Themen einzusteigen. Jede Begegnung war ein Feuerwerk der Inspiration. Mit ihr war es genau so, plus dem sexuellen und dem Liebes-Starkstrom. Im April 2020 sagte sie mir plötzlich: „Ich fühle dich nicht!" Ich erschrak bis ins Mark und wusste instinktiv, es ist vorbei. Die Hölle tut sich auf und ich stürze in Abgründe. Das sind die Momente, lieber sterben zu wollen. Zugleich fließt eine andauernde und hohe emotionale Energie durch mich.

Dieses Mal jedoch komme ich durch. Die Liebesintensität, die ich zu ihr empfinde und die nun vorbei zu sein scheint, finde ich in mir selbst. Ich bin es, der in der Lage ist, intensiv und tief zu lieben. Ich war es schon immer, jetzt erst kommt es mir zu Bewusstsein und ich fühle die Liebesintensität in mir. In all den Jahrzehnten vorher habe ich diese Liebesintensität an das Gegenüber abgegeben und geglaubt, ich fühle nur deshalb so stark, weil ich geliebt werde. Ich war die meiste Zeit meines Lebens ohne Selbstliebe unterwegs. Mir war im Grunde unklar, warum andere mich lieben. Doch an diesem Tag meiner Auferstehung, so sage ich heute, bin ich erst geboren. Der ganze Lebensweg bis hierher war Vorbereitung.

Ich bin in der Liebe durch das Leben gestolpert, mir fehlte jede Orientierung und die Einweihung. Die Einweihung in die Liebe halte ich für essentiell wichtig, für jeden Menschen, der auf die Erde kommt. Da sonst, wenn Mensch sich in diesem gewaltigen Thema selbst überlassen bleibt, wie ich am eigenen Leib erlebte, nur Chaos, Desorientierung und letztlich Unglück entsteht. Aus gutem Grund gab es in Frühkulturen Einweihungs- und Mysterien-Schulen, für Liebe und Sexualität. Die Alten Kulturen wussten noch um die immensen Kräfte. Nun fühle ich endlich selbst die bedingungslose Liebe. Ich fühle mich dafür verantwortlich, dass sich diese Liebe ausweitet. Das geht weit über mich hinaus. Auf dieser Ebene erkenne ich, wie sehr die Essenz Liebe ein Schlüssel, *der einzig verbleibende Schlüssel ist*, der meinem Empfinden nach Gaia/Mutter Erde und das Leben auf Ihr heilen wird.

Ich bin dankbar, dass der Titel dieses Buches – Liebe das Böse gut – mir zugekommen ist, ohne dass ich groß darüber nachgedacht habe. Immer wenn ich in diesem Buch das Wort Liebe benutze, ist es in diesem hier beschriebenen Sinn zu verstehen.

Es gibt auch eine kitschige, klebrige und süße Form der Liebe. Ich habe diese Art von Liebe sehr lange gepflegt und gedacht, dass es Liebe sei. Ich werde mich hüten, darüber ein Urteil zu fällen. Heute jedoch ist die Liebe für mich der Inbegriff alles Wahren, Guten und Schönen. Im Grunde wie Gott, außerhalb des Definierbaren, jedoch als Erfahrung zu erleben und zu fühlen. Die Liebe zu erleben, verzückt einen, sie steigert das Glück und die Vitalität, alle Sinne sind hellwach und kristallklar, die ganze Welt leuchtet. Die Liebe ist gesund und vital, die geballte Kraft des Lebens selbst. Sie verführt einen in die Poesie, in Gesang, Spiel und Tanz, eben in alles, was das Leben in den höchsten Tönen preist.

Wie Novalis es schon sagte: *„Die Liebe ist der Endzweck des Universums und das Amen der Geschichte."*
Halleluja, Danke und Amen.

Gott Ist – 360° wahrnehmend und eine Kugel

Vor geraumer Zeit versuchte ich mir die Allgegenwart Gottes vorzustellen. Im Gebet und der Meditation sehe ich das Bild einer Kugel. Während ich als Mensch und die gesamte Schöpfung in dieser Kugel sind, ist Gott diese Kugel. Die Kugel umfängt alles, beinhaltet alles. Die Kugel bietet den Vorteil, von welchem Standpunkt auch immer, alles im Blick behalten zu können. Innerhalb der Kugel gibt es jede Menge Punkte – Menschen, Natur, Tiere, Schöpfung – die sich alle in Gott und für Ihn, also in der ewigen Gegenwart, im Jetzt, befindlich zeigen; während Menschen, Natur, Tiere und Schöpfung sich in einem ewigen Prozess von Werden und Vergehen befinden.
Gott ist das Bewusstseinsgeflecht, welches aus all diesen singulären Punkten besteht, zu jeder Zeit voll und ganz mit

allem verbunden. Gott ist die Hülle der Kugel, er ist das Innere der Kugel, ist der Inhalt der Kugel und auf der „äußeren" Oberfläche verbunden mit allem, was zusätzlich noch außerhalb der Kugel existiert. Die „äußere" Hülle der Kugel ist offenporig, wie die Haut des menschlichen Körpers. So gibt es einen immerwährenden Austausch zwischen dem Inneren der Kugel und dem umgebenden All. Sicher, wieder so eine naive Anschauung, jedoch in diesem Moment „verstand" ich, wie Allgegenwart möglich sein kann.

Gott Ist – eine klassische Betrachtung

In Ergänzung füge ich noch aus dem Philosophischen Wörterbuch die „klassischen" Betrachtungen zu Gott an. Die sechs bekanntesten Gottesbeweise:

Erstens: Der ontologische Gottesbeweis schließt von der subjektiven Idee eines höchsten Wesens auf dessen objektives Dasein. Existierte Gott nicht wirklich, sondern nur als Idee, so widerspräche dieser Mangel dem Begriff Gottes als des vollkommensten, allerrealsten Wesens.

Zweitens: Der psychologische Gottesbeweis geht vom Vorhandensein der Idee Gottes im Bewusstsein aus und behauptet, dass das Bewusstsein selbst kein zureichender Grund für das Vorhandensein der Idee Gottes in ihm sein könne; also müsse eine äußere Ursache übermenschlicher Art den Grund bilden.

Drittens: Der kosmologische Gottesbeweis schließt von der Existenz der Welt auf einen Urheber derselben, von der Bedingtheit alles Seienden auf ein letztes bedingendes, unbedingtes, an sich seiendes, absolutes Wesen, Gott, welcher die nicht weiter zurückführbare Ursache von allem sei.

Viertens: Der teleologische Gottesbeweis schließt von der Zweckmäßigkeit und Ordnung der Welt auf einen all-weisen Weltbaumeister.

Fünftens: Der moralische Gottesbeweis schließt aus dem Vorhandensein eines sittlichen Bewusstseins auf einen Urheber desselben oder von einer „moralischen Weltordnung" auf einen Begründer dieser Ordnung.

Sechstens: Der voluntaristische Gottesbeweis geht davon aus, dass der Mensch in der dreifachen Stufenreihe des Seienden, des Lebenden und des Erkennenden am höchsten steht. Er ist aber nicht allmächtig, da er nicht alles kann. Folglich muss es über ihm noch eine höhere Macht geben, die allmächtig ist: Gott.

In diesen sechs Darstellungen finde ich alles wieder, was mich so „plagte", in meinem Ringen um Gott. Dankbarerweise sehe ich in meinem Ringen das Ringen des Menschen überhaupt. Das Ringen, die Mysterien des Daseins zu verstehen. Ich setze an das Ende dieses Kapitels noch einmal die derzeit atemberaubende, aufregendste, erregendste und tiefgreifendste Aussage, die ich derzeit über Gott-Ist machen kann, und wiederhole gerne:

Gott Ist – aus der Gottheit, aus dem über-seienden Sein/dem über-seienden Nichts, dem Quantenfeld hervorgegangen!

In der Hoffnung, Sie in einen angeregten Zustand versetzt zu haben, lade ich nun zum nächsten Kapitel ein.

5. Kapitel: „zum Teufel"

Wie ist das Böse in die Welt gekommen?
Hat es eine Funktion und, wenn ja, welche?

Das Böse hat viele Namen. Ich benutze den abendländischen und landläufigen Begriff Teufel, wenn ich personifiziert über das Böse spreche. Das Böse, der Teufel, hat verschiedene Bedeutungen, Charaktere, Eigenschaften und Gesichter. Das Böse macht einem Angst und ist erschreckend, Furcht einflößend; bestialisch, grausam; bringt Elend, Leid, Krieg und Unglück mit sich, die Liste ist lang. Dämonen, das Dunkle, Finsternis, Hölle, Tod und Teufel werden oft in einem Atemzug genannt und sind zu einem Inbegriff für das Böse geworden. Ursprünglich war dieses Kapitel das letzte, bezeichnender Weise das Kapitel 13. Aufgrund weiterer Einsichten und Überlegungen hat sich sowohl der Inhalt, als auch die Position des Kapitels geändert. Es macht jetzt mehr Sinn, es hier direkt im Anschluss an meine Gottesausführungen zu setzen. Gewissermaßen um das Gleichgewicht zu wahren.

Einer dieser Einsichten folgend, gehe ich aktuell davon aus, dass es *vor* dem Anbeginn der Zeit, vor dem ersten Schöpfungsakt, das über-seiende Sein/Nichts, die über-seiende Nichtheit – wie es die Neuplatoniker sagen – gibt. Meister Eckhart beschreibt das dann, in seiner Sprache, als den über-persönlichen Aspekt der göttlichen Gesamtwirklichkeit – die Gottheit – *eine über Gott stehende Gottheit*. Zwei Aussagen, aus verschiedenen Zeitabschnitten der geistigen Bewegungen des Menschen. Ergänzend kommt nun noch der folgende Begriff hinzu, mit dem ich mich seit 2023 tiefer beschäftige: „das Ewige Jetzt des Quantenfeldes", welches den vorherigen Aussagen entspricht, jedenfalls soweit ich es derzeit verstehe. Der Vorteil dieser Aussagen besteht für mich darin, dass sowohl in der Philosophie als auch von einem Mystiker sowie in der Quantenphysik bis zu einem denkbaren Ende gedacht wurde. Der Anfang der Schöpfung wird geistig betrachtet und durchdacht, bis genau zu dieser Grenze kommend. Diese Art des geistigen Durchdringens stellen für mich sinnvolle und tiefgründige Aussagen dar. Das über-seiende Sein/Nichts, die Gottheit, das ewige Jetzt, liegt genau an der geistigen Schnittstelle, wo es noch etwas zu Benennendes gibt, bevor es sich dann endgültig dem gedanklichen Zugriff entzieht. Das Einzige, was noch ausgesagt wird, dem über-seienden Sein/Nichts und der Gottheit fehlen jede Eigenbewegung, jede Eigeninitiative, sie sind ohne weitere Eigenschaften, und alles weitere ist unbegreifbar. In Bezug auf das Quantenfeld, das ewige Jetzt, wird gesagt, es beinhaltet unendliche Möglichkeiten und alle Wahrscheinlichkeiten. Vielleicht ist das ja identisch mit dem, was auffällig oft in vielen spirituellen Schulen ausgesagt wird, sobald vom *ewigen und puren* Sein geredet wird?

Wie dem auch sei, was immer ich jetzt auch tue, indem ich aus dieser seinstranszendenten Einheit die Quelle des Lichts und der Finsternis, die Quelle der universellen Intelligenz und des Bewusstseins, die Quelle von Gott und Teufel, die Quelle der Schöpfung ableite, weil es das Einzige ist, was mir logisch erscheint, erzeuge ich eine Aussage, welcher der Bestimmungslosigkeit des überseienden Seins widerspricht, da ich doch eine Bestimmung benutze.

Wie ich zu Anfang schon sagte, ich erlaube mir Abweichungen davon, zu 100 % genau zu sein. Diese Einsicht, diese Spur, ist derzeit das Beste, was ich denken kann, auch wenn es vielleicht vollkommen falsch ist. Ich brauche eine sinnvolle Spur, dem „Mysterium" von Böse und Gut auf die Schliche zu kommen. Dieser Spur folge ich so lange, bis ich eine bessere finde. Weshalb und wie dann eine universelle Intelligenz, in Gestalt von Kräften des Lichts und der Finsternis, aus diesem seinstranszendenten Einen hervorging, ist mir noch ein Rätsel. Der Ur-

Knall alleine erklärt mir zu wenig, da er, wenn dem überhaupt so war, lediglich aussagt, dass es eine Wirkung gibt, nämlich das seitdem expandierende Universum. Die Bewusstsein tragende Ursache, so finde ich, bleibt offen. Ich kann „nur begreifen", wenn das Eine/die Gottheit/über-seiendes Sein/Nichts/Quantenfeld = 0, die Quelle und Ur-Sache für einen „Ur-Knall" ist, woraus dann Göttin und Gott =1/Plus Pol, Dämonen und Teufel/Dunkel =2/Negativ Pol und alles Weitere =3 bis N/unendlich hervorgehen.

Dies ist ein erster Hinweis auf die oben gestellte Frage, wie das Böse in die Welt gekommen ist und ob es eine Funktion hat. Das Böse wie auch das Gute sind Pole, die dem Polaritätsprinzip entsprechend sich bedingen und ergänzen, da es zu einem energetischen und permanenten Spannungsaustausch zwischen den Polen kommt, die sich um ein neutrales Zentrum herum bewegen. An diesem Ursprung ist das Polaritätsprinzip, mit seinen Polen, noch frei von jeder Wertung. Außer, dass es dieses Spannungsverhältnis dafür braucht, die nötige Energie für eine materielle Schöpfung zu generieren. Diese materielle Schöpfung erleben wir Geschöpfe als sinnlich wahrnehmbare Schöpfung. Sie existiert, sie ist unbestreitbar da. Dafür muss es eine Ursache geben, auch wenn es bislang schwierig ist/war, diese letztendlich eindeutig zu erklären und zu klären.

Nun gut, ich mache mal weiter mit derjenigen Spur, der ich hier folge. Aus diesem über-seienden Sein gebären sich die Schöpfergötter und es entfaltet sich Schritt für Schritt die Schöpfung. Im Urgrund die Einheit, dann die Zweiheit/Dualismus, genauer gesagt die Polarität. Gleich im ersten Schritt verzweigt sich die Einheit in die Zweiheit von Licht und Finsternis. Die Polarität ist demnach ein grundlegendes Prinzip des Alls. Werden/Vergehen, Geburt/Tod, Ausatmen/Einatmen, Frau/Mann, Böse/Gut, Gott/Teufel. Das geistige Konzept des Dualismus beschreibt lediglich die Pole als unvereinbare Gegensätze. Die Dynamik, welche entsteht, sobald sich eine

Bewegung zwischen den unvereinbaren Gegensätzen der Pole ergibt, wird durch das Polaritätsprinzip beschrieben und dargestellt. Der energetische Spannungsaustausch zwischen den Polen, zwischen den unvereinbaren Gegensätzen, ermöglicht erst die Schöpfung. Einheit/Neutralität und Polarität sind erkennbare und grundlegende Prinzipien im All – bevor es überhaupt eine, das menschliche Bewusstsein beeinflussende, geistige Frage nach dem Bösen und dem Guten, gibt.

Wie schon an anderer Stelle gesagt, der eine Pol, die Finsternis – der andere Pol, das Licht. Finsternis ist die Finsternis, ohne Wertung, das Licht ist das Licht, ohne Wertung. Der Pol Finsternis ist etwas komplett anderes als der Pol Licht und schließt das Licht aus und der Pol Licht ist etwas komplett anderes als der Pol Finsternis und schließt diesen aus. Obwohl sie sich gegenseitig anziehen.

Die Pole sind je ein „in sich" und „für sich" Seiendes!

Dieser Energiefluss generiert, gestaltet und trägt Informationen. Diese Informationen werden erschaffen von derjenigen, Bewusstsein tragenden, Intelligenz, die überhaupt eine Schöpfung erschaffen will und die sich dieses Polaritätsprinzips bedient. Zur Erinnerung: Diese Bewusstsein tragende Intelligenz geht aus der Einheit des über-seienden Seins/Nichts/Gottheit/ Ewiges Jetzt hervor, in Gestalt von Göttinnen und Göttern, Dämoninnen und Dämonen, von Gott und Teufel und Geschöpfen, bis hin zum Menschen.

Soweit die Hinführung.
Nun komme ich also „zum" Teufel.

Die Hinführung dient als Kurzfassung für eine sich entfaltende
Schöpfung, wie ich sie derzeit begreifen, sehen und verstehen
kann. Bis zur Geburt bewusst reflektierender Wesen, also be-
wusstseinsfähiger Wesen, hat die Polarität von Finsternis und
Licht eher neutralen Charakter und ist eine Art Grundierung
für die Schöpfung. Durch die gerade beschriebenen Göttinnen
und Götter, Dämoninnen und Dämonen sowie Gott und Teufel,
Geschöpfe und Mensch tritt ein aktives Bewusstsein auf – ein
sich selbst reflektierendes Bewusstsein. Dieses wird später, im
einzelnen Menschen und im Verlauf der Menschheitsgeschichte,
zu der Wahrnehmung gelangen, dass es Gutes und Böses gibt,
die im Kampf miteinander liegen. Der „berühmt-berüchtigte"
Kampf zwischen Gut und Böse. Ich setze voraus, dass das Thema Gut und Böse letztlich, bewusst oder unbewusst, für jeden
Menschen relevant ist, dass es eine Bedeutung hat und eine Rolle
spielt. Ich bin derzeit soweit, wenn auch schweren Herzens, zu
akzeptieren, dass es für den Aufbau und die Entwicklung einer
biodiversen und komplexen Schöpfung die Kräfte der Finsternis und des Lichts *gleichermaßen* braucht. Diese grundlegenden
Kräfte sind wie Bausteine im werdenden Schicksal des Lebens
aller Welten.

So, nun der endgültige Abschied von der Aussage, Gott und Teufel sind eine Einheit. Nach meinem jetzigen Erkenntnisstand ist
Gott ja ungleich 0, also geht Er selbst aus der Einheit/Gottheit
hervor. Genauer ist es dann zu sagen, so wie Göttin/Gott/Licht
die 1 sind, existiert gleichwertig und gleichzeitig das Gegenteil,
in 2 also Böses/Dämonen/Schatten/Teufel. Im allerersten Moment, in dem das zur Anwendung kommen wollende Bewusstsein zu existieren beginnt, sind Licht und Dunkel neutral. Das
wird sich erst ab jetzt, mit dem Entstehen von reflektierendem
Bewusstsein, ändern. Ab jetzt kommt 1, 2, 3 bis N/unendlich

in die Existenz, und differenziert sich nach und nach aus. Diese Ausdifferenzierung führt zum „Verlust" der ursprünglichen Neutralität. Die Ur-Pole, die Ur-Kräfte, Finsternis – Licht, werden zu eigenständigen Prinzipien, die als das Böse und das Gute wahrgenommen und als solche bewertet werden. Die Ur-Kräfte verwandeln sich in die lebendigen und personalen Mächte des Bösen/Teufel, und des Guten/Gott, mit eigenen Bewusstseinsinhalten, eigener Gestalt und Form. Das ist für mich eine kolossale Veränderung meiner heiß geliebten Vorstellung, dass Gott allein/All-Ein, allmächtig ist. Aufgrund dessen, dass Finsternis und Licht gleichwertig und grundlegend existieren, stellt sich die bisherige Allmacht Gottes anders dar. Die Allmacht besteht „nur" insoweit, dass sich Gott seines „Schattens", des Teufels, bewusst ist, *ja bewusst sein muss,* da es für den Aufbau einer Spannung, welche eine vielfältige Schöpfung für ihre Existenz braucht, den Gegenpol des Polaritätsprinzips braucht.

In meiner Gottesschau, Gott/Teufel sind eine Einheit, war ich schon nahe dran, wenn auch unpräzise. Gott und Teufel sind „nur" insofern eine „Einheit", als dass sie gleichwertige Pole sind und sich als solche bedingen und ergänzen, statt eine wesenhafte Einheit zu sein. Das heißt dann allerdings, dass es ebenfalls *eine Allmacht des Teufels* gibt, als Widersacher des Lichts, als Herr der Finsternis. Die Frohe Botschaft ist, Gott/Teufel/Mensch sowie alles andere in der Schöpfung Existierende, tragen die Signatur von Bewusstsein/Einheit/Polarität/Neutralität/Quelle ebenfalls in sich! Das bedeutet, neben dem, was Gott und Teufel erschaffen, hat der Mensch „ein Wörtchen" mitzureden. Insofern ist er Mitgestalter und Mitschöpfer. Das wiederum heißt, das „Schicksal" ist dynamisch, weder festgeschrieben noch am Ende unveränderbar. Die dem Menschen eigenen Gedanken und Gefühle kreieren mit! Aller Voraussicht nach auch die aller anderen Bewusstsein tragenden Geschöpfe und Wesen.

Die verschiedenen Stufen

Die Finsternis ist also ein grundlegendes Prinzip für die Erschaffung der Schöpfung. Sie sorgt für ein Spannungsverhältnis mit dem Licht und erlaubt somit die Dynamik von Werden und Vergehen. Ich vermute, dass es vor der Entstehung von Bewusstsein eine feine Balance und ein sensibles Gleichgewicht der Kräfte des Lichts und der Finsternis gab. Mit der Entstehung von Bewusstsein, die ich mit der Geburt von göttlichen und dämonischen Wesen verbinde, welches später durch die Geburten von Geschöpfen und Menschen ergänzt wird, entsteht der Wandel von ursprünglichen Kräften hin zu wesenhaften Mächten. Damit entsteht die Fähigkeit zur Entscheidung, sich für das Gute oder das Böse zu entscheiden. Die bewusstseinsfähigen Mächte beginnen, statt sich ausschließlich zu bedingen und zu ergänzen, eigenständige Wirksphären zu erschaffen, die voneinander getrennt sind – obwohl sie sich gleichzeitig aufeinander beziehen, mehr noch, die in einen Kampf eintreten und Widersacher werden.

Die von Schöpfermächten erschaffene Schöpfung ist sowohl durchdrungen von der ursächlichen Einheit als auch von der sich entfaltenden Vielheit. Alle Geschöpfe und Wesen sind davon durchdrungen und tragen den gesamten Schöpfungsverlauf in sich, leiblich in der DNS, geistig-seelisch in der Akasha-Chronik und dem eigenen Bewusstsein. Von der Akasha-Chronik wird gesagt, dasjenige universelle Speichermedium zu sein, in welchem alle Informationen, die es im gesamten Universum gibt, plus die geistigen-körperlichen-seelischen Erfahrungen des Menschen, abgespeichert werden. Wie die Schöpfermächte sind ebenfalls die bewusst reflektierenden Wesen entscheidungsfähig. Jedes Kind, jede Frau und jeder Mann entscheidet in jedem Augenblick mit, ob das ursprüngliche Gleichgewicht in Balance bleibt oder das Böse bzw. das Gute überwiegt.

Verschiedene Anschauungen

Indigene Völker sind von einem animistischen Glauben getragen. Der Animismus geht davon aus, dass alles beseelt ist. Die Welt wird von guten und bösen Geistern, Seelen, Hexen, Zauberern usw. bevölkert. Ein paar Beispiele:

Mahakala ist ein Schutzdämon und schaut furchterregend aus. Er wird sowohl von Buddhisten als auch von Hindus verehrt. Was mich an dieser Figur begeistert, ist, sie sieht aus wie ein Dämon. Mahakala ist jedoch eine göttliche Manifestation von Shiva, der sich entschieden hat, durch diese Erscheinungsform alle anderen Dämonen auf sich selbst zurück zu spiegeln. Somit ist dieser „Dämon" eher ein Schutzdämon, der „wirkliche" Dämonen auf- und abhält. Meine Begeisterung besteht darin, dass das Gute bereit ist, dem Bösen zu begegnen, indem es selbst als böse erscheint, ohne es wirklich zu sein.

Bei den Griechen gibt es den Olymp/Himmel und den Hades/ Hölle. Im Römischen Reich gibt es *Orcus*, einer der Götter der Unterwelt, ähnlich dem *Hades* der Griechen. Hades ist sowohl Gott der Unterwelt als auch der Name für die Hölle. Im Christentum gibt es das Konzept von Himmel und Hölle. Bei den Nordischen Völkern gibt es *Hel*, die Herrscherin der Unterwelt Helheim; des Weiteren eine Figur wie *Loki*, der den Tod des Gottes *Baldur* verschuldet.

Ich will hier nur beispielhaft andeuten, dass sich bei allen Stämmen, Völkern und Hochkulturen im Wesentlichen lichte und dunkle Kräfte finden lassen. Es liegt nahe, dass es einen kulturellen Ausdruck geben muss für die Urspannung im All, die sich auf Erden als gute und böse Archetypen wiederfinden lassen.

Eine bemerkenswerte, andere Betrachtung findet sich im Judentum und bei den Jesiden. Dem Judentum sowie den Jesiden ist die Vorstellung eines eigenständigen Bösen fremd. Ein eigenständiges Böses widerspricht der monistischen Auffassung eines allmächtigen Schöpfergottes. Gott selbst weiß, dass das Böse, quasi als Gottes Schatten, existiert. Diesem Schatten zu begegnen und ihn zu „händeln", ist Aufgabe des *Satans*. Diesen kann Gott aussenden, Verfehlungen zu ahnden. Satan kennt die Haltung und die Taten, die das Böse und die Widersachermächte gegen Gott ausführen. Da das Böse und die Widersachermächte gegen das Licht handeln, werden sie, früher oder später, sich für ihre Haltung und Taten verantworten müssen. Der Satan übernimmt die Aufgabe, eine Art Ankläger, Richter und strafende Instanz am „göttlichen Gerichtshof" zu sein. Er ist in diesem Sinn ein im *Dienst Gottes* handelnder Geist. Diese Funktion des Satans ist es wohl, die der Mensch als jüngstes Gericht beschreibt und einem strafenden Gott zuschreibt. Gott, in seiner Allmacht, weiß ja um das Böse und sorgt dafür, dass dem Bösen Einhalt geboten wird und die Widersachermächte wissen, dass sie zur Verantwortung gezogen werden.

Hier ein weiteres Beispiel, welche Rolle Satan spielt. Es wirft für mich ein anderes Licht auf Hiob, diese Geschichte habe ich völlig missverstanden. Am göttlichen Gerichtshof macht Satan den Einwand, dass Hiob Gott nur treu ist, weil ihm jede Art von Unglück erspart bleibt. Satan macht dies Gott zum Vorwurf. Gott gestattet Satan daraufhin, Hiob auf die Probe zu stellen. Trotz aller Unglücke und Leiden, die Hiob nun erlebt und die Satan verursacht, um seinen Glauben zu prüfen, bleibt er Gott treu. Diese Gottestreue widerlegt die Behauptung des Satan, dass sich Menschen von Gott abwenden, sobald es ihnen schlecht ergeht.

Mich überkommt ein Dank an die Standhaftigkeit Hiobs. Landläufig sind die Hiobs-Botschaften ja Botschaften des Leidens, des Unglücks und des Verlustes. Mir war unklar, worauf sich die Hiobs-Botschaft wirklich gründet, nämlich auf seine unverbrüchliche Gottestreue. Er öffnet damit für uns alle ein Tor zu Gott, gibt eine Orientierung. Unbeirrbar verkörpert Hiob seinen Glauben und sein unerschütterliches Vertrauen. Diese neue Information bedeutet mir viel. Sie erlaubt, das Bewusstsein so auszurichten, dem zu folgen, was einem wirklich wichtig ist und dem treu zu bleiben, was einem am Herzen liegt.

Der Teufel als gefallener Engel und Höllenfürst

... ist nach wie vor ein Engel. In der biblischen Geschichte heißt dieser gefallene Engel *Luzifer*, der Lichtbringer. Er war zunächst der erste und bestens ausgebildete Engel Gottes. Doch er lehnt sich gegen Gott auf. Er weigert sich, Adam und damit die Menschen als „gelungene" Geschöpfe Gottes anzuerkennen. Der Mensch ist nach Luzifers Meinung auf einer geringeren Stufe als die göttlichen Heerscharen der Engel. Damit maßt er sich an, die Schöpfungsfähigkeiten Gottes zu kritisieren und zu missachten. Mehr noch, er greift nach dem Thron Gottes und will sich über Gott, seinen Schöpfer, stellen. Daraufhin entbrennt im Himmel ein Kampf, den der Erzengel Michael gegen den Erzengel Luzifer gewinnt. Die Folge davon ist die Verbannung Luzifers zusammen mit seiner Engelsgefolgschaft, was als Höllensturz beschrieben wird. Luzifer wird von da an als Höllenfürst sein Dasein fristen, indem er Menschen für ihre Sünden mit der Hölle bestraft. Die Engel seiner Gefolgschaft sind nun an seiner Seite als Dämonen tätig.

Luzifer, der Höllenfürst. Das Böse ist ihm in jeder Hinsicht bekannt und vertraut. Jedoch, obwohl im Widerstand und Rebellion gegen Gott, handelt er immer noch – zwar widerwillig, doch ähnlich wie Satan – im Auftrag Gottes. Er ist immer noch ein, wenn auch ein gefallener, Engel. Sein Auftrag besteht darin, die abtrünnigen, bösen und sündigen Menschen zu bestrafen. Die Strafe besteht darin, dem Sündigen dauernd vor Augen zu halten, was seine Verfehlung ist, bis in alle Ewigkeit. Nur im Moment der Erkenntnis über die Verfehlung und einem aufrichtigen Bereuen der Sünden kann sich die sündige Seele aus der Hölle befreien. Dies ist erneut ein Hinweis darauf, dass letztlich niemand einem unabänderlichen Schicksal ausgeliefert ist. Luzifer selbst lebt und liebt zwar die Sünde, die Bestrafung und ist ein Verführer zum Bösen. Seine Vorliebe für das Böse drückt sich dadurch aus, alles zu bejahen und zu fördern, was sich gegen Gott richtet. Dennoch gibt es eine Grenze, die ihn hindert, von sich aus selbst aktiv böse zu sein – aus dem Bewusstsein heraus, dass alles, was von einem ausgesendet wird, auf einen zurück kommt. Also, würde er aktiv Böses praktizieren, so würde sich Luzifer/Teufel selbst, als zu bestrafender Sünder, in die Hölle bringen.

Es ist kaum vorstellbar, dass der Teufel so blöd ist. Darüber hinaus, laut den kosmischen Prinzipien und Regeln, wird sich Luzifers ewige Rebellion und sein Widerstand gegen Gott in dem Moment der Erkenntnis erschöpfen, dass weder „Gott, Kaiser noch Tribun" daran Schuld sind, was und wie einem geschieht; wenn die Erkenntnis einsetzt, dass jede Schuldverschiebung sinnlos ist. Was in Luzifers Fall bedeutet, er ist selbst für den Höllensturz verantwortlich. Sowie dafür, sich zu erlösen. Dieser Absatz zielt darauf hin, dass Luzifer zwar sein eigenes Reich regiert, doch innerhalb dessen immer auch eine klar umrissene Aufgabe, im Sinne Gottes, hat.

„Jeder ist seines Glückes Schmied." Das gilt wohl auch für Engel und Dämonen.

Diese Ausführung ist jetzt mehr eine eigenwillige und freie Interpretation, die ich mir erlaube. Mir geht es weniger um eine korrekte religionsgeschichtliche Wiedergabe, sondern um das eigene „Ringen", das Böse/den Teufel differenzierter zu betrachten.

Wie ich schon sagte, der Titel – Liebe das Böse gut – verlangt einem einiges ab. Während ich schreibe, vertiefen sich Anschauungen, bisherige Annahmen, Einsichten, Überlegungen und daraus resultierende vorschnelle Be- und Verurteilungen bedürfen immer wieder einer Korrektur. Ich machte es mir zu einfach, das Böse zu „verteufeln". Erst indem ich mir ein Herz fasse, ähnlich wie bei meiner Gott-Erforschung, und es wage, näher an das Böse heranzutreten, lerne ich die Struktur tiefer kennen. Mein Verständnis verändert sich. Die Struktur des Bösen hat nun mal verschiedene Gesichter und Bedeutungen. Am Ende muss dennoch ein eindeutiges und klares, ganz groß geschriebenes NEIN stehen. Ein absolutes NEIN dort, wo sich das Böse völlig verselbstständigt und im wahrsten Sinne des Wortes das Leben abschlachtet. Dort, wo das verselbstständigte Böse jede Grenze überschreitet.

Doch auf dem Weg dahin gilt es, das Böse differenzierter zu betrachten. Das Böse einfach auszublenden, zu glauben, man selbst sei dem gewachsen oder darüber erhaben, stellt sich für mich als ein Irrtum heraus. Ich dachte, ich kenne das Böse in mir schon ausreichend gut genug. Doch erst durch die zunächst ungewollte tiefere Auseinandersetzung mit dem Bösen erschließt sich mir, was in einem selbst zu tun ist. Es gilt, sich mit der eigenen Anlage, böse sein zu wollen, auseinanderzusetzen, das zu begreifen und zu erkennen. In einem selbst liegt ja der Schlüssel dafür – Liebe das Böse gut – anzuwenden. Mir selbst war in dieser Tiefe zuvor unklar, in welche Abgründe ich schauen muss und mittlerweile will, damit ich die Spur finde, die mich befähigt – Liebe das Böse gut – anzuwenden.

„Richtet nicht, auf das ihr nicht gerichtet werdet."

Das verselbstständigte Böse

Dennoch, ich will hier eine Figur benennen, an der ich festmache, dass es ein eigenständiges Böses gibt, welches sich bewusst und willentlich dafür entschieden hat. Im Christentum ist das dann wohl der Antichrist. Diese Figur heißt: **Ahriman**

In diesem Absatz will ich eindringlich darauf hinaus, dass es ein selbstständiges Böses gibt, welches bewusst als Antichrist und Widersacher agiert; dass dieses Böse aus seiner eigenen Wirksphäre heraus den Kampf gegen das Gute und das Leben absichtlich, willentlich und mit aller Macht und voller Wucht führt. Ahriman bietet sich durch sein Beispiel an. Ahriman ist eine Figur aus der zoroastrischen Religion, diese entstand 1800 bis 600 v. Chr. Sie umfasste den iranischen Kulturraum, Mesopotamien und ging über Persien bis hin zum zentralasiatischen Raum. Ahriman ist im mittelpersischen der arge, böse und feindselige Geist – Angra Mainyu.

Der Zurvanismus war ein Zweig des Zoroastrismus. Ich beziehe mich an dieser Stelle auf den Zurvanismus, aus zwei Gründen. Erstens hat der Zurvanismus die religiöse Entwicklung des Juden- und Christentums sowie die Philosophien des Nahen Ostens und Europas mit beeinflusst. Zweitens, und das ist der hauptsächliche Grund, ist es die darin ausgedrückte Schöpfungsgeschichte, welche besagt: *Ahura Mazda* (Gutes, Licht, Weisheit und Wahrheit) und *Angra Mainyu/Ahriman* (Böses, Dummheit, Finsternis und Trug) sind gegensätzliche Prinzipien und doch Zwillinge, als Kinder *Zurvans*. Zurvan ist die Zeit, die unbegrenzte und unendliche Zeit, zugleich die räumliche Dimension des Alls, des Kosmos. Zurvan ist auch die begrenzende bzw. endliche Zeit und der Weltraum. Ich finde in diesen Betrachtungen eine andere, jedoch ebenfalls schlüssige Aussage über die Einheit vor. Zurvan wird hier quasi mit der Einheit gleichgesetzt. Ahura Mazda/Gott und Angra Mainyu/Teufel gehen aus Zurvan/Einheit, als Zwillinge, hervor. Diese Ähnlichkeit mit oben beschriebener Einheit war mir unbekannt. Ich bin überrascht und froh, dank der Beschäftigung mit dem Bösen, diese religiöse Quelle gefunden zu haben. Der Dualismus von Finsternis und Licht, wird hier in klaren Worten ausgedrückt: Ordnung gegen Nicht-Ordnung, Leben gegen Nicht-Leben – Wahrheit, Ordnung, Sein, Existenz gegen Chaos, Lüge, Zerstörung des Seins. Der Antichrist des Christentums, der Widersacher Gottes, ist hier der Widersacher Ahura Mazdas in Gestalt des Ahriman.

Ahriman wird eindeutig als der Widersacher benannt, der auf die Zerstörung des Seins aus ist.

Das reicht mir aus, statt nach weiteren Widersachern zu suchen. Ahriman ist an dieser Stelle *das eine Beispiel* und der Inbegriff dessen, was ich mit dem absoluten Bösen meine. Ich gehe davon aus, dass es in anderen Kulturen und Religionen weitere, absichtlich, bewusst und mit „Ansage" die Zerstörung wollende, Kräfte wie Ahriman gibt. Wenn die Liebe absolut bedeutungslos ist, muss die Macht „dominierend herhalten"! und genauso intensiv sein. Die Macht muss ein Rausch sein. Die Macht muss omnipotent sein. In der Wirksphäre der Finsternis, gewissermaßen in einem für das Böse günstigen Milieu, existieren und entwickeln sich Wesen, die dem Bösen folgen wollen, die zu Meistern des Unlichts werden, zu Höllenfürsten werden und die die entsprechenden Machtimperien erschaffen. Es gibt also das ausgesprochen Böse in der Welt, neben dem Guten. Wie schon oft erwähnt, es ist im Angesicht der nun schon seit über Jahrtausende wütenden Machtkämpfe, Kriege und Zerstörungen, nach meinem Dafürhalten, wichtig zu wissen, dass es eine solch eigenständige und sich verselbstständigte Macht gibt. Neben der göttlichen Welt existiert eine teuflische Welt. Der Satanismus existiert ja sogar als Begriff in den Medien.

Ich gehe davon aus, dass neben der wissenschaftlichen physischen Welt eine metaphysische spirituelle Welt existiert und vermutlich noch weitere Welten...? Was einem mehrdimensionalen Universum entspräche, in welchem Parallelwelten existieren. Obwohl es mir widerstrebt und durchaus auch unheimlich ist, neben dem gerade schon Beschriebenen, will ich noch Folgendes ergänzend anmerken. Es existieren ja Aussagen, Beschreibungen, bis hin zu Erfahrungsberichten darüber, dass es außerirdische Intelligenzen gibt. Manche davon sind schlecht auf uns Menschen zu sprechen. Deshalb wollen sie uns entweder unterwerfen oder gar vernichten. Auch das noch! Neben dem menschengemachten Bösen und dem Bösen, welches sich aus der Schöpfungsgeschichte entwickelte, noch diese außerirdischen Kräfte und Mächte. Das ist wahrlich mehr als genug. Ich bin mir allerdings sehr unsicher, ob dem so ist. Nur, bestimmte unerklärbare Geschehnisse ergeben dann einen Sinn. Ich will darauf hinaus, dass neben den soeben beschriebenen ahrimanischen Kräften möglicherweise noch andere Kräfte bewusst böse sein wollen, es auch sind! Namen dafür sind: Asuras, Archonten.

Wie immer es auch sei, ich entwickle ja, so gut ich kann, ein Menschenbild, in dem der Mensch mit all dem „fertig werden wird, weil er es kann"! Ja, wir können!

Mehr als eine Hoffnung

Ich bin hier an einem dieser Punkte, von denen ich sagte, ich bin mir bewusst, in eine bestimmte Ecke gestellt zu werden. Ich ziehe natürlich in Betracht, dass das von mir, zu diesem Thema Aufgeführte, völlig daneben ist. Jedoch schreibe ich es absichtlich genau so, weil es für mich viel erklärt und sinnvoll ist. Ich will das, was ich auf meinem spirituellen Weg bisher „Hände ringend" in Erfahrung bringen konnte, darstellen. Dennoch und „trotz alledem" hat das Leben auf der Erde all diese Kämpfe überstanden. Und doch, es zerreißt einem das Herz, wie unerträglich grausam die Zerstörungen an Leib, Natur und Seele sind.

An dieser Stelle sage ich seit Neustem, Gott ist „unkaputtbar". Ich will damit sagen, die Kraft der Liebe, die Kraft des Lebens selbst und schließlich die Kraft im Menschen, das Gute und das Böse ausbalancieren zu können, haben bis hier und heute eine Weltdiktatur und/oder den Untergang des Menschen verhindert. Jetzt ist es an der Zeit, einen nächsten evolutionären Schritt zu machen und tatsächlich wie Schwestern und Brüder für das Wohl des Ganzen zu handeln. Eine Schwierigkeit besteht darin, dass es viel von einem verlangt, ethisch rein handeln zu *wollen*. Bislang fehlen oft noch die kraftvollen Bilder, für einen Frieden zu sein, der spannender ist als Krieg. Wir Heutigen sind gebrannte Kinder und, bis auf wenige Ausnahmen sind wir alle mit einem Schmerzkörper verbunden, der leidet und das Gute, Schöne und Wahre für einen unerreichbaren Traum hält oder als puren Zynismus empfindet. Nebst dem, dass durch Pandemie und Ukraine-Krieg, Unterbrechung der Lieferketten, existentieller Druck auf klein- und mittelständische Unternehmen, Überschwemmung in Pakistan, und, und, und – wahrlich die Hölle auf Erden ist und die globale Menschheit in Angst, Panik und Schrecken lebt.

Dennoch, wir können das in Ordnung bringen und heilen. Das entspricht voll und ganz der Würde und der Fähigkeiten des Menschen. Deshalb – Liebe das Böse gut – ist die einzige Lösung, die ich nach wie vor sehe. Bislang ist diese Lösung ohne Grenzen. Doch muss ich mich selbst hinterfragen, was das in dem Fall Ahriman bedeutet, wenn jeder Zugang zur Liebe verweigert wird; mehr noch, aktiv und bewusst abgelehnt wird. Die einzige Rettung, die mir bleibt, ist die, *dass die Liebe fest verankert ist in der Einheit!* Was in diesem Fall bedeutet, sie geht ja „selbst über Gott" hinaus, also integriert sie auch die Ahrimans dieser und aller anderen Welten.

Ich bin froh darüber, hier glasklar auszudrücken, welche, die Worte weit überschreitende, Bedeutung ich uns Menschen beimesse, allein deshalb, weil wir lieben können, zumindest dazu fähig sind. Aber, ich will auch glasklar ausdrücken, dass ich mir immer und immer wieder die Frage stellen muss: Hast du sie noch alle? Im Fall von Kinderpornografie, Kindesmissbrauch bin ich selbst an dem Punkt, dieses ganze Buch hinzuwerfen, es sein zu lassen. Ich habe nur noch Killer-Instinkte, ich will diese Päderasten ermorden. Doch was dann? Dann bin ich auf derselben Stufe wie diese „Monster". Und ich bin, wie gesagt, mir des Bösen in mir bewusst. Ich kenne, aus bestimmten Situationen, mein Monster. Deshalb tue ich mich ja mit dem Emotional-Körper so schwer. Jedwede Verletzung unserer geistigen-körperlichen-seelischen Existenz, in dieser oder jeder anderen Inkarnation, ist im Emotional-Körper „gespeichert und verkapselt". Es ist nur eine Frage der Zeit, wann die Kapsel explodiert.

Da mir das alles soweit klar ist, veranlasst es mich dazu, die Liebe als die einzige Kraft zu erkennen, die in der Lage ist, mit all dem Wahnsinn aufzuhören. Solange noch ein Monster entsteht, weil die „Zivilisation" so ist, wie sie ist, muss klar sein, dass diese Monster die Konsequenz und das Resultat einer völlig daneben gelaufenen Entwicklung sind. Falls das als Schicksal gegeben hingenommen wird, eine von Gott gerechte Strafe sein soll, als „es war doch schon immer so" gerechtfertigt wird, … tja dann ist dieses Buch wertlos. Ich will selbst – Liebe das Böse gut – anwenden, auch wenn ich oft scheitere, weil ich es für möglich und wahr halte. Hinfallen, aufstehen, Krone richten, weiter gehen. Bis der nächste evolutionäre Schritt gemacht ist.

Schlussbemerkung

In Bezug auf die am Anfang dieses Kapitels gestellten Fragen „Wie ist das Böse in die Welt gekommen? Hat es eine Funktion und, wenn ja, welche?" Hoffe ich, zu einigermaßen sinnvollen Aussagen gekommen zu sein. Das Böse war von Anfang an da. Ja, es hat eine Funktion und die ist differenziert, auf der abstrakten Ebene. Das Böse wird in der Schöpfung als die Spannung zwischen Minus- und Plus-Pol gebraucht, damit Energie fließen, sich gestaltend manifestieren und strömen kann. Sobald die abstrakte Schöpfungsdynamik verlassen wird, bekommt das Böse jedoch letztlich eine eigene Wirksphäre, die an ihrem absoluten und extremen Endpunkt grausam ist. Dennoch wird Zerstörung gebraucht, damit weitere Evolution und Entwicklung möglich ist. Bis zu einem gewissen Grad gehe ich mit. Der einzige Aspekt, der mir zuwider ist, ist die Lust daran, grausam sein zu wollen, andere zu quälen und dies aus purem Eigeninteresse zu tun – sei es aus Machtgründen und/oder aus Rache und/oder aus dem eigenen Schmerzkörper heraus. Aus aktuellem Anlass werde ich nach diesem Kapitel ein Kapitel einschieben, welches heißt: Upgrade zum Teufel – mache das Gute böse!

Ich muss es bringen. Immer wieder deute ich an, das Böse sei mir durchaus im eigenen Inneren bekannt. Jedoch bin ich vor ein paar Tagen mit der eigenen Lust am Bösen in einem unbekannten Ausmaß konfrontiert worden. Ich habe es gewagt, mit zwei Freunden darüber zu sprechen. Sie haben mich ermutigt, das Erlebte noch einzufügen. Ich bin nun selbst gespannt, wie weit ich mich traue, darüber zu schreiben.

Kapitel 5.0: Upgrade zum Teufel – mache das Gute böse!

Wie gesagt, ich habe ja immer wieder „nur angedeutet", mir des Bösen in mir selbst bewusst zu sein. Jetzt bin ich doch tatsächlich selbst darüber gestolpert, mit voller Wucht böse sein zu wollen. In diesem „Stolper-Moment" hat es sich gut und kraftvoll angefühlt. Obwohl ich einerseits erschrocken bin, habe ich doch andererseits die pure Macht gefühlt und an mich heran gelassen, wider besseren Wissens, das „Falsche tun zu wollen". Gott sei Dank, aufgrund dessen, dass ich mittlerweile Gott in mir erlebe und spüre, gibt es einen inneren Halt, der mich auch durch dieses „Stolpern" trägt.

Diese eiskalte Wut zu missbrauchen, habe ich zuletzt in dem Moment erlebt, als ich von den Kinderpornografie-und Kindesmissbrauch-Ringen hörte. Ich wollte diejenigen ermorden und fühlte einen Starkstrom der Lust, dies auch zu tun – obwohl ich mich als einen besseren Menschen einordnete. Dieselbe eiskalte Wut hat mich nun wieder erwischt, als ich mir die Bilder aus Gaza-Stadt und das Ausmaß an Zerstörung in den Nachrichten anschaue. Ich fühle, wie aus einem Zustand der Ohnmacht, aus dieser Energieebene heraus, eine unbändige Lust erwächst, die Ohnmacht mit aller Macht ablegen zu wollen und sie gegen die Macht der Zerstörung auszutauschen. Ich erlebe, völlig aus dem Nichts, wie ich bereit bin, alle meine spirituellen und heiligen Werkzeuge wegzuwerfen und durchzudrehen – mich auszutoben, in einem Akt der „Befreiung", die Kontrolle zu verlieren und jede Grenze zu überschreiten. Das, was ich an Fassungslosigkeit und Wut gegen die Hamas, gegen das israelische Militär, aber auch gegen den Mann, der der Tochter einer geliebten Freundin Gewalt angetan hat, gegen die verlogenen Manöver der Politiker, gegen diese ganze fehl laufende Welt empfinde, bricht sich Bahn. Ich benutze dieses „dagegen, dagegen, dagegen sein" als Ventil eigener innerer Engpässe. Ich halte weder diese derzeitig wütende, ewig unendliche Spirale von Mord und Totschlag aus noch das eigene innere Beschwichtigen, doch besser zu sein. Ich muss wohl endgültig akzeptieren lernen, dass diese böse Seite im eigenen Inneren genauso zu mir gehört, wie meine Sehnsucht nach dem Licht.

Mit der Erwähnung des Mannes, der der Tochter einer geliebten Freundin Gewalt antat und es auch weiter täte, und der Tochter einer anderen Geliebten, die sich derzeit in bedrohliche und kriminelle Gefilde begibt, will ich sagen, die Nachrichten sind plötzlich weder im Gazastreifen noch in der Ukraine oder dem Kindesmissbrauch, sondern ragen konkret in mein eigenes Leben. Das, was da „Draußen" stattfindet, findet in mir selber ebenso statt. Meine Bestürzung ist, das erschüttert das Fundament meines „Elfenbein-Turmes". Unmissverständlich wird mir dadurch klar, sosehr ich das Böse in mir integrieren und überwinden will, ja es gut lieben will, sosehr bin ich dennoch genauso intensiv mit ihm verbunden, wie mit meiner Gottesliebe. Diese ganze Eruption innerer Lust am Bösen dient wohl dazu, aufzuhören, sich etwas vorzumachen.

Ich darf mir darüber klar werden, was ich „anrichte" mit – Liebe das Böse gut – Es ist eine Aufgabe, eine Forderung, die in jedem Augenblick bewusst beabsichtigt angewendet werden will. Aber daneben gibt es eine Signatur im eigenen Bewusstsein, in der eigenen Seele, genau das Gegenteil zu tun: Mache das Gute böse.

Hinzu kommt die Lust, mich immer wieder gehen lassen zu wollen, etwas Dreckiges, Unanständiges und Verbotenes zu tun. Diese Lust nehme ich mehr und mehr wahr als Ausbrüche des eigenen Emotional-Körpers. Je deutlicher mir seine destruktiven Konsequenzen, bis hin zu Selbstverleugnung, Selbstsabotage und Selbstzerstörung, werden und ich deshalb ein konstruktives Gegengewicht aufbaue, desto heftiger sind seine Reaktionen. Der Emotional-Körper zeichnet sich dadurch aus, jedwede Veränderung zu sabotieren. Wie ich schon sagte, ich bin weit davon entfernt, als ein Moralapostel daher kommen zu wollen. Ich werde mir bewusster denn je – unabhängig davon, ob mir das gefällt – dass Werden und Vergehen zyklisch dem Leben innewohnt und Zerstörung beinhaltet. Altes wird zerstört, damit etwas Neues entsteht. Giordano Bruno spricht über die Notwendigkeit der Zerstörung. Erst jetzt beginne ich zu begreifen, worauf er hinaus wollte. Dieser kreatürliche Zyklus in der Natur, im Körper und in der Evolution dient der Weiterentwicklung. Dass dieser kreatürliche Zyklus jedoch auch zu einer bewussten Lust an Destruktion und Gewalt „verkommt", ist eine der Eigenschaften der egozentrischen Natur im Menschen, die es zu verändern gilt – auch und gerade dann, wenn diese Lust, wie jetzt in mir, sich immer wieder Bahn bricht.

„Hinfallen, aufstehen, Krone richten, weitergehen!"

Ok, eine der hartnäckigsten Strukturen in mir, basierend auf dem Überlebensmodus, der aus dem eigenen Traumata resultiert und damit die Gewohnheiten des Emotional-Körpers programmiert, ist die „Schutzfunktion", die sich in mir als ausgeprägtes Suchtverhalten äußert. Ich bin nach allem süchtig, auch wenn ich lerne, mich mehr und mehr davon zu lösen. Der Anlass dieses Kapitels jedoch ist, dass ich dachte, ich bin auf meinem spirituellen Weg schon deutlich weiter, als ausgerechnet diese Lust auf das Böse zu empfinden, wie ich vor ein paar Tagen feststellen musste. Es mag sich für Sie witzig anhören, jedoch bin ich auch Film- und TV-süchtig. Ich habe mich selbst damit „reingelegt", doch nur Nachrichten schauen zu wollen, damit ich auf dem Laufenden bleibe, vor allem was gerade in Israel/ Palästina geschieht. Doch ich wollte, wenn ich ehrlich bin, vor allem dann schauen, was für Actionfilme kommen – mein bevorzugtes Genre. Ich liebe James Bond und andere Filme, wo die „Guten dem Bösen den „Arsch" versohlen". Das Fernsehprogramm lieferte, was ich wollte, und genau bei einem dieser Actionfilme ist in mir wieder diese Lust hervorgebrochen, selbst böse sein zu wollen – mache das Gute böse.

Warum? Alle „James Bonds" dieser Welt sind auf der einen Seite die guten Helden. Doch was tun sie? Sie gehen im Namen des Guten genauso brutal vor wie das Böse, welches sie bekämpfen. Sie sind letztlich gebrochene Helden. Das Prinzip, Auge um Auge, Zahn um Zahn, führt zur immer gleichen Struktur – zu einer Gewalteskalation auf beiden Seiten. Ich habe mich immer gut gefühlt, auf der Seite der Guten zu sein und mich mit Ihnen identifiziert. Doch es gibt eben auch diese „Sympathie for the Devil", weil die oft eben cooler daherkommen. Sie fahren die schnelleren Autos. Die „heißeren Bräute" sind an Ihrer Seite. Es ist Geld ohne Ende im Spiel. Die Größen-wahnsinnigsten und verwegensten Eroberungsziele werden verfolgt. Sex, Drugs and Rock 'n Roll werden omnipotent verkörpert. Vor allem gibt es eine fast unbemerkte und stille Faszination darüber, dass sich sowohl die Guten wie als auch die Bösen, gnadenlos über jede Grenze hinweg setzen. Sie verkörpern, was im eigenen „unterirdisch Dunklen" verdrängt läuft, und die Guten müssen das immer wieder bekämpfen.

Dass die Guten, die ja durchaus mithalten, meistens „gewinnen", ist beruhigend und ehrenwert. Deshalb liebe ich diese Art Filme ja. Dennoch, der Widerspruch bleibt. Auge um Auge, Zahn um Zahn lässt gebrochene Helden zurück. Auge um Auge, Zahn um Zahn beinhaltet, Böses mit Bösem zu bekämpfen. Mit den gleichen Mitteln! Auch wenn der Zweck ein ethischer und guter sein sollte? Tatsache ist, in der Realität sind das dann die traumatisierten Soldaten aller Kriege, die ihre seelische Verwundung bis ans Ende ihrer Tage in sich tragen. Auch wenn ich wähne, schließlich für „die gute Sache" zu kämpfen, benutze ich doch dieselbe brutale Art und Weise. Lange Rede kurzer Sinn. Das, was mich dahin gebracht hat – mache das Gute böse – zu empfinden, macht mir Folgendes eindeutig klar: Ich mache mir etwas vor, wenn ich es als „Gutmensch" leugne, auf derselben Ebene mit genau den gleichen Methoden vorzugehen, wie das, was ich als böse erachte. Heiliger Krieg und/ oder gerechter Krieg, was soll das sein? In wessen Namen, mit welcher Rechtfertigung?

Das führt mich zu der Erkenntnis, dass all das, was in diesen ganzen Filmen dargestellt wird, eine Art von Gehirnwäsche ist. Der Film spiegelt die Realität. Jedoch wird suggeriert, es ist ja nur ein Film. Dabei wird das Bewusstsein darauf programmiert, die Realität dessen, was in der Welt geschieht – mit all der Gewalt und den Kriegen – für normal zu halten. Film und Realität vermischen sich. Ich kann alle meine unbewussten Programme in diese Filme projizieren und wählen, welche Figur ich sein will. Ist ja nur ein Film, in Wirklichkeit bin ich doch anders. Genau das ist es ja, in Wirklichkeit bin ich doch anders. Ich bin doch „nur" ein „normaler" Mensch, oder? Statt so ein omnipotenter Bösewicht oder omnipotenter Retter der Welt. Doch in der Phantasie und im Film kann ich eben, egal wie „normal, minderbemittelt und begrenzt" ich sonst bin, daraus ausbrechen und größer, potenter und stärker werden. Ich kann mich mit dem identifizieren, was ich sein will, statt mit dem, was ich bin. Der Film verschafft mir eine Ersatzidentität und verhindert die Selbsterkenntnis, dass ich so, wie ich bin, bedeutend bin, und zwar genau auf der Ebene meines So-Seins.

Vor Jahren habe ich einmal, in einem lichten Moment, Arnold Schwarzenegger karikiert. Ich bin plötzlich in eine Rolle geschlüpft, in der ich quasi Er war, als unschuldiger Junge, der auf seinem Dreirad herum fährt. Ich habe mich lustig darüber gemacht, wie eine so starke Figur doch so „schwach" ist. Auch er wollte die Liebe und Anerkennung von Mama, die ihm versagt blieb. Dies kann ich nur vermuten, doch das war der Ansatz meiner Karikatur. Im Moment dieses „Spiels" war es halt so, und ich habe die Verzweiflung gespürt, die dann als „Terminator" kompensiert wird. Ich wollte wohl einen solch „starken Mann" herunterbrechen auf einen „normalen Menschen"! Wobei ich davon ausgehe, dass wir alle gebrannte Kinder sind und von daher etwas brauchen, solange die Verletzung und die Wunde aktuell da ist, diese zu übertünchen und zu kompensieren.

Später musste ich mir eingestehen, dass ich doch an der Projektion verhaftet blieb. Alle seine Filme fand ich cool, zumal die Themen brisant waren/sind. Allein nur das Terminator-Thema, wo er als Inbegriff des Bösen, als kybernetischer Organismus, letztlich der Menschheit hilft, indem er diejenige Entwicklung, die ihn hervorbringen wird, schon dort beendet, wo sie entstehen wird. Das Terminator-Thema stellt ja, zwar in Science-Fiction-Form gehüllt, das ganze Thema KI, Robotik, Transhumanismus und Weltherrschaft dar. Die Maschinen/Computer werden die Zukunft beherrschen. Der Mensch ist unwertes Leben, obwohl der Mensch Schöpfer der Maschinen ist. Nun wird diese Science-Fiction real und das ganze Thema aktuell gesellschaftlich diskutiert, inwieweit KI mehr und mehr das Alltagsleben beeinflussen darf, kann und soll. Wobei ich dies eher als Heuchelei empfinde, da KI ja schon flächendeckend im Einsatz ist.

Mir ist aufgefallen, dass auch in den anderen Science Fiction Filmen, in denen er spielt, künftige Entwicklungen vorweggenommen werden, wie die Marsbesiedlung, die Gentechnik, das Klonen und anderes mehr. Was ist da noch Film und was Realität? Meine Vermutung war auch hier, dass das Bewusstsein des Zuschauers schon auf das, was kommen soll, „getrimmt" wird. Dass als Science Fiction „getarnt", diejenigen technologischen Entwicklungen gezeigt werden, die schon längst Standard sind – dem damaligen Stand der technologischen Entwicklung zwar entsprechen und doch schon längst weiter entwickelt sind. Arnold Schwarzenegger spielt ja immer den Guten. Jedoch, wie bei James Bond und anderen, wenn sich das Gute böse verhält, dann muss es eben auch anders herum gehen.

Mache das Gute böse versus Liebe das Böse gut

Der noch mutigere Schritt, welcher hoffentlich der nächste Schritt in der Evolution sein wird, ist, bedingungslos zu lieben. Sich dafür zu öffnen, was das heißt und wie das gehen kann!? Der Gute entwaffnet dann das Böse durch angewendete Liebe. Das gibt wohl derzeit einfach zu wenig Action her, wäre geradezu langweilig.

Für mich ist es nur gut, zu wissen, ich habe Sympathie für den Teufel. Durch ihn wird mir die Absolution erteilt, die Welt von Sex, Drugs and Rock 'n Roll in vollen Zügen zu genießen. Tja, auch das darf ich nun korrigieren. Ich ertappe mich gerade dabei, wieder einer Autorität die Macht zu geben. Der Moment des eigenen Erlebens, böse sein zu wollen, kam aus mir selbst. Dennoch – die Welt, in der ich mal „Fünfe" gerade sein lassen kann, in der ich mich gehen lasse und aus dem Rahmen fallen kann, in der ich ohne Verurteilung eiskalt wütend sein darf und mir alles uneingeschränkt zur Verfügung steht, was mir gefällt – das fühlt sich genau in dem Moment gut an. Ich bin dankbar, dass mir das „unterirdisch Dunkle" meiner Selbst so vor die Augen gekommen ist. Ich bin dankbar, jetzt noch entschlossener zu wissen, ich bin und bleibe auf meinem heiligen und heilenden Weg, auch wenn solche „Verfehlungen" dazu gehören; mehr noch, wichtig sind für ein lebendiges „heiliges" Sein, wichtig dafür, in Balance zu bleiben und zu wissen, da wo Licht ist, ist auch Schatten. Ich verwende den Begriff Verfehlung, da ich zwar meine böse Tat im Moment genieße, jedoch den darauf folgenden „Kater" zumeist bitter bereue. Vor allem dann, wenn mein Verhalten anderen Schaden zufügt.

Das ist auch die Sollbruchstelle. Es ist durchaus befreiend, sich gehen zu lassen. Das gehört wohl dazu. Es gibt eben die kreatürliche Zerstörung, die der Gesamtentwicklung dient. Nur, die kreatürliche Zerstörung ist etwas fundamental Anderes als eine Zerstörung, die dem Eigendünkel entspringt und auf Kosten anderer stattfindet. Mag sein, dass auch das einer höheren Ordnung entspricht, doch in mir selbst fühlt sich das anders an. Eine solche Art der Zerstörung, die wider das Leben ist, halte ich für falsch, auch wenn ich mich sonst mit einem Urteil schwer tue. Und auch falls ich mich täusche, halte ich das für falsch.

An diese Stelle gehört einmal mehr der Hinweis, jede/jeder ist Schöpferin/Schöpfer ihrer/seiner Realität, in Gedanken, Gefühlen, Worten und Taten. Was mir in diesem Moment noch einfällt, ist, auch wenn es jemand anderem schwer fällt, das als eine Tatsache anzunehmen, gerade dann ist es wichtig, statt den anderen arrogant zu belächeln, ihm die Hand zu reichen und zu helfen, sich der Aussage bewusst zu werden. Das sage ich jetzt weniger aus der Arroganz heraus, sondern aus dem Bewusstsein, wie lange ich gebraucht habe, diese Aussage, die „harter Tobak" ist, selbst anzunehmen und zu verstehen. Mich haben die letzten 17 ½ Jahre gelehrt, dass ich trotz „Verfehlungen" mich besser und wohler fühle, indem ich dem Leben diene, der Liebe folge und mich um die Heilung des Ganzen kümmere; dass ich mich via einer immer wieder zu treffenden Entscheidung nunmehr als einen willigen und weisen Mitarbeiter/Mitschöpfer Gottes positioniere. Und ich folge weiter dem Thema – Liebe das Böse gut. So sei es. Ich übe nun noch entschlossener, in die Balance zu kommen und das Dunkle und das Licht durch Liebe in die Waage zu bringen. Anstatt – mache das Gute böse – zu stark durch meine Aufmerksamkeit zu füttern. Obwohl es durchaus sinnvoll ist, sich zu ernüchtern, sich auf die Schliche zu kommen und das zu konfrontieren. Dann aber schleunigst wieder aus diesem dunklen Milieu zu fliehen.

Ganz zum Schluss will ich Folgendes zu bedenken geben: Ich finde diese Auseinandersetzung mit dem Bösen zwar wichtig, doch auch grenzwertig. Ganz zu Anfang sagte ich ja, aus gutem Grund, ich will dem Bösen die Energie entziehen, indem ich meine Aufmerksamkeit auf Gott, das Gute, Schöne und Wahre ausrichte. Es ist anstrengend, mich immer tiefer in diese böse

Energie hineinzubewegen. Manchmal ist sie so stark, dass ich es als gefährlich empfinde – in dem Bewusstsein, dass jeder Gedanke, jedes Gefühl, jede Tat und jedes Wort, welches ausgesendet wird, Wirklichkeit erzeugt und auf einen zurückkommt. Gemäß der Resonanz im Bewusstseinsgewebe des Alls. Es ist unbedingt wichtig, wenn Ihnen, wie mir, mulmig wird, sich zu reinigen! Es ist wichtig zu wissen, es liegt in der eigenen Hand, im eigenen Bewusstsein und Herzen, wem oder was ich die Aufmerksamkeit gebe. Deshalb ist es für mich heilend, und in diesem Sinne reinigend, dass ich mich noch entschlossener wieder mit meinem spirituellen Weg verbinde, mich mit meinem geliebten Gott verbinde und weiß, damit bin ich in der Lage, mich vom Bösen fern zu halten und entziehe ihm wieder die Energie. Auch dann, gerade dann, wenn es einen „erwischt" hat, auch dann, wenn einen die Lust überkommt, wider besseren Wissens zu handeln. Ich empfinde mehr und mehr die Gewissheit, welche ich jetzt gerade erlebe, dass die Kraft bedingungsloser und göttlicher Liebe mich ausrichtet und trägt, und fühle Gnade und Vergebung mir selbst gegenüber. Dafür bin ich dankbar.

6. Kapitel: In was für einer Welt leben wir?

Ein kurzer Ausblick für einen möglichen Schritt in der globalen und universalen Friedens- und Heilungsarbeit:

Zu Beginn ein erfreuliches Bild einer Möglichkeit, die bisherige Welt zu wandeln. So oder so ähnlich kann ein nächster Schritt für die globale und universale Friedens- und Heilungsarbeit aussehen.

Kennzeichen der vollkommen erschaffenen Schöpfung sind Balance, Genauigkeit, Harmonie und Präzision. Ein nächstmöglicher evolutionärer Schritt, lieber will ich sagen *der* nächste evolutionäre Schritt, ist die Verwirklichung einer Friedenskultur, in der die ursprüngliche Vollkommenheit wieder die Grundlage des Lebens ist – einer Friedenskultur, in der Frauen und Männer kooperieren und der Mensch mit der Natur zusammenwirkt. Die Haltung der Menschheit ist anerkennend, fürsorglich und respektvoll gegenüber jedweden Ausdrucks des Lebens. Das bedeutet, die Energie-Systeme: Energie, Geld, Liebe, Macht, Nahrung, Natur, Sexualität, Spiritualität, Religion und Wasser – werden in ihrer Essenz erkannt, geehrt und gereinigt. Jedes dieser Energie-Systeme beinhaltet eine konstruktive, das Leben bejahende Kraft. Die Anwendung dieser bejahenden, konstruktiven Kraft bildet die Grundlage einer kommenden Kultur und Zivilisation. Das bedeutet, dass sich die Menschheit entscheidet, den Missbrauch dieser Energie-Systeme zu unterlassen und das in Hülle und Fülle zur Verfügung stehende Potential dieser Energie-Systeme zum Wohle des Ganzen anwendet und frei setzt. Im Gegensatz dazu, spricht die derzeitige Welt, die seit Tausenden von Jahren vorbereitet wurde, eine andere Sprache. Bei dem Versuch, das heilige und heilende herauszuarbeiten, ist es dennoch wichtig, ganz realistisch den Blick auf das zu richten, in was für einer Welt wir leben. Das tut mehr als weh, es ist letztlich unerträglich – dennoch.

Apokalyptische Plagen

Es regnet Staub, mit Regen vermischt, am 30. März 2021 im Alentejo, hier in Portugal. Die allgemeine Trockenheit macht dem Land ohnehin schon seit Beginn der 2000er Jahre zu schaffen und ist weltweit ein Thema. Juli/August 2021 – die angebliche „Pandemie" hat die Welt immer noch im Griff. Hinzu kommen Feuer und Wasser. Von einem Augenblick auf den nächsten werden Existenzen vollkommen zerstört. Es mutet apokalyptisch an, zudem Hitzewellen überall auf der Erde, die dieses Szenario noch anheizen. Wie in den letzten Jahren auch, dieses Jahr treten Überflutungen „geballt" auf, in einem „engen" Zeitfenster. Deutschland wird schwer getroffen, Österreich, die Türkei. Gleichzeitig die Hitzewellen und Italien, Griechenland, Kalifornien, Sibirien, Türkei werden von Großbränden heimgesucht. Haiti wird von einem Orkan getroffen, nach dem schweren Erdbeben. Quadratkilometer große Heuschreckenschwärme in Afrika. Manchmal drängt sich mir der Verdacht auf, dass die Menschheit jetzt – wie im Ägypten des Alten Testaments, energetisch ähnlich den damaligen 7 bzw. 10 Plagen – heimgesucht wird, mit einer eindeutigen Aufforderung, nämlich das ganze Leben auf Erden konstruktiv und kreativ zu verändern, zu heilen. Was also muss noch passieren?

Soweit ich weiß, hat der Begriff Apokalypse eine doppelte Bedeutung. Einerseits bedeutet es Untergang, andererseits Offenbarung im Sinne von Auferstehung und Hoffnung. So sei es, dass ab sofort diejenigen Entscheidungen getroffen werden, die dem Wohl allen Lebens auf Erden dienen.

Darüber hinaus leben wir in einer Welt heimatloser Kinder, von Flüchtlingsströmen, gierigster Ausbeutung von Arbeitskräften und Ressourcen, weltweiter katastrophalen Abholzungen, von Vergiftung der Böden, der Luft, der Wasserkreisläufe sowie der Weltmeere, die zusätzlich noch mit all diesen Riesenmengen an

Plastik kontaminiert sind. Hinzu kommen die Kriege, die Genozide an indigenen Völkern, im 2. Weltkrieg am jüdischen Volk und Andersdenkenden, die Hungersnöte, das Artensterben, das Absterben der Korallenriffe, „Naturkatastrophen", wirkliche und herbeigeführte Pandemien, wie jetzt Covid 19 ... Diese Aufzählung geht viel zu lang weiter. Vor diesem Hintergrund das nun Folgende. Das zu lesen und an sich heranzulassen bedarf „starker Nerven". Nehmen Sie bitte ihr Herz in die Hand, und/oder überspringen Sie es.

Krimineller Missbrauch an Kindern

2020 wird in Europa und weltweit eine grausame Wahrheit offenbar und in das öffentliche Bewusstsein kommen; ein krimineller Ring, der seiner Perversion ungezügelt freien Lauf lässt. Es geht um Kinderpornografie, Kindesmissbrauch, einem weltweit operierenden Ring pädophiler Menschen.

Ein Stichwort: *Pizzagates*. Eine Pizzeria in Washington D. C. Es geht um satanischen Rituale an Kindern. Der Belag einer Pizza definiert, welche Kinder bestellt werden und was den Kindern angetan wird. Das FBI entschlüsselte den Code. Der grausame Kindesmissbrauch geht bis in die höchsten Regierungskreise der USA. Zu befürchten steht, dass es in anderen Ländern genauso zugeht. Das ist ein weltweites Thema.

Vor Jahren sah ich im deutschen Fernsehen einen „Tatort" Krimi mit dem Titel „Wegwerfmädchen". Es ging genau darum. Geschäftsmänner ließen sich Kinder besorgen, die dann auf einer Party missbraucht wurden und anschließend, im wahrsten Sinne des Wortes, entsorgt wurden. Ich war so tief getroffen von diesem Thema, dass es mich tagelang aufwühlte. Mir war klar, dass so was wirklich passiert. Statt es als ein Drehbuch abzutun. Es war letztlich so schlimm, dass ich mich durch Verdrängung zu retten versuchte. Und nun kommt das 2020 mit voller Wucht wieder.

Hier ein Auszug einer veröffentlichten Nachricht, im Rahmen einer europa- und weltweit durchgeführten Polizeiaktion:

> *„Belgien steht nicht zum ersten Mal im Fokus der Behörden. Als der pädophile Kinderhändler und Kindermörder Marc Dutroux durch Zufall entdeckt wurde, offenbarte sich den Ermittlern ein riesiger Sumpf. Dutroux sagte mehrmals vor Gericht, dass er für einen Ring Mädchen beschaffte. Dies wurde im Prozess ignoriert. Denn in diesem Sumpf waren und sind wohl elitäre Kreise involviert. In der Folge geschahen seltsame Todesfälle im Kreis der Zeugen; 27 von ihnen starben. Auch der leitende Staatsanwalt soll sich in seinem Büro selbst erschossen haben. Diese Version glauben viele bis heute nicht. Eines der Opfer sprach damals von einem sehr mächtigen Pädophilenring, in den Politiker, Königshäuser sowie sehr reiche Personen verstrickt sein sollen. Und in der Tat sieht es so aus, als würde langsam ein Vorhang fallen. Die Frage, die sich stellt: Hängen alle Fälle weltweit zusammen? Und war Marc Dutroux vielleicht doch Teil eines weltweiten Kinder-Händler-Ringes?"*

Dies meine ich, wenn ich vom verselbstständigten Bösen spreche. Das ist es in aktivster Art und Weise, als Päderastie, Pädophilie, Kinderpornografie, sexueller Missbrauch an Kindern, bis hin zu satanischen Ritualen. Um jedes Missverständnis zu vermeiden, „liebe das Böse gut" ist wesentlich mehr als ein frommer Wunsch. Genau wegen solcher Themen, wie oben beschrieben MUSS! Es eine Veränderung geben. Es wird mir immer deutlicher bewusst, was dieser Titel von einem verlangt. Seit Kurzem taste ich mich heran und versuche, Übungen zu machen, das Böse gut zu lieben. Mir wird dabei mulmig zumute, bis an Angst-Grenzen. Es ist „riskant" und ich verstehe sehr gut, wenn einem – Liebe das Böse gut – zu viel ist. Ich komme ja selbst an meine Grenzen, bis dahin, ob ich wirklich weiter dieses Buch schreiben will. Der Titel „Liebe das Böse gut" bleibt mir „im Halse stecken". Ich erlebe mit voller Wucht, dass ich Mordlust spüre, dass ich das alte Prinzip „Auge um Auge, Zahn um Zahn" anwenden will, die Täter zur Rechenschaft ziehen und bestrafen will. Damit bleibe ich jedoch genau auf derjenigen Ebene, die diese „Entartung" erst ermöglicht. Die Perversion des menschlichen Geistes ist grenzenlos. Obwohl ich das weiß, obwohl die Disposition, Böses zu tun, in mir ist, gibt es doch eine deutliche Grenze. Es ist lange her, dank meiner geistig, spirituellen Verankerung, dass ich so heftig reagiere. Es ist mir wichtig, zuzulassen, dass diese Verankerung immer noch reißen kann, vor allem bei diesem Ausmaß an Brutalität und Grausamkeit. Daran zeigt sich, wie tief der Anker gründen muss, um dem treu zu bleiben, was diesen Wahnsinn beendet. Liebe das Böse gut, ist, wie ich es auch drehe und wende, nach wie vor die einzige Möglichkeit, die ich sehe.

„Kaputte" Menschen und/oder kaputtes System

Ich will, dass das beendet wird. Aufgrund der Wahrheit über diejenige Charakterstruktur, die im Christusmord von Wilhelm Reich so klar herausgearbeitet wird, wissen wir, warum diese Entartung und Perversion möglich ist. Erschwerend kommt hinzu, dass das Trauma der eigenen Kindheit die tiefen Verletzungen der Seele, die vorherrschende Gott- und Lieblosigkeit auf Erden, solch „kaputte" Menschen erschafft. Das heißt, wir als Menschen sind alle und wohl ausnahmslos „gebrannte Kinder". Auch und vor allem die Täter. Hier stellt sich die Frage, ist der einzelne Täter verantwortlich oder ist es vielmehr die gesellschaftliche Organisation, die immer weiter verrohende Kultur und Zivilisation des globalisierten, imperialistischen Kapitalismus? Was geht aus einer Kultur und Zivilisation hervor, die sich durch Angst, Gewalt, Krieg und Zerstörung „auszeichnet"? Die menschliche Seele, unabhängig von den schöngeistigen Errungenschaften in Kunst und Musik, der Liebe, Literatur, Lyrik und Poesie, den technischen Entwicklungen, den Erkenntnissen der Wissenschaft, ist tief verwundet, schon so lang.

Es gibt Begriffe für diese Art von Machtmissbrauch: Deep State, City of London, Archonten, Ku-Klux-Clan, Menschen- und Sklavenhandel, Folter; Ahriman, Asuras, diverse Logen und Geheimbünde, satanische Zirkel; die Mafia, die Yakuza, kriminell organisierte Clans und Gruppen, korrupte Politiker und Regierungen, Rüstungs- und Waffenindustrie, Geheimdienste, Drogenbosse, Militärs und Paramilitärs, nur um ein paar Beispiele zu nennen. Angst, Gewalt, Krieg und Zerstörung wird gesät und ist gewollt. Alle Menschen, die darin involviert sind, haben dem Teufel ihre Seele verkauft. Bewusst und willentlich, oder aber, weil die eigenen Kindheitserfahrungen so schlimm waren, dass nur noch gilt, es allen „heimzuzahlen", oder aus Dummheit und Unwissenheit. De facto sieht es so aus, als ob das Böse, der Teufel und die Dämonen gewonnen haben.

In den buddhistisch geprägten Ländern gibt es Gebetsmühlen. Ich wiederhole gerne gebetsmühlenartig, dass es einen Ausweg gibt, *wenn Mensch das will*. Vor allem will ich mich hier selbst erinnern, dem Thema „Liebe das Böse gut" treu zu bleiben. Jedes beseelte Wesen hat ein Herz, eine Seele und ein Gespür für die Liebe, für das Lebendige. Aus dieser Annahme, letztlich einer Gewissheit, sage ich, es besteht die Möglichkeit, zu erkennen, zu integrieren und zu transformieren, was in der nun folgenden Überlegung kommt.

Das Böse hat sich verselbstständigt ...

... als Hitler, Stalin, Milosevic, Pol Pot, ... und darüber hinaus als die ganze Clique der Despoten und Tyrannen dieser Welt. Die bisherige Evolution ist zu sehr eine einzige Spur von Angst, Brutalität, Gewalt, Krieg und Zerstörung. Seit der patriarchalen Epoche maßt sich vor allem der Mann an, ein Gott zu sein. Es gibt jedoch einen feinen Unterschied, ein Kind Gottes, ein göttlich geistiges Wesen zu sein, oder sich als Gott „aufzuspielen". Das Böse ist einerseits eine Charakterstruktur im Individuum, andererseits das weltweit vorherrschende Verhaltensmuster der Menschheit. Ein apokalyptischer Status Quo. Dennoch besteht in jeder geschichtlichen Epoche, in jedem Augenblick die Möglichkeit, das Böse zu erkennen und zu transformieren.

Es gibt den Missbrauch von Autorität und Macht in einer hierarchisch strukturierten Welt. Dafür ist es notwendig, die gesellschaftlichen und soziologischen Strukturen entsprechend auszurichten und zu konditionieren – durch die bewusste Manipulation und Unterdrückung desjenigen Bewusstseins und Wissens über die wahre Natur des Menschen. Daraus folgt die Entmündigung des Großteils der Menschheit und diese grausame geschichtliche Spur. Das nenne ich Teufelswerk, auch wenn ich weiter oben differenzierter vorgehe. Das Gute beim Böse-sein ist, wenn es mit dieser Manipulation aufhört, verliert es alles an Macht und wird zur Rechenschaft gezogen. Ich vermute, diese Rechenschaft hat zwei Aspekte. Der eine besteht in der Konfrontation mit allem, was man getan hat, in einem selbst – was aller Voraussicht nach erschreckend und unerträglich sein wird. Das jüngste Gericht erlebt der Böse in sich selbst.

„Wer Gewalt sät, wird Gewalt ernten."

Der andere Aspekt ist heikel. Wer ist autorisiert und in der Lage, ein „gerechtes" Urteil zu fällen?

„Wer ohne Sünde ist, der werfe den ersten Stein." – „Wer Liebe sät, wird Liebe ernten."

Solange die Charaktereigenschaft, böse sein zu wollen, weiter so undurchschaut ist, wird eine Bestrafung doch letztlich sinnlos sein, oder? Es braucht die Erkenntnis und es bedarf einer Perspektive, die zur Überwindung bzw. bewussten Integration des Bösen führt, da die Hinwendung und Anwendung zum Guten als attraktiver, als kraft- und sinnvoller erlebt wird.

Aufgrund meines spirituellen Weges, meiner eigenen Charakterarbeit, meiner Liebe zu Christus und Gott, hielt ich mich für weitaus gefestigter, gereifter, ethisch stabiler. Angesichts der aufkeimenden und unmittelbaren Mordlust gegenüber denjenigen, die Kindern solche Grausamkeiten antun, sehe ich, wie „dünn das Eis" ist. Ich gehe schon davon aus, dass es Menschen gibt, die edlen Charakters sind. Dennoch bleibt es bei der Frage: „Wer ist autorisiert und in der Lage, ein ‚gerechtes' Urteil zu fällen?" Daraus folgt, es gilt die eigene Arbeit zu intensivieren und vor allem auf dem Weg zu bleiben. Sonst wird diese Gewaltspirale auf ewig so weiter gehen. Das heißt, es wird eine andere Kultur und Zivilisation gebraucht!

Für diejenigen, die bei der Gewalt bleiben wollen, sehe ich derzeit kaum eine Lösung. Die einzige, die ich überhaupt greifen kann, stelle ich mir so vor, dass es wie bei den Gladiatoren-Kämpfen im alten Rom „Kampfstätten" gibt – Vielleicht eigens eingerichtete Bezirke, vielleicht sogar eigene Landstriche, wo die „Gewalttätigen" leben. Sie tragen die Kämpfe unter sich aus, unter ihresgleichen, damit hilflose, unschuldige und wehrlose Menschen geschützt sind. Ein Haken an dieser Geschichte ist, dass es ein Lustprinzip gibt, sich an Schwächeren zu „berauschen". Ghettos zu schaffen, ist wirklich nur eine Notlösung. Ich versuche, damit klarzukommen, dass es böse Menschen gibt, die es auch ganz und gar bleiben wollen.

Rudolf Steiner über Ahriman und Luzifer

Die Tiefe seiner Aussage und sein geistiger Referenzpunkt mögen uns geistige und seelische Nahrung sein. Rudolf Steiner fasst die Erkenntnis und Erfahrung, dass man das Böse nicht vor die Tore des eigenen Selbst verdrängen kann, in einem Bild, einer Imagination zusammen. Er nennt die nicht ins Bewusstsein und das tägliche Leben integrierten Kräfte „Ahriman" und „Luzifer". Diese beiden „Wesen" stehen als Symbol für die beiden Fliehkräfte, die unser Gleichgewicht bedrohen. Der eine, Ahriman, steht für die Kraft, die an die Materie fesselt, für die Erdsucht. Der andere, Luzifer, steht sinnbildhaft für die Erdflucht, also für alles, was einen aus der Verantwortung, die mit dem Menschsein verbunden ist, in den Rausch und die Realitätsflucht zieht.

Steiner beschreibt nun in seinem sogenannten „Fünften Evangelium", wie Jesus an den Toren der Essener vorbeikommt. Dort sieht er Luzifer und Ahriman sitzen, er sieht, wie sie aus der Stadt fliehen müssen, und ist schockiert über diese Flucht. Lange fragt sich Jesus, warum ihn dieses Bild der beiden Dämonen vor den Toren so erschüttert, immerhin haben es die Essener geschafft, dass das Böse keine Macht mehr über sie hat.

„Diese Frage brachte er nicht mehr los aus seiner Seele, diese Frage brannte wie ein Feuer in seiner Seele, mit dieser Frage ging er, stündlich, ja minütlich sie erlebend, in den nächsten Wochen umher. „Wohin fliehen Luzifer und Ahriman...?" Jesus sah, dass wir durch unser Leben, im Bemühen um das Gute, Wahre und Schöne, die Dämonen zur Flucht trieben. Und er erschrak, als er erkannte, wohin die Dämonen flohen. „Sie schicken dadurch Luzifer und Ahriman hin zu den anderen Menschen, um selber glücklich zu sein." Ein Rudolf Steiner Zitat, aus dem Buch „Missionen", von Sebastian Gronbach.

Rudolf Steiner bringt es hier auf den Punkt. Es ist möglich, dem Bösen die Macht zu entziehen. Zu bedenken gilt: Tue ich dies

„nur" im Rahmen meines direkten Umfeldes, oder sehe ich das
große Ganze und handele also weit über die eigenen Interessen
hinaus? Nur wenn der Gesamtkörper geheilt ist, ist die Heilung
und Transformation gelungen. Eine „Insel der Glückseligen" zu
erschaffen, wie es am Beispiel der Essener beschrieben wird, ist
angesichts dessen, was dem Wohle des Ganzen, also allem Leben
auf der Welt dient, zu wenig.

Dazu der folgende Absatz, der noch ein anderes Licht auf die zur
Verfügung stehenden Handlungsmöglichkeiten wirft.

Gelebte Erfahrungen,
eine andere Entscheidung zu treffen

Es gibt Berichte von Menschen, die durch Gewalttaten verletzt
wurden, teilweise schwer, die aber dennoch auf Rache gegenüber dem Täter verzichteten. Was für starke Menschen und
große Seelen.

Würdigung zweier großer Seelen –
Natascha Kampusch und Francis Kerr

Natascha Kampusch, die als Zehnjährige verschleppt und von
einem Mann in einem Keller gehalten wurde, gelang nach acht
Jahren die Flucht von ihrem Peiniger. Sie überlebte, weil sie mit
ihrem „späteren Ich" einen Pakt geschlossen hatte, nämlich solange durchzuhalten, bis dieses „spätere Ich" kommen und sie
befreien würde.

„Mit ihrem Sieg der schöpferischen Autonomie über den Mythos der totalen Manipulation widerlegte sie die gesammelte
Zunft jener Kulturkritiker, Psyche-Experten und Pädagogen,
die uns so oft und so gern die Unentrinnbarkeit des Schlechten
einbläuen." Zitat Jens Heisterkamp.

„Natascha Kampusch hat sich entschieden, stark zu sein und
nicht unterzugehen. Ihre Kraft, so behaupte ich, war keine
Veranlagung, sondern wurde im Moment der Entscheidung
geboren. Was diese Qualen für das Mädchen bedeuten, weiß
ich nicht, und ich wünschte, sie wären ihr nicht geschehen.
Ihr Auftreten in den Medien ließ aber auch noch eine andere
Schicht, außer der des sinnlosen Schmerzes, erkennen: Hier
entschied sich ein Mädchen und sie beweist es bis heute durch
ihr Engagement für traumatisierte Kinder, nicht nur Opfer
zu sein. Sie entschied sich, eine Mission aus ihren Martern
zu machen. Sie tat, was sie nur konnte: Sie verlieh durch ihre
Entscheidung der Sinnlosigkeit einen Sinn". Zitat Sebastian
Gronbach

Francis Kerr: „Ihre Geschichte ist eine dieser Geschichten, die man
lieber nicht glauben will. Aber ich habe gute Gründe zu befürchten,
dass die Wahrheit noch viel schlimmer ist, als sie es mir berichtete. Es
ist die Geschichte eines Kindes, welches mit dem Schlagwort ‚schwerst
traumatisiert' kaum angemessen zu beschreiben ist. Andauernde
Vergewaltigung als Baby, als Mädchen, als Frau. Immer wieder brutale Schläge, immer wieder Drogen. Sie wurde selbst kriminell – mit
allem, was dazugehört. Auch sie hat einen ‚Sieg der schöpferischen
Autonomie über den Mythos der totalen Manipulation' errungen. In
einer Drogentherapie hörte sie jenen Satz, der den Schalter für die
Möglichkeit zu ihrer Entscheidung umlegte. Es war der Satz des The-
rapeuten, der selbst einmal User/Drogenabhängiger gewesen war:
‚Hör mal zu! Es ist wirklich Scheiße gelaufen in deinem Leben,
aber ich kann für deinen Scheiß nichts. Ich bin nicht derjenige,
der dich vergewaltigt hat. Ich bin bereit, mich mit dir auseinanderzusetzen. Aber du hältst Abstand und Respekt zu mir, sonst

fliegst du raus! – Ja, du bist ein Opfer, aber jetzt entscheidest du, ob ein Dauerabo als Opfer daraus wird. Wie du dich auch entscheidest: Deine Vergangenheit gibt dir kein Recht, Täter zu werden. *„Heute ist sie eine wundervolle, authentische und integrierte Erzieherin für traumatisierte Kinder. Eine der wenigen, die mit den schweren Fällen klarkommt.“* Aus dem Buch „Missionen“, von Sebastian Gronbach.

Ergänzend will ich noch einen weiteren Menschen zu Wort kommen lassen. Im Bewusstsein, zu viel zu zitieren, stellt dieser, wie die zwei vorangestellten, jedoch ein MUSS dar. Ein wirklich feiner und tiefgreifender Aufsatz. Ich will diesem Mann von ganzem Herzen danken für seinen Mut, sich der Wirklichkeit zu stellen und in sich selbst durchzuarbeiten, was zu tun ist.

Manuskript des spanischen Arztes José Luis Gil Monteagudo – Auch ich trage einen jugoslawischen Krieg in mir

Ich lese die Presse, höre Radio und sammele die Gedanken vieler Experten und Nicht-Experten über diesen Krieg, der uns näher ist als andere. Ich sehe ein Kriegsszenario und frage mich: „Habe ich mit all dem etwas zu tun?“ „Könnte es sein, dass meine Art zu leben und die Entscheidungen, die ich tagtäglich treffe, etwas dazu beitragen, diese Kriege aufrechtzuerhalten?“ „Was kann ich persönlich aus diesem ganzen Leid lernen?“

Wenn ich die Wahrheit zu diesen Fragen entdecken möchte, muss ich zulassen, dass das Licht meines Bewusstseins bis in die dunklen Ecken meines Geistes vordringt. Einige sind leichter zugänglich: Ich sehe ganz klar das serbische Dorf und den Kosovo-Albaner in mir, die erklärten Opfer dieses Krieges. Aber zu denken, es gäbe einen Teil in mir, der so abgebrüht ist wie die paramilitärischen Gruppen, so tyrannisch wie Milosevic oder sogar ein Nato-General, also das fällt mir wirklich schwer. Gibt es in meiner Seele Winkel, die mit einem Vorhängeschloss und mit Wächtern vor der Tür 24 Stunden am Tag gesichert werden? Sind sie vollkommen unerreichbar?

Es gefällt mir nicht, mich mit dem Militär in Verbindung zu bringen, schließlich habe ich mich vor vielen Jahren zum entschiedenen Gegner erklärt. Ich will keine Waffe ergreifen und auch nicht mittragen, dass andere es tun. Aber … eigentlich haben mir diese Kriegsfilme, in denen die Helden für eine gerechte Sache drauflos töten, immer gefallen. Gibt es irgendeinen gerechten Grund, der das Töten eines Menschen rechtfertigt? Obwohl es mir nicht so vorkommt, gibt es in mir einen Teil, der dazu ja sagt. Es gibt Situationen, in denen Gewalt, sogar Blutvergießen und Leiden aus humanitären Motiven gerechtfertigt scheinen. Wir alle suchen immer wieder nach dem „Schuldigen", aber das Leben hat mir gezeigt, dass diese Verkürzung äußerst verdächtig ist. Durch Gewalt kann man niemals Gewalt beenden.

So, ich fahre fort, meine geistigen Winkel zu erforschen, jene, in die der Besen normalerweise nie hingelangt. Ich denke jetzt an Milosevic, aber … das jetzt wirklich nicht. Ich weigere mich zu denken, dass diese Person tagtäglich in mir wohnt. Nun ja, vielleicht ist der Böse ja doch nicht ganz so böse, vielleicht hat er seine Gründe, zumindest könnte ich ihm ja mal zuhören … Nein, es geht nicht! Etwas in mir sträubt sich. Ich habe keine Lust zu denken, dass ich auch Milosevic bin. Ich könnte es als ein theoretisches Gedankenspiel, als einen gewagten stilistischen Vorstoß akzeptieren, aber fühlen, den Tyrannen in mir **fühlen** und beobachten, wie er handelt, welche Ungerechtigkeiten und Verbrechen er tagtäglich begeht, das erscheint mir zu viel verlangt. Es gibt in meiner Seele definitiv Bereiche, die verschlossen bleiben wollen. Ich bitte die Liebe um Beistand und Mut und höre das Quietschen einiger Scharniere schwerer Türen …

Ich stelle mir das Gesicht des Tyrannen vor, so wie es in der Presse zu sehen ist. Etwas in mir sträubt sich, ihn direkt anzuschauen. Zu sehr verurteile ich ihn. Ich sehe das Gesicht eines hochmütigen, egoistischen, zynischen, unflexiblen Mannes … Mein Gott! Wenn all das auch ein Teil von mir sein soll, steige ich, glaube ich, aus diesem Spiel aus. Es gefällt mir nicht, in welche Richtung diese Sache geht … Ich atme durch und schaue ihn weiter an. Ich versuche, meinen Blick zu entspannen. Ich fange an, etwas anderes zu sehen. Ich sehe die tiefe

Traurigkeit, die seine Augen spiegeln, sehe das verdunkelte Gesicht von jemandem, der leidet … „Ja, verwechsle ihn jetzt aber nicht mit einem Opfer; es handelt sich hier um einen Schuldigen, vergiss das nicht." … Ich ignoriere die schrille Stimme, die in meinem Kopf gellt, und beobachte weiter diesen traurigen Blick. Ich will jetzt nur ein menschliches Wesen sehen, so als wüsste ich nichts über ihn. Ich will jetzt nur, fast schäme ich mich, es zu sagen, meinen Bruder Milosevic verstehen. Mir fallen Daten aus seiner Biografie ein: Als er noch jung war, begingen seine Eltern Selbstmord. Gott! Ich hatte es vergessen: Niemand, der sich nicht selbst wertschätzt, fühlt, ist fähig, andere wertzuschätzen. Nur ein Verzweifelter kann Grausamkeiten begehen. Ja, nun sehe ich den Blick eines Jungen, der zerstört ist durch diesen Selbstmord. Sein Vater und seine Mutter haben sich das Leben genommen … Ich versuche, mir die Kindheit eines Jungen vorzustellen, dessen Eltern derart krank sind … Sicher ein Kind mit einer üblen Geburt und wahrscheinlich üblen Bedingungen zum Aufwachsen. Ein verlassenes Wesen in einer menschlichen Katastrophe … Gibt es einen so großen Unterschied zwischen Ohrfeigen und Messerstichen? Werden sie nicht aus derselben Quelle genährt? Und gibt es einen Unterschied zwischen physischen Ohrfeigen und den Verletzungen, die Worte, von einer scharfen Zunge gesprochen, verursachen? Diese seelischen Wunden brauchen unter Umständen länger, um zu heilen als solche, die dem Körper zugefügt werden. Sie enthalten ein konzentriertes Gift, das in den menschlichen Schattenseiten destilliert wurde. Macht es irgendeinen Unterschied, ob die Worte ausgesprochen werden, oder ob sie ihre Wirkung als Gedankenkraft tun? Und ist es bei dem Ganzen wirklich entscheidend, ob dieser Vorgang bewusst oder unbewusst abläuft? Gibt es irgendeinen, der wirklich glaubt, er sei frei von diesem Gift? Ja, ich verkünde ganz entschieden: Auch ich trage einen Kriegsverbrecher in mir. Ich sehe es zum Wohle aller ein. Ich will nicht, dass er weiterhin wirkt und ich der Letzte bin, der es merkt.

Rekapitulieren wir doch einmal kurz die Welt-Situation: Bevor der Krieg begann, gab es im Kosovo einige Hundert Tote und einige Tausend Flüchtlinge. Warum hat die NATO nicht im Gebiet der großen

Seen in Afrika gehandelt, wo innerhalb der letzten fünf Jahre andert-
halb Millionen Unschuldige gestorben sind, wo es Hunderttausende
von Flüchtlingen gab und wo heute noch jeden Monat Zehntausende
ermordet werden? Nun, ganz einfach, weil die Regierung, die dieses
Massaker anrichtet, bereit ist, sich das Stillschweigen des Sheriffs
mit Erdöl, Uran, Diamanten, zu erkaufen. Und warum handelt die
NATO nicht in Kurdistan, wo mehr als eine Million Kurden flüch-
ten mussten, verfolgt vom türkischen Militär und wo Tausende in
Gefängnissen gefoltert werden? Weil die Türkei eben genau dieser
NATO angehört und einer der Hauptkunden ist, die von den Vereinigten Staaten Waffen kaufen.

Aber Jugoslawien wird mit „intelligenten" Waffen vernichtet, mehr als
1200 Menschen, wovon ungefähr 400 Kinder sind, müssen sterben,
und 5000 werden schwer verletzt. Sie wurden in ihren Häusern, auf
Reisen im Zug, in Krankenhäusern, in Radio- und Fernsehstationen,
in Botschaften und in Gefängnissen bombardiert. Und als wäre das
alles unbedeutend, lässt man die Zivilbevölkerung ohne Strom, ohne
Wasser und ohne Brot. Bei all dem hat das serbische Militär kaum
irgendwelchen Schaden genommen, und selbstverständlich wären sie
die letzten, die ohne Wasser oder Brot dastünden. Aus humanitären
Gründen lässt man die Zivilbevölkerung leiden und begeht Irrtümer,
die als „Randeffekte" bezeichnet werden.

Das Abkommen von Rambouillet war ein Diktat, dessen Klauseln
gegen Artikel 42 der Wiener Konventionen verstießen, der besagt,
„ein Abkommen, dessen Unterzeichnung durch die Androhung von
Waffengewalt erreicht wurde, ist illegal und ungültig". Die Serben
unterzeichneten nicht, die Bombardierung begann, und wie immer
fiel diesem Krieg als Erstes die Wahrheit über ihn selbst zum Opfer.

Warum wurde nicht ernsthaft versucht, einen diplomatischen
Ausweg zu finden? Weil kein Interesse daran bestand. Das, was
die kapitalistische Globalisierung, gesteuert durch die ökonomische
Macht, die die Vereinigten Staaten auf indirekte Weise regiert, wirklich interessierte, war ein Krieg in Europa.

Das Panorama ist alarmierend. Noch nie waren wir so bewusst
und solidarisch, aber auch noch nie sind wir derart effektiv manipu-

liert worden. Die Wahrheit glänzt durch Abwesenheit, und die Lüge ergreift Besitz von unserem Planeten.

Endlich habe ich den Verursacher dieses ganzen Schmerzes gefunden: diesen mächtigen Unbekannten, der Befehle gibt, die täglich Millionen Wesen leiden lassen. Ich habe den Schuldigen. Ich glaube, ich bin auf ihn eingestimmt und kann seine Worte hören: „Bravo, sehr gut, endlich haben Sie mich gefunden. Sie sind einer der wenigen Schlauen, die mich durch beharrliche Suche entdecken. Ja, ich bin einer der mächtigen Egozentriker, die die geistigen und körperlichen Bewegungen der Menschen auf der Erde kontrollieren. Schade, dass ich nicht der Einzige bin, aber vielleicht erreiche ich das eines Tages. Der einzige Sinn in dieser Welt ist, Macht zu haben, und um sie zu erlangen, muss man eine Bedingung erfüllen: Freisein von jeglichen Skrupeln, seine Ziele vor Augen haben und für sie arbeiten, ohne Rücksicht auf Verluste. Die Moral ist geschaffen für die Schwachen. Warum sollte ich Maßregeln akzeptieren im Namen eines höchsten Wesens oder einer Liebe, die nicht existiert? Glauben Sie, ich sei das wirkliche Problem, das es gilt zu beseitigen, damit der Friede auf Erden regiert? Was glauben Sie, wie viele würden, wenn sie an meiner Stelle wären, dasselbe tun wie ich? Ich sage es Ihnen: Es sind Legionen. Wie viele, glauben Sie, würden gerne an meiner Stelle sein? Millionen und Abermillionen."

Endlich wird es mir klar: Es gibt niemanden auf dieser Welt, der nicht glaubt, Recht zu haben, und ich glaube, das Leben jedes Einzelnen drückt auf seine Art und Weise einen Aspekt der universellen Lernaufgabe aus. Jeder Lebensweg ist dabei eine geeignete Form, unter anderem die zahlreichen Irrtümer zu erforschen, die der menschliche Geist imstande ist zu begehen.

Ich weiß, dass jeder Irrtum, den ich begehe, eine potentielle Stufe ist auf der Treppe, die mich Gott näher bringt. Aber ich weiß auch, dass ich den Irrtum einsehen, verstehen und transformieren muss, damit er sich in eine Stufe verwandeln kann. Ich erkenne, dass sich in mir auch ein geheimer Manipulator befindet, trotz aller guten Absichten. Und ich erkenne auch all die Zweifel wieder, die mein dunkler Bruder hegt: an Gott, am höheren Selbst, an der menschlichen Güte, an der Existenz der Liebe bis dahin, an meiner eigenen Existenz zu *zweifeln. Ich brauche jetzt einen wahrhaftigen Anhaltspunkt in diesem Wirbel um Krieg und Frieden, nichts und niemand erscheint mir wirklich authentisch, ich selbst natürlich auch nicht.*

Also fahre ich fort, in den Veröffentlichungen über den Krieg nach Referenzpunkten zu suchen. Plötzlich mache ich in den Erklärungen zwei vollkommen verschiedener Persönlichkeiten einen überraschenden Fund: Nur wenige Tage auseinander erwähnen ein Ex-General der NATO und der serbische Ex-Vizepräsident ein Wort, das mich hellhörig macht: Jesus Christus. Beide benutzen ihn, um ihre entgegengesetzten Positionen zu stützen. Ich frage mich, wie sich diese große Seele, die jeden anderen begrüßte, indem sie ihm den Frieden wünschte, wohl in diesem Krieg verhalten hätte. Tatsächlich lebte auch er in einer Zeit grausamer Kriege und hat mit seinem Verhalten ein Beispiel für die Reaktion auf jegliche Konflikte gegeben.

Ist es möglich, dass auch in mir ein Jesus Christus wohnt? Auf jeden Fall ja, ich bin ein potentieller Christus, so wie wir alle es sind. Dieser Christus ist unsere wahre Natur hinter allen anderen Erscheinungen. An dem Tag, an dem wir unsere Christusnatur verwirklichen, den göttlichen Plan erfüllen, werden alle Kriege von dieser Welt verschwinden und wird Friede uns begleiten. Und mit jedem Schritt in diese Richtung beginnt die wahre Geschichte der Menschheit, eine Geschichte voll von Liebe, Überraschungen und Abenteuern, eine Geschichte der Begeisterung und Kreativität. Und damit dieser Christus sich verwirklichen kann, muss der Sack umgestülpt werden, und ans Licht purzeln Milosevic, die Paramilitärs, die Macht aus dem dunklen Schatten, die Nato und das Opfer. Nur so öffnen wir der Wahrheit die Tür, der Wahrheit als stärkste Kraftquelle auf dem Weg der Transformation." Dieses Manuskript wird in dem Buch „Die heilige Matrix" von Dr. Dieter Duhm zitiert.

Diese Worte, sowie der Weg von Natascha Kampusch und Francis Kerr, öffnen Tore der Zuversicht, dass die im Menschen innewohnende Kraft fähig ist, selbst die brutalsten Grausamkeiten zu überleben und eine andere Entscheidung zu treffen. Diese Kraft macht uns Menschen zu Menschen und in mir ist die Gewissheit, dass die Geburt des göttlich-geistigen Menschen sich derzeit vollzieht und eine angst- und gewaltfreie Friedenskultur entstehen wird.

Jedes beseelte Wesen hat ein Herz, eine Seele und ein Gespür für die Liebe, für das Lebendige. Aus dieser Annahme, letztlich einer Gewissheit, komme ich zu der folgenden Überlegung: Selbst Hitler, Stalin, Milosevic, Pol Pot, diese ganze Clique der Despoten und Tyrannen dieser Welt, diese gefallenen Engel; die Ahrimanischen-, die Asura-, die Luziferischen Kräfte werden letztlich wieder in das Licht wollen. Das ist die Absicht des Lebendigen, unabhängig davon, wie weit sich Geist und Seele entfernt haben mögen, sich letztlich doch wieder mit der Urquelle zu vereinen. Das Licht, das Leben, die Liebe ist der Weg. Die ursprüngliche und immer gegenwärtige Einheit des Lebendigen ist der Weg. Soweit die bisherige Annahme und Gewissheit.

Gewissheit

Gott machte uns Menschen zu seinem Ebenbild. Die uns innewohnende Christuskraft ist die direkte Verbindung zu Gott, zur Liebe, zur Frau, zur Schöpfung. Wir Männer dürfen das bescheiden, demütig und sanftmütig anerkennen und sein. Dabei jedoch als Mann die volle Kraft einsetzen. Jesus Christus war ein Mann voller Kraft, zugleich aufrichtig, fürsorglich, liebend und wahr. Maria Magdalena, an seiner Seite, war essentiell wichtig, damit er seine Mission überhaupt durchführen konnte. An dieser Stelle ist die vollkommene Kooperation von Frauen und Männern sichtbar. Ein Vorläufer für die kommende Zeit, sobald Frauen und Männer gleichberechtigt wirken. Da ich ja Gott als ein Sie/Er/Es Wesen wahrnehme, gehe ich davon aus, dass das auch auf Christus zutrifft. Das heißt, diese Kraft ist in Frauen und Kindern gleichermaßen. Bei Frauen sage ich jedoch lieber

Marianische Kraft. Ein Mensch, der gemäß seinem Potential aufwächst, seine Gaben, Interessen und Talente kennen lernt und darin gefördert und unterstützt wird, ist in der Lage, in aufrichtiger, ethischer und humaner Weise seinem innewohnenden kreativen Potential, sowie seinen sexuellen und spirituellen Interessen zu folgen, ohne anderen Leid und Schmerz zuzufügen. Dieser Mensch ist **ein spirituelles Wesen mit menschlichen Erfahrungen**, gewillt, seine Gaben zum Wohle aller einzusetzen. Das ist eine evolutionäre Tendenz. Der freie Wille ist eine von Gott beabsichtigte, in uns eingefügte Möglichkeit, um die Schöpfung zu erweitern, zu entwickeln, zu vervollkommnen. Wie gesagt – Liebe das Böse gut – ist der einzig verbleibende Ausweg, den ich sehe.

7. Kapitel: Die Vision einer geheilten Erde

*„Wär nicht das Auge sonnenhaft, die Sonne könnt es nie er-
blicken; läg nicht in uns des Gottes eigne Kraft, wie könnt
uns Göttliches entzücken?"* Johann Wolfgang von Goethe

*„Wer Schmetterlinge lachen hört, der weiß wie Wolken schme-
cken."* Novalis

Ein Blick aus dem All

Gehen wir für einen Moment in die unendlichen Weiten des
Alls, mit seinen Myriaden von Galaxien und Sonnensystemen,
Asteroidengürteln und dergleichen mehr. Darin, in einem Mil-
liarden von Jahren währenden Entstehungsvorgang, die Geburt
der Erde; die sich entfaltet von einem garstigen und unwirtlichen
„Materieklumpen" zu einem wunderschönen blauen Planeten.
Eine Schönheit, ein Juwel, grundsätzlich ein Paradies. Heimat
von beseeltem Leben, im Mineral-, Pflanzen- und Tierreich, von
unsichtbaren Wesen und dem Menschen; eingebettet in ein göttliches Bewusstsein tragendes Milieu. Alle Beteiligten finden eine
grandiose Balance, Genauigkeit, Harmonie und Präzision vor.
Ich erlaube mir, dies mit Andacht, Ehrfurcht, Liebe und Respekt
zu würdigen. Alles Leben auf der Erde findet potentiell und im
Ideal alles in Hülle und Fülle vor, was es zum Leben braucht.
Eine vollkommen erschaffene Schöpfung.

Weltseele

Aus den Quellen des Weisheitswissen ursprünglicher indigener Stämme und Völker geht hervor, dass dieser Planet Erde ein beseeltes, bewusstes und lebendiges Wesen ist – Mutter Gaia Erde. Ein bewusster Organismus, der unzähligen weiteren Organismen das materielle Leben ermöglicht – in diesem Sinne Mutter. Ich empfinde die Erde als die weibliche Offenbarung Gottes. Das göttliche Bewusstsein, als reiner Geist, erlebt und erweitert sich in Fleisch und Blut, sammelt im Körper zusätzlich sinnliche Erfahrungen. Die göttliche Seele fühlt sich. Der Geist, das Denken, bereichert, ergänzt und erweitert sein Da-Sein durch die Seele, die sich fühlen will. Dafür bietet sich der mit Sinnen ausgestattete Körper hervorragend an. Das Göttliche fächert sich weiter aus. Alles beseelte Leben stellt diese göttliche Selbsterfahrung dar. Jede einzelne Seele ist ein Teil dieser göttlichen Selbsterfahrung. Das beseelte Leben und Gaia/Göttin/Gott sind gemeinsam das Ganze. Ein einziges Kontinuum – die Weltseele. Das ist grandios. Das gesamte Leben, verschiedentlich abgestuft, ist Ausdruck eines sich im All befindenden Bewusstseins, einer Weltseele, die sich im Körper und der Materie widerspiegeln. Die Annahme, wir kommen aus einem kalten, leblosen All, einer unbeseelten, mechanischen Welt, erscheint mir absurd. Unser Dasein ist eine Quintessenz des Ganzen, für alle sichtbar – spätestens, wenn wir in der Nacht zu den Sternen schauen. Diese erhabene Stille und Weite, diese Harmonie, erfüllt mich mit Freude und meine Seele ist berührt und entzückt. Im Folgenden verleihe ich dem Entzücken auf einer anderen Ebene weiter Ausdruck.

Folge der Freude

„Ich mach mir die Welt, wie sie mir gefällt." Ein hervorragendes Mantra von Pippi Langstrumpf.

Dafür ist dieser Traum, kurz nach dem Angriff der Russischen Föderation auf die Ukraine, am 24. Februar 2022, eines meiner Leuchtfeuer. Nachdem ich tagelang im Schock, über diesen Krieg, umherlaufe, verzweifelt und suchend bin, träume ich diesen Traum: *„An diesem langen Konferenztisch, der oft im Fernsehen zu sehen ist, sitzt Wladimir Putin. Direkt in seiner Nähe wächst vor ihm ein weiblicher Engel aus diesem Tisch. Ein körperliches Lichtgewebe, dreimal so groß wie ein Mensch. Aus Wladimir Putin springt ein Dämon hervor und greift diesen Engel an. Der Dämon ist gleichgroß wie der Engel. Während der Dämon auf den Engel zustürmt, wird er immer kleiner, bis er als ein Baby in Ihren Armen landet. Sie nimmt ihn in die Arme und an ihre Brust, ganz fürsorglich, liebend und zärtlich. Daraufhin steht Wladimir Putin auf. Aufrecht und ohne sein Gesicht zu verlieren verkündet er das sofortige Ende des Krieges. Das wird zu einem weltweiten Signal, in dessen Folge jeder Krieg auf Erden für alle Zeit beendet wird."*

Bis heute setze ich auf diesen Traum und bleibe dabei, bis der Traum Wirklichkeit wird.

Das läutet erneut die Absicht ein, die Vision einer geheilten Erde auszumalen. Mir fällt auf, wie sehr ich bis hierher, immer und immer wieder auf die Katastrophen schaue. Gedanken und Gefühle schaffen Wirklichkeit. Immer wieder die Katastrophen zu benennen, hält diese auch am Laufen. Ich will jetzt gerne einmal ohne Hemmungen drauflos schreiben und mich Erfreulichem widmen.

Der Mensch

Im Verlauf des Schreibens werde ich mehr und mehr zu einem Menschenfreund. Zu was der Mensch doch alles fähig ist. Ich will Gesang, will Spiel und Tanz. Für mich ein Ausdruck von Freude, Lebendigkeit und Kreativität. Daneben Anteilnahme, Begeisterung, Empathie, Liebe und Sexualität. Gewürzt mit Entdeckerfreude und dem unbedingten Willen zu erschaffen.

Auf dem Weg in die Schweiz gibt es, in Frankreich, ein Stück Autobahn, welches über lange Kilometer hinweg auf Stelzen, an einem Bergmassiv entlang, gebaut ist. Ich bin tief beeindruckt, was für eine großartige Ingenieur- und Baukunst-Leistung sich dadurch zeigt. Das sind Momente, wo ich die kreative Intelligenz des Menschen sehe. Diese Stichworte mögen reichen. Der Mensch ist eben ein wundervolles Geschöpf.

Dazu eine Art Tagtraum-Bild. Das Thema der Versöhnung der Geschlechter begleitet mich schon sehr lang. Zumal ich den sexuellen Starkstrom von Kindheit an kenne. In einem kommenden, nächsten evolutionären Schritt lernen Frauen und Männer, die Liebe und die Sexualität von allen Missverständnissen, Verletzungen und geschlagenen Wunden zu reinigen. In früheren Kulturen gab es Tempel, in denen diese Gottesgeschenke von Liebe und Sexualität geachtet, gewürdigt und mit vollem Bewusstsein praktiziert wurden. Die Menschen in kommender Zeit werden dafür sorgen, dass, wie Barry Long es formuliert: *„Ein Gebet für ein neues Leben auf der Erde, jenseits jeglicher Vorstellungen, die wir heute davon haben mögen"*, angewendet wird und für diese Anwendung Erfahrungsräume aufgebaut werden. Diese Erfahrungsräume sind Stätten, wie Tempel, in denen eine Einweihung, eine Initiation in die Liebe und in die Sexualität bewusst erlebt und gestaltet werden. Liebe und Sexualität werden wieder eingebettet in ihren heiligen und heilenden Charakter: Die kommende Menschheit errichtet spezielle Heilungsorte/ Zentren die der Gesundheit dienen, für Mensch und Tier. Krankenhäuser werden Gesundheitshäuser. Die Heilungssuchenden finden in diesen Einrichtungen alles vor, was der Heilung dient, was für die Heilung wichtig ist. Die medizinischen Anwendungen sind interdisziplinär. Das bewährte Heilwissen aller Traditionen findet in jedem dieser Heilorte und Gesundheitshäuser seine Anwendung. Vielleicht wäre es sogar hilfreich und sinnvoll, die „Einweihungstempel" und Ritual-Stätten für Liebe und Sexualität in die Heilorte zu integrieren.

Auf dieser Basis, auf der Frauen, Männer und die Menschen mit einer anderen sexuellen Identität einen sexuellen und liebenden Vertrauensraum erschaffen und kennenlernen, entsteht eine Form von Solidarität auf einem glaubwürdigen und tragfähigen Fundament. Durch die Heilorte und Gesundheitshäuser ist ein weiteres existentielles Grundbedürfnis abgesichert. Die partnerschaftlich kooperierende Menschheit wächst zu einer Einheit zusammen, die biodivers, nachhaltig und vielfältig ist. Die Kinder wachsen angstfrei und authentisch auf und werden in ihrem Wesen, entsprechend ihres innewohnenden Potentials, erkannt und gefördert.

Die Natur und Gaia

Die zerstörten Biotope werden regeneriert; die Meere und Wasserkreisläufe gereinigt; die Böden entgiftet; eine weltweite Aufforstung und Wiederbewaldung wird umgesetzt – die feinen und fließenden Übergänge von Wald in Feldern und Wiesen, Flora und Fauna, Taiga und Tundra, berücksichtigend. Biologischer Agraranbau sichert die Nahrungsversorgung. Massentierhaltung und Schlachthöfe sind verschwunden. Energie, Nahrung und Wasser sind grundsätzlich verfügbar, abgekoppelt von Konzernen. Abfall/Müll wird drastisch reduziert und als Rohstoff erkannt, die Wert- und Rohstoff-Rückgewinnung ist ein kommender „Wirtschaftszweig". Die Rohstoff-Gewinnung wird auf ein Minimum reduziert und/oder, wo es möglich ist, vollkommen eingestellt.

Soziologischer Aspekt

Es wird sich im Laufe der Zeit eine andere Besiedlung entwickeln. Es gibt derzeit schon eine breitgefächerte Gemeinschaftsbewegung auf Erden. Umfangreich dargestellt und erfasst im „Global Ecovillage Network". Sie entsprechen denjenigen kulturellen und sozialen Strukturen, die einem Dorf-, Großfamilien- und Stammescharakter entsprechen. Die Gemeinschaften sind groß genug und ermöglichen dennoch, intim miteinander vertraut zu sein. Die dort lebenden Menschen sind vollkommen verantwortlich für die sie umgebende Natur und Umwelt. Die Wirtschaft basiert auf regionaler Autarkie, die Regionen sind miteinander vernetzt. Wie im menschlichen Körper sind, sowohl die Gemeinschaften als auch die Regionen, Organe. Jedes Organ, jede Gemeinschaft, jede Region, hat seine spezifischen Qualitäten, die dem Wohl des Gesamtorganismus und seiner Entwicklung dienen. Inwieweit noch Großstädte, Metropolen genutzt werden, wird sich zeigen. Aufgrund des immensen Aufwandes an Infrastruktur empfiehlt sich darüber ein gründliches Nachdenken.

Ich kann sehen, dass die partnerschaftlich kooperierende Menschheit ein gänzlich anderes Bewusstsein entwickeln wird. Bei vollkommener Bejahung, Entfaltung, Förderung und Unterstützung der individuellen Begabungen und Talente wird sich dasjenige Verhalten herauskristallisieren, welches nach ethischen Prinzipien zum Wohle des Ganzen agiert. Somit wird es zu konstruktiven und kreativen kulturellen und zivilisatorischen

Entwicklungen kommen. Jede und jeder wird eine natürliche Autorität sein, das kooperative Zusammenwirken wird immer zu einer sinnvollen Gesamtlösung führen – ohne Ab- und Ausgrenzungen, ohne andere zu benachteiligen. Das Leben auf der Erde wird dem angewendeten, vollen Bewusstseinspotential entsprechen. Ich kann sehen, dass eine Synthese erlangt wird von Hochtechnologie und kreatürlichen Prozessen der Natur. Die partnerschaftlich kooperierende Menschheit nimmt die gesamten Entwicklungen der Menschheitsgeschichte auf und reflektiert diese. Was sich bewährt hat, wird integriert und in einen ethisch relevanten Kontext gesetzt, der sich für eine Friedenskultur eignet.

Angst, Gewalt, Krieg, Machtmissbrauch und Zerstörungslust verlieren nach und nach ihre Bedeutung, verlieren ihren evolutionären Vorteil. Heute ist es möglich, die ersten Schritte als Pioniere zu gehen. Die schon bestehende Gemeinschaftsbewegung, sowie die Zahl der Menschen, die aufwachen – dank Covid, dank des immer dreister operierenden politischen und ökonomischen Establishments – nehmen deutlich zu. Das führt zu einer steigenden Annahme von Verantwortung. Daraus folgt die nötige und fundamentale Veränderung unseres Daseins auf Erden, und diese wird eigenverantwortlich gestaltet.

Was ist mit denen, die böse bleiben und sein wollen?

Immer wieder stelle ich mir die Frage: Was geschieht mit denjenigen, die weiterhin Böses tun wollen; die sich hartnäckig weigern werden, ihren Charakter zu ändern bzw. ihr Herz zu öffnen; die dabei bleiben wollen, anderen, aufgrund welcher Motivation auch immer, Schaden zuzufügen? Das, was ich mir bislang vorstellen kann, ist, es gibt für diese Gruppe eigene Bereiche. In jedem Fall gibt es „Wettkampfarenen", wo Wettkämpfe derjenigen ausgetragen werden, die Mord- und Totschlag bevorzugen. Der Unterschied zur bisherigen Gesellschaft ist der, dass diese Menschen ihre Neigungen unter sich ausmachen, statt sich wehrlose Opfer und Unschuldige für ihre Taten zu suchen. Neben diesen „Wettkampfarenen" gibt es entweder im Nahbereich der neuen Besiedlungen eigene Siedlungen der „Uneinsichtigen, jede Reue ablehnenden Gewalttäter", mit klaren Regeln und/oder von vorn herein eigene Dörfer, Regionen oder gar Kontinente. Gefängnisse, Gerichte, Polizei – solche Institutionen werden auf der Höhe des kommenden Bewusstseins überflüssig werden. Wobei der Vorschlag der eigenen Dörfer, Regionen und Siedlungen noch eine Schwachstelle aufweist. Wenn die „Bösen" über griffig werden wollen, statt unter sich zu sein, dann bedarf es doch einer Art Polizei.

Günstigstenfalls wird die Möglichkeit, eigene Zonen zu bilden, fruchten und das erspart eine Polizei. Jedwede Form von „Bestrafung" wird letztlich im eigenen Inneren stattfinden. Das eigene Gewissen wird dafür Sorge tragen. Je feiner die Seele schwingt, desto mehr wird es ihr unmöglich sein, vernichtend sein zu wollen. Und jede Seele, die sich dessen bewusst wird, wird damit zu tun haben, diesen den anderen zugefügten Schmerz, sowohl im anderen, als auch in sich selbst, wieder zu heilen. Kurz, eine Läuterung geschieht, aus der Reue hervorgeht und damit ein Eigeninteresse für die Korrektur.

Aufstieg

Im Dezember 2012, am 21., dem berühmt-berüchtigten Tag, fragte ich mich, was also wird geschehen. Ich hielt alles für möglich und de facto lief alles weiter. Ich trat hinaus in die Nacht. Ich schaute zu meinen geliebten Sternen auf und der portugiesische Nachthimmel war ein glitzerndes Meer. Da geschah dann

mein ganz eigenes 21.12.2012-„Spektakel". Für einen kurzen
Moment empfand ich, ab jetzt helfen uns die Engel aktiv mit,
die Welt wieder in Ordnung zu bringen. Das war überwältigend
und meine Zuversicht erreichte einen Höhepunkt. Ab jetzt wird
alles gut, dass das mal klar ist!

Es wurde jedoch alles noch schlimmer. Ich durfte wieder mit
Zweifeln ringen. Ich leuchte einmal dort hin, wo ich nach und
nach meine Zweifel „beruhigen" konnte. Mehr und mehr Stimmen entwickelter Seelen sprechen von einem Aufstieg des derzeitigen Bewusstseins. In mir erzeugt es Resonanz und erneut
Zuversicht, dass dem so ist. Der Aufstieg, so wird gesagt, ist eine
ungewöhnliche und einmalige Gelegenheit. Jedem Individuum
steht die Möglichkeit offen, sich seiner selbst vollkommen bewusst
zu werden. Der Aufstieg besteht darin, das globale Bewusstsein
auf höhere und somit auch feinere Schwingung zu heben. Der
Aufstieg, so heißt es führt in die 5. Dimension. Was das heißt,
wie sich das anfühlt, was für Wirkungen das im Bewusstsein mit
sich bringt, kann ich mir derzeit kaum vorstellen. Was ich fühlen
und mir vorstellen kann, ist, dass es leichter wird, eingefahrene
Glaubensvorstellungen und Muster zu verlassen: Ängste, die Ab-
gabe der Eigenverantwortung, Blockierungen des innewohnenden Potentials, Mangel an Selbstakzeptanz, Selbstbewusstsein,
Selbstliebe und Minderwertigkeitsgefühle. Diese Verheißung
zum Aufstieg stimmt zuversichtlich. Für die anstehende globale
Veränderung und Weiterentwicklung ist dies eine begünstigende
Prognose. Die Zeichen stehen gut, es diesmal zu schaffen. So sei
es. Die Intelligenz des Bewusstseins, gepaart mit der Intelligenz
des Herzens, ist verstärkt in der Lage, den nächsten evolutionären Schritt zu vollziehen. Dieser nächste evolutionäre Schritt
wird die Erde wieder in ein Paradies verwandeln. Das Paradies,
der ursprüngliche Seins-Zustand von Mutter Erde.

Ich will ein paar Menschen und Projekt erwähnen, die seit Längerem aktiv sind und sich in den Dienst der individuellen und
globalen Heilung stellen.

Tolmo (griech.) – trau dich – Ich wage es!

Ein wahrhaft heiliges und heilendes Projekt. Die Frau, die ich weiter oben als Seelengefährtin beschreibe, arbeitet schon Jahrzehnte lang mit Eseln und Pferden. In früher Jugend war sie im Reitsport eine Hochleistungssportlerin. Sie erkannte schließlich, dass dieser Hochleistungssport eine Quälerei für die Pferde ist und sie traf eine existentielle Entscheidung, nämlich den Hochleistungssport zu verlassen und einen Weg der Heilung für und mit Pferden zu gehen.

Sie wird Dipl. Sozialpädagogin, ist Reittherapeutin, macht eine Zusatzausbildung für heilpädagogisches Reiten und bildet Pferde aus, unter vollständiger Berücksichtigung dessen, dass Pferde beseelte Wesen sind und was sie von ihrer Natur aus brauchen und wollen. Darüber hinaus baut sie mit anderen eine Schule auf, gründet einen Zirkus. Sie bündelt Kraft, Kreativität, Mitgefühl und eine Liebe zur Wahrheit und ist dabei unkorrumpierbar. Zuweilen empfinde ich sie als eine Heilige, definitiv ist sie eine Heilerin, dabei vollkommen bescheiden.

Sie sagt, und das erlebe ich mit ihr, dass die Pferde ihre spirituellen Lehrer sind. Sie verkörpert eine authentische, praktische und wahrhaftige Spiritualität. Sowohl bei sich zu Hause als auch in verschiedenen Projekten arbeitet sie darüber hinaus mit schwer traumatisierten Kindern. Durch ihre Klarheit, ihr offenes Herz und ihr fundamentales Wissen vertrauen ihr sowohl die Kinder als auch die Pferde in einem Ausmaß bedingungsloser Liebe. Ich bin bis heute unendlich dankbar, diese Frau zu kennen. Ich kenne bislang kaum einen anderen Menschen, der in der Lage ist, so weit über sich hinauszugehen, einen sicheren Raum anzubieten, Liebe und Vertrauen zu geben – ohne Erwartung. Es wird ja immer wieder behauptet, Liebe macht blind. In ihrem Fall weiß ich sehr genau, was ich hier sage. Sie hat mich gelehrt, aus dem Herzen zu fühlen und zu sehen. Ihr Projekt „Tolmo", in Deutschland aufgebaut, setzt sie hier im Alentejo, Portugal, nun fort. Und mir bedeutet es viel, sie hier vorzustellen. Sie ist wirklich ein Mensch, der von Natur aus Heilungsarbeit praktiziert und die Vision der geheilten Erde erkennbar und erfahrbar macht. Ich danke von ganzem Herzen und in Liebe dafür.

Einige weitere engagierte, an Frieden und Heilung arbeitende Menschen, Gruppen und Stämme:

Afrika

Ibrahim Abouleish ist der Gründer von Sekem. Sekem ist in Ägypten heute Marktführer in der biologischen Landwirtschaft und von pflanzlichen Heilmitteln. Seine Arbeit steht auf dem Fundament, von dem er selber sagt: *„Insbesondere faszinierte mich die biologisch-dynamische Landwirtschaft, die aus der Anthroposophie entwickelt worden war und mit der man in Europa schon seit Beginn des 20. Jahrhunderts erfolgreich arbeitete. Durch sie, so war ich sicher, würde die landwirtschaftliche Situation in Ägypten entscheidend verbessert werden können."*

Madjid Abdellaziz, Gründer von *Desert Greening* (2004-2016). Desert Greening ist ein Modellprojekt bioenergetischer Atmosphärenheilung und Aktivierung von Wetter, Boden, Wasser und Pflanzen. Der Gründer sagt: *„Das Modellprojekt der Wüstenbegrünung mittels integraler Umweltheilung brachte außergewöhnlich positive Ergebnisse, sowohl auf der Ebene der Umweltheilung wie auch auf der Ebene des menschlichen Bewusstseins in Algerien und trägt sich seit dem Jahre 2016 selbst. Aufgrund der brisanten weltpolitischen Entwicklungen entschied ich mich, mich einer wichtigen globalen Aufgabe zu widmen und die Technik der Himmelsakupunktur zum Wohle der Menschheit und der Natur global einzusetzen."*

Der Stamm der *Dogon:* Der Legende nach hat dieser, in West-afrika lebende, Stamm ein fundiertes Wissen über das Sirius-System. Welche Quelle an Wissen konnten sie „anzapfen"? Es ist erstaunlich, dass weit vor den wissenschaftlichen Möglich-keiten und Techniken die Dogon astronomisch präzise Aussagen über den Sirius und seine Begleiter machten. Dadurch sind sie quasi berühmt geworden. Beschrieben im Buch – Das Sirius-Rätsel, von Robert K. Temple – das auf den Schöpfungsmythen der Dogon basiert.

Asien

In Indien hat *Vandana Shiva* eine Saatgutbank aufgebaut, ihre Organisation heißt Navdanya. In einer Saatgutbank lagern die Samen von etwa 1.000 Kulturpflanzen. Sie sollen dafür sorgen, dass die Menschen in Indien heute und in Zukunft nicht nur satt werden, sondern auch mit genug Nährstoffen versorgt sind. Vandana Shiva ist eine mutige Frau. Durch ihren hohen Einsatz sorgt sie für vitales Saatgut, löst sich damit vollkommen ab von dem genmanipulierten Hybridsaatgut der multinationalen Pharma-konzerne wie Bayer, Monsanto und anderen Global Playern.

Australien

Der Stamm der *Aborigines:* Tiefe Dankbarkeit und Respekt vor den indigenen Stämmen der Aborigines. Über Jahrtausende hü-ten sie das heilige Leben und sind verantwortlich für die Balance und Harmonie alles Lebendigen auf Erden. Der Traum ist für sie eine wesentliche Medizin. Sie sagen, aus den Träumen geht die Schöpfung hervor. Vor Jahren las ich das Buch „Traumfänger". Bis heute bin ich unsicher, ob es sich „lediglich" um einen Roman handelt oder ob es wirklich so geschehen ist. Marlo Morgan, eine amerikanische Ärztin, geht mit Aborigines auf eine rituelle Reise. Ich will hier anregen, dieses essentielle Buch zu lesen.

Südamerika

Der Stamm der *Kogi:* Die Kogi-Indigenen sind eines der letzten Völker dieser Erde, welches sich ihre ursprüngliche Kultur erhalten konnte, indem sie sich auch heute noch radikal nach außen abschotten. In ihrem Verständnis wurde die Welt erschaffen, indem die Große Mutter eine Webspindel in das Gebirge der Sierra Nevada, Nordkolumbien, stieß. Es entstanden neun Welten. Alles Leben entstand in der Sierra Nevada, diesem höchsten Küstengebirge der Erde, wo karibische Strände und tropisch-feuchter Dschungel auf Wüste, Nebelwald und schneebedeckte Berge treffen. Noch heute sehen sich die Kogi als Hüter der Erde. Die Aufgabe der Mámus, der Priester, Weisen und Schamanen, ist es, für Yulúka, für das Gleichgewicht auf allen geistigen und materiellen Ebenen zu sorgen.

Europa

Mooji: Diesen Mann will ich ebenfalls würdigen. Mooji, eigentlich Anthony Paul Moo-Young, ist ein, ursprünglich aus Jamaika stammender, spiritueller Lehrer. Vor seiner spirituellen Reise war er in London als Straßenportraitkünstler und Kunstlehrer am Brixton College tätig. Als er 1993 nach Indien reiste, fand er im Advaita-Meister H. W. L. Poonja seinen Lehrer. So beschrieben in Wikipedia.

Er praktiziert hier im Alentejo, in dem von ihm gegründeten Sahaja Ashram, sowie in England und Indien. Ich kenne ihn als einen freundlichen Menschen, von den kurzen Treffen am Bahnhof oder im Restaurant. Was mich beeindruckt ist, er ist ein einfacher und nahbarer Mensch. Weder besuchte ich seine Satsangs, noch empfinde ich ihn als Guru. Mir gefällt, dass er eben „normal" ist und vielen Menschen Orientierung anbietet. Es tut einfach gut, jemand, der authentisch ist und in sich ein Weisheitswissen gefunden hat, in der Nähe zu wissen.

„Die beste Lehre ist die, welche dich an das erinnert, was du bereits weißt, aber wieder vergessen hast. Es geht nicht darum, das, was in meinem Kopf ist, in deinen Kopf hinein zu stopfen. Es geht darum, dich an dein eigenes Wissen zu erinnern." Mooji

Christina von Dreien: Ich liebe diese junge Frau seit dem ersten Wort, was ich von ihr las. Ich freue mich schon sehr auf den Tag, an dem ich sie persönlich kennenlerne. Im Jahre 2012 war ich am berühmten Datum des 21.12.2012 „enttäuscht", da ich wunders was dachte, was passiert. Und dann, am Abend, unter einem klaren Sternenhimmel war mir so, als ob vom heutigen Tag an die Tore des Himmels sich öffnen und die Engel aktiv und bewusst uns Menschen ganz und gar helfen werden. Das war alles – „nur das". Ich habe dieses Erlebnis weiter oben schon einmal erwähnt, mit anderen Worten. Ich war glücklich und voller Zuversicht. Jedoch, in den folgenden Jahren wurde es hier auf Erden noch grausamer und noch schlimmer. Die gewonnene Zuversicht geriet ins Wanken. An einem Tag im Jahre 2018 hörte ich zum ersten Mal von Christina von Dreien. Sie war erst 17 Jahre alt, doch was sie zu sagen hatte – es war kaum zu glauben, dass eine so junge Frau diese Weisheit und dieses Wissen in dieser Inkarnation gelernt haben soll. Sie spricht von Regeln und Prinzipien des Alls, des Universums, den gesellschaftlichen, globalen und psychischen Strukturen, Wachstumsabläufen in der Natur, von den Gaben des Menschen und auch seines Unvermögens und vor allem, spricht sie darüber, wie bedeutend die Liebe ist. Hauptsächlich formuliert sie Auswege und Lösungen. Das ist unmöglich, dass sie das alles einfach „nur" gelernt hat. Ich empfinde, dass Christina und ihre Zwillingsschwester das derzeit aktivste Christusbewusstsein auf Erden haben. Wobei, ihre Schwester ist schon als Säugling gestorben. Dennoch, so sagt Christina, gibt es immer noch einen vollen Kontakt zwischen ihnen. Ich empfinde seit dem Tag, an dem ich auf Ihrer Internetseite war, wieder eine, diesmal unerschütterliche, Zuversicht, die seitdem stabiler ist. Dafür danke ich sehr.

Im Jahre 2007 baut mein Freund *Thomas Lüdert*, als Bauleiter und Ingenieur, die erste Wasserretentionslandschaft, im Heilungsbiotop 1 Tamera, im Alentejo, Portugal. Zusammen mit seinem Bruder *Bernd W. Müller*, Spezialist für Wasserlandschaften und regenerative Landnutzung, wagte er diesen Bau. Die Idee stammt von dem Österreicher *Sepp Holzer*, der u. a. als Agrar-Rebell bezeichnet wird. Die Idee einer solchen Wasserretentionslandschaft ist so einfach wie genial.

Auf dem jeweiligen Gelände wird an der Stelle, wo sich Grund- und Regenwasser sammeln, Erde ausgehoben. Das entstehende Becken hat verschiedene Ebenen und eine Tiefzone. Die ist wichtig, weil dadurch eine Bewegung des Wassers entstehen wird, die der Sauerstoffanreicherung dient. Bei entsprechender Sachkenntnis lässt sich erkennen, welche verschiedenen Arten von Erde im Aushub zu finden sind. In der Regel eignet sich manche Erde für den entstehenden Dammkern, die andere Erde ist als Mutterboden und für die Ausgestaltung der Landschaft geeignet. Die gesamte Aushub-Fläche bleibt unversiegelt. Somit wird das sich sammelnde Wasser sowohl das Grundwasser speisen als auch in die umgebende Landschaft diffundieren. Das ermöglicht eine Renaturierung in der, um das entstandene Becken umgebenden, Landschaft. Indem dann Bäume angepflanzt werden, die das Wasser zu sich ziehen, baut sich im Laufe der Zeit unter den Bäumen wieder ein Mikroklima auf, welches weiteren Pflanzen erlaubt, sich anzusiedeln. Für Sepp Holzer ist es des Weiteren wichtig, Fische anzusiedeln, damit ein Gesamt-Biotop entsteht. In Tamera hat sich zusätzlich gezeigt, dass nach und nach wieder mehr Vögel und Wildtiere ins Land kamen. Eine Wasserretentionslandschaft ist also eine konkret angewandte Methode, Wasser zu halten und zu vitalisieren sowie die umgebende Landschaft zu regenerieren. Et voilà, ein kluges Wassermanagement erschafft ein vitales Biotop, vor allem in solchen Regionen wie in Portugal, die immer wieder mit den Themen Dürre, erodierten Böden und Wassermangel konfrontiert sind.

Thomas hat im Laufe der Jahre einige Wasserretentionslandschaften in Portugal umgesetzt. Bei manchen Baustellen war ich dabei. Vor allem jedoch auf meiner ersten Großbaustelle mit ihm, war ich in den ersten drei Wochen so sehr begeistert von dieser Art von Arbeit – etwa für die Wasser- und Landschaftsheilung –, und dass damit auch noch Geld generiert wird, dass ich fit geblieben bin. Ich war erstaunt darüber und erlebte zum ersten Mal, obwohl es echte Knochenarbeit war, wie einem eine erschöpfende Tätigkeit durchaus Energie bringt. Nach drei Wochen habe ich aber schon gemerkt, wie anstrengend eine solche Großbaustelle ist.

Das Mantra von Pippi Langstrumpf *„Ich mach mir die Welt, wie sie mir gefällt."* hat in diesem Fall bei mir voll und ganz gewirkt.

Heilungsbiotop 1 Tamera: Dieses Modell einer Gemeinschaft basiert auf einer Entscheidung von Dr. Dieter Duhm und wurde im Jahr 1978 von einer kleinen Gründergruppe initiiert. Die Idee ist, in einer Gruppe von Menschen ein Lebensmodell zu realisieren, welches eine Möglichkeit darstellt, eine kommende gewaltfreie Kultur abzubilden. Dieses Lebensmodell besticht durch seine Komplexität, seine Radikalität und ist äußerst anspruchsvoll. Im Laufe der Jahre haben sich folgende ethischen

Richtlinien herauskristallisiert: Wahrheit und Transparenz, gegenseitige Unterstützung, verantwortliche Teilnahme, Respekt und Pflege für alle Wesen, Verlässlichkeit.

Auf dieser Grundlage arbeiten alle Mitarbeiter und tragen somit zum Gelingen bei. Die dafür nötige Veränderung der eigenen Charakterstrukturen ist, wie gesagt, anspruchsvoll. Mehr als die Hälfte meines Lebens habe ich an diesem Projekt mitgearbeitet. Ich bin an meinem eigenen Anspruch zwar im Jahr 2017 „gescheitert", dennoch halte ich die geistige Basis dieses Projektes nach wie vor für ziemlich weit entwickelt. Später im Buch komme ich noch einmal darauf zurück. Ich erwähne Tamera deshalb, weil es diese Gemeinschaft seit über 40 Jahren gibt, während andere Gemeinschaftsversuche „gescheitert" sind. Somit stellt das Heilungsbiotop 1 immer noch einen relevanten Lösungsversuch dar.

All diese großartigen Menschen, Gruppen und Stämme mögen zur Inspiration dienen. Vor allem finde ich es gut zu wissen, dass schon seit Langem an konstruktiven Lösungen gearbeitet wird. Darüber hinaus empfinde ich, besonders auch nach der Sache mit dem Virus, dass mehr und mehr Menschen bereit sind, die Verantwortung in die eigenen Hände zu nehmen, wie der Lauf der Welt sich weiter gestaltet. Es ist wohl wirklich etwas dran, am Thema Aufstieg und Weiterentwicklung des Bewusstseins.

8. Kapitel: Blick in die Strukturen der Wirklichkeit

„What a wonderfull world", sang Louis Armstrong.

Genau deshalb will ich dieses Kapitel schreiben. In der Erstfassung habe ich es mir zu einfach gemacht und das Kapitel nur auf Zitaten aufgebaut. Die Quintessenz dieses Kapitels will diese wunderbare Welt, in der wir leben, beleuchten – aus ganz verschiedenen geistesgeschichtlichen und wissenschaftlichen Betrachtungen und Entwicklungen, durch solch rätselhafte Begriffe wie heilige Geometrie, Torusfeld, fünfte Dimension, zwölf-dimensionales Universum, und dergleichen mehr. Es ist atemberaubend, mit welcher Intelligenz das menschliche Bewusstsein ans Werk geht und auf welchen Schultern der heutige Mensch steht. Sagte ich schon, dass ich mehr und mehr ein Menschenfreund werde?

„Der, die, das – wer, wie, was – wieso, weshalb, warum? Wer nicht fragt, bleibt dumm. Tausend tolle Sachen, die gibt es überall zu sehen, manchmal muss man fragen, um sie zu verstehen!"

Das berühmte Sesamstraßenlied fängt, mit bezaubernder Naivität, die Tiefe des Themas – Strukturen der Wirklichkeit – ein. Was soll das überhaupt sein? Diese Frage, diese Fragen stellen sich einem ja erst, wenn das Interesse da ist. Wenn es für einen selber relevant wird, den „Geheimnissen im Wunderland" auf die Spur kommen zu wollen. Das Buch „Alice im Wunderland" beschreibt einen solchen Weg, dem Geheimnis auf die Spur zu kommen. Alice träumt jede Nacht dasselbe und wacht immer wieder beunruhigt und voller Fragen mitten im Traum-Geschehen auf. Dann erzählt das Buch, wie sie eines Tages durchkommt. Sie fällt in die tiefsten Tiefen des Kaninchenbaues und träumt diesmal den Traum ganz zuende. Sie durchläuft alle Stationen des Traumes, statt immer nur in bestimmten Fragmenten aufzuwachen. All die bizarren, bedrohlichen, bösen und lustigen, bezaubernden und freundlichen Wesen, all die Ereignisse und Figuren vermitteln Wissen und Weisheit. Die physikalischen Gesetze sowie Raum und Zeit sind eh außer Kraft gesetzt. Wem die Geschichte noch unbekannt ist, ich kann sie nur empfehlen.

Ich habe erst geraume Zeit später, nach dem „Rausch der Faszination", begriffen, wie tief die Botschaft ist. Ich verstehe sie so, dass ein Einweihungs- und Initiationsweg beschrieben wird. Die einzelnen Fragmente und Stationen des Traumes repräsentieren eigene innere psychische Strukturen, die so lange bearbeitet werden, bis sie erkannt und gelöst werden können. Darauf folgt der nächste Lösungsschritt, bis all die inneren Blockaden durchlaufen sind. Das führt letztlich zur Geburt dessen, was ich als hohes Selbst, als authentisches, wahres Ich bezeichne. Diese Freisetzung des inneren Potentials erlaubt Alice, endlich sie Selbst zu sein. Dieses wieder-gewonnene Selbstbewusstsein führt am Ende der Geschichte dazu, dass sie das Geschäft ihres Vaters übernimmt und erfolgreich sowie innovativ fortsetzt. Ihre angeborenen Begabungen und Talente sind frei, sie kann diese uneingeschränkt einsetzen.

Ich erlaube mir die Aussage, für jedes anstehende Thema gibt es in der Struktur der Wirklichkeit eine Lösung. Jetzt veranlasst mich meine Neugier, einige Warum-Fragen zu stellen. Aus einer Inspiration heraus werde ich im Folgenden oft den Absatz mit der Warum-Frage einleiten, weil ich entdeckte, dass sich durch die Warum-Frage eine Öffnung ergibt, eine gemachte Aussage selbst nochmals zu prüfen und/oder wirklich zu verstehen, was gesagt wurde. Das erinnert mich an eine Geschichte über die Sufis, einem spirituellen Orden innerhalb des Islams, welche ich hörte. In der wird ein Meister von seinem Schüler dauernd mit Fragen „gelöchert". Eines Tages platzt dem Meister der „Kragen", und er weist seinen Schüler zurecht, indem er sagt: „Du erwartest von mir immer Antworten auf deine Fragen, statt zu verstehen, dass die wirklich guten Fragen zur nächst tieferen Frage führen."

Warum – erlebt Jakob Böhme das hier beschriebene: *„Vom Rätsel des Bösen aufgewühlt"*, hatte er 1600 einen Erleuchtungszustand, der ihn *„bis in die innerste Geburt der Gottheit durchbrechen"* und *„an allen Kreaturen, sowie Kraut und Gras Gott erkennen"* ließ. Nach zehnjährigem wortlosen Ringen beginnt sich das Erlebnis unter Zuhilfenahme alchemistischer, kabbalistischer, paracelsischer und weigelscher Termini und Gedanken, die er für seine Zwecke umbildete, in ein umfangreiches philosophisches Werk zu verdichten. Dankbarerweise finde ich in Jakob Böhme einen Bruder im Geiste. Er stellt sich die Frage nach dem Bösen. Dass ihn dies zu einem Erleuchtungszustand führt, ist bemerkenswert. Seine Frage muss ernst und tief genug gewesen sein. Seine Erleuchtung lässt ihn dann Gott in Kraut und Gräsern finden. Das ist schön beschrieben, deckt sich dies doch mit meinem eigenen Erleben und weist auf den unpersönlichen Aspekt Gottes hin. Jakob Böhme ringt 10 Jahre wortlos mit dem Erlebten, nutzt jedoch einige Quellen, bis er in seinem philosophischen Werk seiner eigenen Erleuchtung Ausdruck verleiht. In diesem Ausdruck beschreibt er dann eindeutig, *„dass das Wissen und Gott in einem selber liegen."*

Warum – weil er in sich selbst, nach dieser intensiven Erfahrung und der daraus folgenden Forschungsarbeit, etwas Relevantes über die Struktur der Wirklichkeit in Erfahrung bringt. Was mich dazu veranlasst und *„einen Verdacht bestätigt"*, dass Gott und/oder die Intelligenz des Alls in allem, was ist, sind – und sich selbst in einem Selbsterkenntnis-Prozess befinden. Dieser Prozess findet in Jakob Böhme *„stellvertretend"* statt. Gott sowie die Intelligenz des Alls wollen sich genau so in Jakob Böhme offenbaren, damit er diesen Aspekt der Struktur der Wirklichkeit erlebt und aufzeigt – Beobachter und Beobachtetes sind Eins.

Die Menschheit, in ihrer Suche nach Gewissheit über Gott, in der Suche einer Entschlüsselung ihrer eigenen Existenz, das Verständnis suchend über die Abläufe und Wirkweisen in der Natur, die Forschungen und Überlegungen, die das Geschehen im unendlichen All erhellen, das Begreifen wollen des Unbegreiflichen, hat ein tiefes Wissen mit sich gebracht. Neben den noch offenen Fragen. Ich drücke hier erneut meine Liebe für uns Menschen aus. Ich bin bewegt, begeistert, erstaunt und dankbar, zu welchen Höhen und Tiefen sich der Geist des Menschen vorwagt. Die geistigen und seelischen Blüten sind aufregend und atemberaubend schön; wie es auch Giordano Bruno in seinem Lebenswerk ausdrückt.

Warum – wird Giordano Bruno, im Jahre 1700, auf dem Scheiterhaufen verbrannt? Wie Jakob Böhme wagt auch er sich in die tiefsten Tiefen des Kaninchenbaues vor. Auch er hat ein Erleuchtung- und Offenbarungserlebnis. Tiefgründig durchdringt Bruno dann dieses Erlebnis geistig.

Hier muss jetzt doch ein Zitat kommen – von einem Mann, den ich sehr schätze und der eine herausragende Monografie über Giordano Bruno erarbeitet und veröffentlicht hat, Jochen Kirchhoff, aus dem Buch „Giordano Bruno", Rowohlts Monografien:*„Im Mittelpunkt des erkenntnistheoretischen Dialogs – Die heroischen Leidenschaften – steht die Darstellung eines Erleuchtungs- oder Offenbarungserlebnisses, welches Bruno nach eigenen Angaben im Alter von 30 Jahren zuteil wurde und auf das er den Umfang seiner philosophischen Erkenntnis letztlich zurückführt. Im Anfangsstadium, so er selbst, sucht der Philosoph die göttliche Weisheit außerhalb seiner selbst, also in der Welt der Objekte, ohne sich als erkennendes Subjekt und Spiegel der Dinge zu reflektieren, ohne zu bedenken, dass er das Ziel seines Strebens in seinem eigenen Inneren trägt, in den Tiefen seines Selbst."*
Das muss man sich einmal vorstellen. Solche Erkenntnisse und Gedanken sind schon über 300 Jahre alt und älter. Wie Böhme kommt auch Bruno zur selben Einsicht – Gott, die universelle Intelligenz ist in uns selbst – damit bestätigt er ebenfalls einen Schlüssel der Struktur der Wirklichkeit; Bestätigt, wie sehr die geistig-körperlich-seelische Konstitution des Menschen in Einklang mit der göttlichen Wirklichkeit, mit den heiligen Prinzipien und Regeln des Universums steht. Ich finde es nach wie vor

erschreckend – auch wenn mir mittlerweile der „Mechanismus" bewusst ist, der dazu führt – dass ausgerechnet die christliche Kirche eine solche Wahrheit auszulöschen trachtet. Dennoch ist es großartig, dass dank Jochen Kirchhoff und anderen dieses „Giordano Bruno-Bewusstsein" erhalten geblieben ist und uns zur Verfügung steht. Dieses Bewusstsein will angewendet werden, da es ein Baustein im werdenden Schicksal der Menschheit ist und das Gesamtwerk von Giordano Bruno einen bedeutenden und inspirierenden Beitrag darstellt.

Warum – wusste Meister Eckhart (1260 – 1327) und riskierte so viel? Ich empfinde Liebe für diesen Mann und Menschen. Vor allem, weil er es wagte, eine über Gott stehende Gottheit zu sehen und diese „verwegene These" in das Bewusstsein der Menschheit pflanzte. Diese meine Liebe basiert darauf, dass er über den Tellerrand hinaus denkt und meiner Frage: Woher kommt Gott? Eine denkbar mögliche Richtung gibt. Obwohl er zunächst „nur" die *f*ünf Merkmale der Gottgeburt und Gotteskindschaft formuliert, die mit dem Satz enden: *„Gott gibt es nicht es sei denn in dir!"* Vielleicht findet Meister Eckhart genau deshalb, da er Gott in sich erlebt, da er Zeit seines Lebens über Gott nachdenkt, über Gott meditiert und ihm nachspürt, *die über Gott seiende Gottheit* – womit er ein weiteres Puzzle-Stück des Wissens einfügt, über die Struktur der Wirklichkeit.

Warum – ist Johann Wolfgang von Goethe so „groß raus gekommen" und heute noch in aller Munde? Weil er, wie Jakob Böhme, Giordano Bruno und andere große Denker, Philosophen und Mystiker, wesentliche Werke für die Menschheitliche Bewusstseinsentwicklung geschaffen hat. Die Warum-Frage lässt zu, zu bemerken, es gibt eine Regsamkeit im menschlichen Bewusstsein, die es wissen will, ja geradezu wissen muss: Die erhabene Schöpfung, die ja in jedem von uns seinen Abdruck hat, will erkannt und verstanden werden.

Dankbarerweise bearbeitet auch Goethe das ganze Thema von Böse und Gut, auf lebendige Art und Weise, im Faust. Faust allein ist schon eine großartige Arbeit. Goethe ist jedoch sehr kreativ und „stöbert" weiter in der Strukturlogik des Alls, macht sich viele Gedanken, die sich in seinen verschiedenen Werken ausdrücken. Er selbst beschreibt wohl treffend seine „Ruhelosigkeit": „*Wer das Höchste will, muss das Ganze wollen; wer vom Geist handelt, muss die Natur, wer von der Natur spricht, muss den Geist voraussetzen oder im Stillen mit verstehen.*"

Warum er weniger um sein Leben fürchten musste als die anderen, liegt wohl an der Zeit, in der er lebte und arbeitete. Er ist anerkannter, obwohl er gleiche und ähnliche Aussagen macht, wie die anderen vor Ihm. Es ist wohl die voranschreitende Entwicklung des Bewusstseins, die es zu seiner Zeit erlaubt, das vormals erarbeitete und destillierte Wissen aus der Geschichte zu integrieren. Für mich ist es wichtig zu erkennen, wie Goethe auf der Basis dieses Wissens kreativ weiterarbeitet und seine bedeutenden Werke schuf. Wie brillant und vielfältig er in seinem Schaffen war, zeigen – neben Faust und anderen literarischen Werken – sein Interesse an der Natur sowie seine Farbenlehre. Goethe ist ein Universalgenie, ein hervorragendes Beispiel dafür, was ich mit dem uns innewohnenden Potenzial meine. Goethe setzte seine Talente ein, nutzt seinen „Wissensdurst" und folgt ihm und ist dabei äußerst kreativ. Kreativität ist ein weiteres Kennzeichen des innewohnenden Potentials und der Struktur der Wirklichkeit. Es ist wirklich anregend und aufregend zugleich, sich mit solchen Gedanken zu befassen. Ich freue mich, diese geistigen Größen, wie Jacob Böhme, Giordano Bruno, Meister Eckhart, Goethe und andere, kennenzulernen. In ihrem Geist finde ich Anregungen und Inspirationen für den weiteren Weg.

Der „Kunstgriff", die Warum-Frage zu stellen, mündet darin, einer meiner Lieblingshypothesen Ausdruck zu verleihen: Die universelle Intelligenz, Gott und das göttliche Da-Sein, wollen sich erkennen und ausdrücken; sowohl im Menschen als auch in der Natur und in der Schöpfung. Die hier aufgeführten Denker haben diese Tendenz zur Selbsterkenntnis des Alls, sowohl in sich als auch in der Struktur der Wirklichkeit, wiedergefunden und konnten es formulieren.

Ich will weitermachen mit der Struktur der Wirklichkeit, indem ich einen Blick werfe auf so elektrisierende Begriffe wie: der Mensch als Beobachter und Schöpfer, Quantenphysik, heilige Geometrie, Torusfeld, zwölf-dimensionales Universum.

Der Mensch als Beobachter und als Schöpfer

„Die Schöpfungen der materiellen Welt und demzufolge auch die dazugehörigen Steuerungen werden durch den geistigen Beobachter erschaffen", sagt der Physiker Burkhard Heim und zum Beobachter-Effekt. *„Verändere den Blick und du veränderst die Realität. Verändere die Beobachtung und du veränderst die Realität."* Was genau wir unter einer Beobachtung zu verstehen haben, fasst das Jahrhundert-Genie John Archibald Wheeler zusammen: *„Quantenphänomene sind undefiniert bis zu dem Moment, wo sie gemessen beziehungsweise beobachtet werden. Bereits das potentielle Wissen, als Ahnung oder Intuition aber auch als Glaube im Sinne des Beobachtereffekts reicht aus, um ein Quant zu aktivieren ... ein Quant zu aktivieren bedeutet, ein Elementarteilchen, also Materie zu erschaffen!"*

Faszinierend. Kennen Sie das? Sobald das Tor des Bewusstseins, des spirituellen Geistes, sich öffnet, kommen mehr und mehr Informationen zu einem. Je länger mein Weg andauert, desto komplexer und umfassender kommt mir die Welt entgegen. Ich bin glücklich, dass sich einige meiner gewonnenen Einsichten bestätigen und manches deutlich darüber hinaus geht, wie diese Aussagen über „Phänomene" der Quantenphysik. Insgesamt drängt sich der Eindruck auf, dass die spirituelle Welt und die wissenschaftliche Welt sich näher kommen und schon hier und da überschneiden. An dieser Stelle tut es gut, einen konkreten „Beweis" vorzufinden, welcher die Schöpferkraft des Menschen betrifft. Das ist ein Hinweis darauf, dass Gedanken und Gefühle tatsächlich in der Lage sind, Wirklichkeit zu erschaffen. Ein Quant zu aktivieren, bedeutet Materie zu erschaffen. Dazu ergänzend:

Geist ist die Schöpfungsinstanz, die als Beobachter in Erscheinung tritt.

„Der Geist ist das handelnde und wirkende Medium (Agens) der Schöpfung. Die Idee bzw. die Vorstellungen, die der Geist trägt, manifestieren sich im Ereignisraum – also in unserer Welt, in unserer Realität." Dieses Zitat und die Zitate von Heim und Wheeler stammen aus dem Buch „Metamorphose der Menschheit", von Dieter Broers.

Dass die Quantenphysik den Strukturen der Wirklichkeit solche Möglichkeiten zuschreibt, ist doch beeindruckend. Zumal sie bestätigt, was vor ihr „nur" Gegenstand von Mystik und Philosophie war. In der Evolution des Bewusstseins verzahnen sich die geistigen Disziplinen immer komplexer, jedes Fachgebiet „öffnet sich an seinen Rändern" und bildet Schnittmengen mit vorher getrennten, teilweise konkurrierenden Disziplinen. Ich vermute, dass es im Verlauf der Menschheitsgeschichtlichen Entwicklung eine steigende Tendenz gibt, die „Fragmente des errungenen Wissens" zusammenzufügen und damit der Struktur der Wirklichkeit näher und näher zu kommen. Diese Tendenz hat wohl mit dem vorab geschauten Aufstieg des Bewusstseins zu tun. In der heutigen Zeit wird es ja immer deutlicher, wie sehr es darauf ankommt, interdisziplinär zusammenzuarbeiten, damit die anstehenden Themen gelöst werden.

Die Wissenschaft, indigenes Wissen, Mystik, Philosophie, Religion und Spiritualität, in ihrer jeweiligen Schau und Weisheit, nähern sich an. Das ist wohl einzigartig in der Geschichte und unterstreicht, nach meinem Empfinden, eine weitere Struktur der Wirklichkeit: Es existiert ein Bewusstsein und ein Sein. Die Einheit in der Vielfalt, die Vielfalt in der Einheit. Darüber hinaus entspricht es der Struktur der Wirklichkeit, ihrer eigenen Komplexität entsprechend, die immer nächst höhere Möglichkeit für Lösungen in sich zu tragen. Auf das diese nächst höhere Möglichkeit entdeckt wird und zur Anwendung kommt. Damit wird kontinuierliche Entwicklung gewährleistet.

Die Astrophysikerin Giuliana Conforto antwortete auf die Frage, was die Menschheit erwarte: *„Offenbarung der wahren Realität. Und es ist nicht, was wir heute sehen."* Sie begründet die organische Physik, befasst sich mit postrelativistischen Theorien und Quanten-Kosmologie und wurde von Philosophen wie Giordano Bruno, Hermes Trismegistos, Plato, Pythagoras und Jesus Christus beeinflusst.

Es ist wohl an der Zeit, zu akzeptieren, dass wir in einer Welt leben, die noch vieles zu bieten hat und dass es ein Abenteuer ist, diese Welt zu entmystifizieren und die Struktur der Wirklichkeit zu entschleiern, in ihrer atemberaubenden Schönheit. Apropos entmystifizieren, ich will einen Blick auf die Mystik werfen. Lange Zeit war Mystik etwas Mysteriöses für mich, da mir das Interesse und der Zugang fehlten. Sich mit der Mystik und Mysterien-Schulen zu befassen, ist ein Resultat meines spirituellen Weges.

Mystik und Mysterien-Schulen

Das ist ein wirklich spannendes Thema. Die Auseinandersetzung mit der Mystik lohnt sich. Sie ist umstritten und doch ein fundamentaler Teil der Entwicklung des menschlichen Bewusstseins. Meinem Empfinden nach wird altes, indigenes und philosophisches Wissen auf einer anderen Ebene fortgesetzt. Es ist eine andere Art und Weise, das Bewusstsein zu nutzen. Vor allem geht es um das *Erleben* der Wirklichkeit, mehr als darüber nachzudenken. Mich bewegt die Mystik. Ich vermute, in ihr liegt eine Art und Weise „verborgen", die göttliche Wahrheit und Wirklichkeit gleichzeitig zu erfahren, zu fühlen und bewusst wahrzunehmen, sodass Geist, Körper und Seele gleichzeitig erfasst und durchdrungen sind.

Das Wörterbuch sagt kurz und knapp: *„Mystik ist eine Form der Religiosität, eine religiöse Anschauung, bei der durch Versenkung, Hingabe, Askese o. Ä. Eine persönliche, erfahrbare Verbindung mit der Gottheit, mit dem Göttlichen (bis zu einer ekstatischen Vereinigung) gesucht wird."* Das ist es wohl der Grund, warum ich dann doch auf die Mystik gestoßen bin, zu ihr hingeführt wurde – die erfahrbare und persönliche Verbindung mit Gott. Diese zu erleben ist ja der Ausgangspunkt meines Weges, ein gläubiger Mensch werden zu wollen. In dem Sinn war ich wohl von Anfang an ein Mystiker, ohne es so zu benennen, ohne es zu wissen.

Die Sufi, eine mystische und spirituelle Bewegung innerhalb des Islams, sind die ersten Mystiker, auf die ich gestoßen bin. Der Tanz der Derwische ist beeindruckend. Was für eine Hingabe, was für ein Training, sich sehr sehr lange um die eigene Achse zu drehen. Der dadurch entstehende Trance-Zustand führt dann zu dieser ekstatischen Vereinigung mit der göttlichen und metaphysischen Welt. Vor allem haben es mir die Sufi-Baraka/Segnungen angetan. Soweit ich es verstanden habe, sind sie ähnlich wie die Koans des Zen-Buddhismus. Die Lehre wird durch Erfahrung vermittelt. Die gestellten Aufgaben dienen der eigenen Entwicklung. Statt Dogmen, Glaubens- und Lehrsätzen zu predigen, fordert der Sufismus, wie der Zen-Buddhismus, die Eigenständigkeit heraus. Im Grunde basieren alle Einweihungs- und Mysterien-Schulen auf diesem Prinzip. Im Laufe der Zeit werde ich mir immer klarer darüber und entwickle ein Gespür dafür, dass es authentische, seriöse und wahre spirituelle Quellen gibt. Ein Kennzeichen der Authentizität ist, dass die Eigenständigkeit des Lernenden im Vordergrund steht.

Mein Liebling in Bezug auf Sufi-Baraka ist Nassrudin Hodscha/Mullah Nassrudin. Es ist mir bis heute unklar, ob er wirklich existiert oder eine erfundene Figur ist. In jedem Fall ist sowohl die Lektion als auch der Humor köstlich. Wegen des Humors hier ein Beispiel für ein Baraka: *„Nasruddin setzt einen Gelehrten über, über ein stürmisches Wasser. Als er etwas sagt, das grammatikalisch nicht ganz richtig ist, fragt ihn der Gelehrte: ‚Haben Sie denn nie Grammatik studiert?' ‚Nein.' ‚Dann war ja die Hälfte Ihres Lebens verschwendet!' Kurz darauf dreht sich Nasruddin zu seinem Passagier um: ‚Haben Sie jemals schwimmen gelernt?' ‚Nein. Warum?' ‚Dann war Ihr ganzes Leben verschwendet – wir sinken nämlich!'"* Humor ist in jedem Fall ein weiterer Bestandteil der Struktur der Wirklichkeit.

Anschließend noch zwei seriöse und eher sachliche Aussagen zur Mystik:

Der Psychologe Carl Albrecht (1902-1965) hat versucht, diese mystische Grenzerfahrung begrifflich zu definieren: *„Mystik ist das Ankommen eines Umfassenden im Versunkenheitsbewusstsein."* Für das Wesen von Mystik ist der „Durchgang" (durch Gott) bedeutsam. Die Mystik-Definition von P. Koslowski meint: *„Mystik ist die sinnliche Seite von Philosophie und Religion."* Quelle: „Jacob Böhme und das Wesen seiner Mystik", von Andreas Gauger. Soweit ein kurzer Ausflug in das weit gespannte Gebiet der Mystik. Ich werde nun auf die Mysterien-Schulen eingehen.

Mysterien-Schulen

„Eine Mysterien-Schule ist eine Universität der Seele, eine Schule für das Studium der Mysterien der inneren Natur des Menschen. (...) Durch das Verständnis dieser Mysterien begreift der Schüler (...) seine letztendliche Einheit mit dem Göttlichen." Diese klare Beschreibung stammt von der Theosophin Grace F. Knoche aus ihrem Buch „The Mystery Schools" (Theosophical University Press 1999)

Ich liebe es, zu lernen. Selbst in meiner Schulzeit, in der „konventionellen" Schule, hat mir Lernen Freude bereitet. Im Laufe des Lebens stelle ich fest, es gibt für mich so etwas wie seelische „Knisterworte". Solche Worte kommen nur von Zeit zu Zeit und tragen das Merkmal in sich, dass meine Neugierde sofort geweckt wird. Diese Worte „wollen mich auf etwas aufmerksam machen und mir etwas zeigen". Das letzte Wort war Samarkand. Ich brauchte einige Zeit dafür, herauszufinden, dass Samarkand die Hauptstadt von Usbekistan ist. Vorher war mir nur vage klar, dass diese Stadt auf der Seidenstraße liegt. Als ich dem nachging, was es mit Samarkand auf sich hat, stieß ich auf ein Buch. In diesem wurde die Geschichte erzählt, dass es seit über tausend Jahren eine Gruppe von Schamaninnen/Schamanen gibt, die sich der Trauma(ta)-Heilung „verschrieben" haben. Ihr Hauptwerkzeug der Heilungsarbeit sind luzide Träume. Diejenigen, die Heilung ihres Traumas suchen, werden unterwiesen, mit Hilfe ihrer eigenen Seele in luziden Träumen Heilungsprozesse einzuleiten.

Seelische Knisterworte bedeuten also, ich werde zu etwas Wesentlichem geleitet. Ich will damit veranschaulichen, dass diese Art der Heilungsarbeit für mich sehr viel mit dem zu tun hat, was ich unter Mysterien-Schulen verstehe. Diese Schulen sind Orte, die das eigene Bewusstsein, die eigenen Gaben und Talente anregen und aktivieren, mit dem Ziel, sich seiner Selbst bewusst zu werden, indem das innewohnende Potential erreichbar gemacht wird, damit es angewendet werden kann.

Was in früheren Zeiten, etwa in Ägypten, Persien und auch bei indigenen Stämmen auf allen Kontinenten, durch die Rituale abgedeckt wurde, wurde im Verlauf der weiteren Evolution und Kulturbildung durch die entstehenden Mysterien-Schulen abgedeckt. Das Ziel ist dasselbe: das erlangte Wissen und die Weisheit sowohl zu wahren als auch weiterzugeben. Darüber hinaus stellen Rituale und Mysterien-Wissen Werkzeuge für eine Einweihung dar. Einweihung, wie ich sie verstehe, führt zu dem, wie es treffender kaum gesagt werden kann, als an der Orakel-Stätte Delphi in Griechenland:

„Erkenne dich selbst"!

Ich nenne nun ein Land als Beispiel. Dieses Beispiel ist mir nah, da es auf Begegnungen mit einem guten Freund basiert. Dadurch stellt es für mich einen konkreten Zugang zum Thema dar.

Ägypten

Ein geliebter Freund von mir, mit dem ich immer wieder in inspirierende Gespräche komme, auch in Bezug auf dieses Buch, interessiert sich schon lange für die ägyptische Mythologie. Letztens erzählte er mir von einer Darstellung an einer Pyramiden-Wand. In dieser Szene werden Thot/Hermes Trismegistos, eine Waage, in einer Waagschale liegt eine Feder, das heilige Krokodil, verschiedene Menschen und Pharaonen dargestellt; das Übergangsritual von dieser Welt in das Jenseits. Wer mit leichtem Herzen stirbt, was die Feder aufwiegt, hat einen leichten Übergang in das Jenseits. Das bedeutet, wer in diesem Leben aufrecht, ethisch und wahrhaftig gewesen ist und seinem Herzen folgte, wird mit leichtem Herzen sterben. Ist das Herz schwer, weil gegen die ethischen und heiligen Prinzipien verstoßen wurde, wird das heilige Krokodil das Herz „fressen". Wieder dieses Thema, dass der Mensch für seine eigenen Taten zur Verantwortung gezogen wird; dass eine uns innewohnende Instanz, in diesem Fall das Herz, weiß, was wir tun und wie sich unsere Taten auswirken Und dass der Tag und die Stunde kommen, wo wir darüber Rechenschaft ablegen müssen.

Ich gehe ja davon aus, dass es das eigene Gewissen ist, welches diese Rechenschaft verlangt. Und die Weisheit der ägyptischen Mythologie hat dafür dieses Bild geschaffen. Ein Bild, welches einen schon zu Lebzeiten aufruft, zur Besinnung zu kommen und auf ein reines Herz, ein gutes Gewissen zu achten. Wahrscheinlich hat jede Kultur Sinnbilder für das Leben und das Sterben. Ein Kennzeichen jeder Hochkultur wird ganz bestimmt sein, sich bewusst mit dem Tod auseinanderzusetzen und die dafür entsprechenden Rituale zu entwickeln. Das alte Ägypten taucht immer wieder auf, sobald es um Mysterien, Mysterien-Schulen und -Wissen geht. Zum „Erkenne dich selbst" gehört, unter anderem, die Integration des „Mysteriums" von Leben und Tod.

Die Anforderungen der heutigen Zeit sind, neben dem was in den Schulen und Universitäten als Basis gelehrt wird, die Integration desjenigen Wissens und derjenigen Weisheit, die schon seit Jahrtausenden auf der Erde existiert. Ich will damit sagen, dass es, vor allem auch im Angesicht der Krise in den Bildungssystemen, welche in den Industrienationen auffällt, immer wichtiger wird, mit den Inhalten des entwickelten Bewusstseins auf Erden zu arbeiten. Ein möglicher Lösungsansatz könnte sein, „Lehrsysteme"/moderne Schulen zu gründen, die lebendig und interdisziplinär Wissen und Weisheit auf ansprechende, inspirierende und kreative Art und Weise vermitteln; die orientiert sind an den Gaben, Interessen und Talenten der Schüler. Schulen und Universitäten, falls diese Form noch angemessen ist, weihen dann ein. Zum einen werden die „Basics" gelehrt, zum anderen und ergänzend findet eine Einweihung in die Liebe und die heilige und heilende Sexualität statt. In einer kommenden Kultur, wo Frauen und Männer kooperieren, werden sicher dem Leben entsprechende Wissens- und Weisheitssysteme entwickelt. Gott sei Dank gibt es schon heute vielversprechende Ansätze. Wilhelm Reich hatte seinerzeit schon formuliert, dass ein anderes Bildungssystem dringend nötig ist und darüber ein ganzes Buch geschrieben, mit dem Titel „Kinder der Zukunft". In heutiger Zeit gibt es mehr und mehr private Schulen, als Beispiel die Montessori-Schulen. Dann gibt es die Bewegung und das Netzwerk freier Schulen und die Initiative von Christina von Dreien, die die „Schule Herzbasis" gründen will, altersgemischt, ohne Lernziele und vorgegebene Gruppeneinteilung.

Ein paar Beispiele, welche in die gewünschte Richtung gehen. Eltern, Pädagogen, engagierte Menschen, die erkennen, dass es einer konstruktiven Veränderung bedarf.

Stellen Sie sich vor, dass in der Grundausbildung, z. B. In den Sprachen, gewaltfreie Kommunikation integriert ist. Der Geschichtsunterricht beginnt bei dem alten indigenen Wissen, neben historischen Fakten wird das Mysterien-Wissen mit gelehrt, von A bis Z, jede Epoche ist beinhaltet, frei von Be- und Verurteilung. In Biologie werden Epigenetik, morphogenetische Felder, die fünfte Herzkammer sowie andere „Phänomene" eine Rolle spielen. Die Mathematik wird ein Verständnis über die heilige Geometrie vermitteln. In der Physik werden die fünf- dimensionalen und zwölf-dimensionalen „Theorien", das Torusfeld, das Null-Punkt-Feld Gegenstand des Lernstoffes sein. Die Signatur des Alls wird dem Lernenden in der gesamten Bandbreite und aller Komplexität vermittelt werden. Das alles findet in einem offenen Lernraum statt, in dem Schüler und Lehrer aktiv interagieren.

Die Signatur im All

Torus

Der Torus sieht aus wie ein Donut – ein Kreis mit einem wulstigen Rand und in der Mitte ist ein Loch. Dieser wulstige Rand ist eine elektromagnetische Struktur, voller Energie. Die Energie durchströmt das Loch beständig, durch einen Energiefluss zwischen den Polen. Diese Struktur ist eine weitere Struktur der Wirklichkeit. In der Mitte eines solchen Loches befindet sich auch die Erde, in ihrem eigenen Torusfeld. In der Mitte des Lochs befindet sich jeder Mensch, in seinem Torusfeld. Wenn ich es richtig verstanden habe, befindet sich um jedes Wesen, um jedes Tier und jede Pflanze ein solches Feld. Im Grunde müsste auch jede mineralische Struktur von einem Torusfeld umgeben sein? Ich setze das Fragezeichen weil ich noch einmal betonen will, wie „wackelig" ich auf den Beinen bin, wenn es um streng wissenschaftliche Fachaussagen geht.

Viel wichtiger ist mir, und diese Bilder kenne ich vom Torusfeld der Erde und dem, um den Menschen herum, wie selbstähnlich Gestalt, Körper und Materie schaffende Strukturen aufgebaut sind. Gott hat sozusagen ein sich bewährendes Prinzip immer wieder angewandt. Das hat eine bestechende wie brillante Logik, ein einmal funktionierendes Prinzip zu nutzen. Ein aufgeschnittener Apfel zeigt übrigens dieses Torusfeld und seine Wirkungsweise: Das Kerngehäuse, das Herz des Apfels, welches durch seine Samen, die Apfelkerne, das Überleben sichert, ist sinnbildlich gleich der Erde, dem Menschen und allen anderen, von einem solchen Feld umgebenen lebendigen Formen und zeigt, warum und wieso dieses Feld so bedeutend ist. Es ist formbildend und gibt der Form Energie. Darüber gibt es einen faszinierenden Film: „Thrive" von Foster Gambel.

Zum Thema heilige Geometrie und fünf- bzw. zwölf-dimensionales Universum drücke ich lediglich meine Faszination aus. Jedoch bin ich weit davon entfernt, dies glaubwürdig darzustellen. Ich unterlasse von daher jeden Versuch, mich hier wissenschaftlich aufspielen zu wollen. Jedoch ist es mir wichtig, der „wonderfull world" diesen Klang beizumischen.

Heilige Geometrie

Sie offenbart Strukturen der Wirklichkeit, fügt der Signatur im All mathematisch präzise, geometrische Körper bei. Ich bin überwältigt, dass die geometrischen und mathematischen Körper, sowie die Musik, dem menschlichen Bewusstsein Aufschluss darüber geben, in was für einer Welt wir leben und wie diese ihre „Wunder" bewerkstelligt.

„Magische" Begriffe: Goldener Schnitt, *Vesica-Piscis*-Symbol/ Fischblase, Blume des Lebens, Saat des Lebens, das Ei des Lebens, Kabbala, Fibonacci-Folge/Spirale. Die platonischen Körper: Tetraeder (Vierflächner aus vier Dreiecken), Symbol für die Merkaba, Hexaeder (Sechsflächner bzw. Würfel aus sechs Quadraten), auch bekannt als Metatron Würfel, Oktaeder (Achtflächner aus acht Dreiecken), Dodekaeder (Zwölfflächner aus zwölf Fünfecken) und Ikosaeder (Zwanzigflächner aus zwanzig Dreiecken), Hyperbolischer Tonkegel, Fraktale ... um nur einige Wunder zu nennen.

Für mich ist der Begriff Magie mehr mit Zauber assoziiert als denn mit Okkultismus. Mit Zauber bringe ich Faszination in Verbindung. Diese Art Zauber, welchen ich kenne, wenn ich Weihnachten in das geschmückte Wohnzimmer kam und mich, mit verzaubertem Blick und Gemüt, am leuchtenden und glitzernden Weihnachtsbaum erfreute. So erfreue ich mich an der Heiligen Geometrie, die ich selber noch erforsche, damit ich mehr verstehe. Ich schreibe hier von der Heilige Geometrie, damit Sie, wie ich auch, einmal selbst in diese Welt eintauchen und sich der Magie und dem Zauber hingeben. Die Heilige Geometrie hat etwas Nüchternes, und zugleich stellt sie das Wunder der Schöpfung auf bezaubernde Art dar. Sie zeigt in ihrer Vielfalt, wie das eine auf dem anderen aufbaut und immer komplexer und präziser wird. Es zeigt sich eine Struktur, in welcher sich das göttliche All differenziert erkennen und verstehen lässt. Ich unterlasse es bewusst, darauf mehr einzugehen, da dieses ganze Thema ein eigenes Buch füllen würde.

Fünf- bis zwölf-dimensionales Universum

Ich erwähne diese „kühne Behauptung" einzig und allein deshalb, weil sie sich meinem Zugriff in jeder Hinsicht entzieht. Ergo, ein interessantes Thema. Die fünfte Dimension wird ja schon seit Längerem erwähnt, im Zusammenhang mit dem derzeit stattfindenden Aufstieg des menschlichen Bewusstseins. Ich bin ja schon gut trainiert darin, dass sich auf meinem spirituellen Weg stetig etwas Neues offenbart. Ich lebe in der dritten Dimension, tue mich jedoch schon schwer bei einem wirklichen Verständnis der vierten Dimension. Ich weiß nur abstrakt, dass diese mit der Zeit verbunden ist. Also wird die fünfte Dimension noch vollkommen andere Möglichkeiten bieten. Die liegen eindeutig über denen der dritten und der vierten Dimension, beinhalten diese jedoch!? Worüber ich immer wieder einmal nachdachte, ist, dass ursprüngliche Fähigkeiten des Menschen – wie Telepathie, Teleportation und Telekinese – mittlerweile technologisch umgesetzt werden. Ich vermute, durch die technologische Entwicklung sind diese Fähigkeiten dem Menschen „abhanden" gekommen. Zur Veranschaulichung: Telepathie wurde zu Telefonen und Smartphones. Teleportation wurde zu von Tieren gezogenen Wagen, zu Autos, Schiffen, Flugzeugen, bemannten Raketen und Zügen. Telekinese wurde zu allen Möglichkeiten, Materie zu bewegen; die moderne Form sind Bagger, Kräne und Tunnelbohrer. Durch die Technologie werden vormals geistige Fähigkeiten materiell umgesetzt.

Die fünfte Dimension kann ich nur annähernd begreifen, indem ich mir vorstelle, dass die ursprünglichen Fähigkeiten wieder aktiviert werden und bisherige drei- und vierdimensionale Konzepte anders „be- und genutzt" werden, ohne an die bisherigen Konzepte gebunden zu sein. Erkenntnisse aus der Quantenphysik – die Welt besteht aus Energie und Information, mehr denn als aus fester Materie – lassen sich in der fünften Dimension unmittelbar anwenden. Die bisherigen Bindungen an Raum und Zeit lösen sich auf, das Bewusstsein und der Geist sind unmittelbar in der Lage, Wirklichkeit zu schaffen. Gedanken und Gefühle schaffen Wirklichkeit – dies wird direkt, ohne Zeitverzögerung und räumliche Begrenzung, erlebt. „Steh auf und sei gesund" ist, statt ein frommer Wunsch zu sein, eine direkt erfahrbare Aktivierung und Wirkung der Selbstheilungskräfte im Körper.

Bisherige Grenzen und Limitierungen sind aufgehoben. Armut, Mangel, Umweltverschmutzung, Gewalt und Kriege – all das, was jetzt noch Kummer, Leid und Sorgen verursacht – löst sich auf, da jedweder evolutionäre Vorteil, anderen zu schaden, entfällt. Da quasi alle alles können. Wenn ich etwas brauche, dann materialisiere ich es. Das setzt ein hohes ethisches Verhalten voraus. Gut, die fünfte Dimension ist ja eh eine ganz andere Daseins-Möglichkeit. Das menschliche Bewusstsein hat sich erhöht und weiterentwickelt, wie alles Leben. Wenn ich jetzt noch projiziere, dass die Grundhaltung der/des Menschen Anwendung der bedingungslosen, göttlichen Liebe ist, dann ist die fünfte Dimension das wiederhergestellte verlorene Paradies. Dies ist eine spielerische Variante, die aus meinen bisherigen Puzzle-Teilen dieses Bild erschaffen kann. Das ist diejenige Utopie, die ich sehen kann, wenn – Liebe das Böse gut – erfolgreich angewendet wird.

Weitere Vorstellungen, bis hinauf zur zwölften Dimension, überlasse ich Burkhard Heim. Ich finde das Thema geistig anziehend, jedoch verfolge ich im Moment zunächst die Integration dessen, was ich bisher annähernd nachvollziehen kann. Ich wollte nur noch einmal betonen, dass die Strukturen der Wirklichkeit ihrer Natur nach eher offenendig sind, geeignet, Körper, Geist und Seele anzuregen. Wieder einmal zolle ich meinen Respekt gegenüber dem menschlichen Bewusstsein, welches in der Lage ist, Ideen, Symbole und Strukturen zu erschaffen, die ein Verständnis für das große Ganze ermöglichen. Diese Intelligenz des Bewusstseins, gepaart mit der Intelligenz des Herzens, ist in der Lage, den nächsten evolutionären Schritt zu vollziehen. Dieser Schritt wird die Erde wieder in ein Paradies, in das gelobte Land, den ursprünglichen Seins-Zustand von Mutter Gaia/ Erde verwandeln.

Mit diesem Kapitel und seinen verschiedenen Stationen stelle ich einige „Blüten" geistig-seelischer Aussagen vor, an denen ich auf meinem Weg „schnuppere" und die mich glücklich machen. Glücklich deshalb, weil ich sehe, dass wir Menschen weit mehr zu bieten haben als das, was wir bislang verwirklichten.

9. Kapitel: Bilder, Einsichten, Gefühle und Gedanken, experimentelle „Spielereien"

In diesem Kapitel werde ich mir immer wieder erlauben, naiv und staunend zu sein; der Freude folgend, ungefiltert und unvernünftig zu sein; etwas so zu sehen, als sehe ich es zum ersten Mal. Immer wieder versuche ich mir den Moment vorzustellen, wo in der Urgeschichte ein Vogel zum allerersten Flug abhob oder den ersten Fisch, welcher aus dem Meer an Land ging. Was für ein Gefühl es wohl ist, als erster Mensch den Mond zu betreten. Neil Armstrong sagte dazu ja: *„Ein kleiner Schritt für einen Menschen, ein großer Sprung für die Menschheit."* Als Achtjähriger saß ich staunend vor dem Fernseher. Und, als Achtjähriger hatte ich auch „nur" das Bild vom gekreuzigten Jesus Christus vor Augen und es dabei belassen. Desto ergreifender war der Moment, der mit der Auferstehung verbunden ist.

Portugal – Alentejo – Ostersonntag,
12.04.2020 – Auferstehung

Das ist eine Frohe Botschaft – Auferstehung. Eines Morgens wird im „Politischen Ashram" das Thema Auferstehung betrachtet. Ich „falle aus allen Wolken", da mir bewusst wird, dass ich am Bild des gekreuzigten Christus „klebe und daran hafte". Das ganze Thema der Auferstehung hatte ich ausgeblendet, verdrängt und übersehen. Obwohl ich in der Schule den Religionsunterricht mochte und es hätte wissen müssen. An diesem besagten Morgen lasse ich die Auferstehung ganz an mich heran. Es trifft mich mit voller Wucht. Statt mit Jesus Christus nur

Kreuzigung, Scheitern und Tod zu verbinden, also eine unverständliche „Begrenzung" seines Wirkens anzunehmen, wird die Auferstehung zu einem Ideal und Symbol, dass die Wahrheit und Wirklichkeit unserer Existenz eher einen grenzenlosen und unsterblichen Charakter in sich trägt – vor allem auch in Fleisch und Blut, im Körper.

Das Leben bekommt durch die Auferstehung einen grenzenlosen Charakter und ist voller vitaler Energie; stetig in Bewegung, stetig sich ändernd und dennoch konstant. Selbst in einem festen materiellen Zustand wirkt eine immense immaterielle und grenzenlose Energie. Unser eigener Leib ist eine vollkommene Spiegelung universeller Prinzipien. Er basiert mehr auf Energie statt „nur" auf Materie. Mikrokosmos und Makrokosmos sind ein Bewusstsein und Ein-Sein. Dieses eine Bewusstsein und Sein gestaltet aus immaterieller Energie, welche in den unendlichen Weiten des Alls zur Verfügung steht, unser materielles Sein. Das ist doch bemerkenswert. Wir leben in einem permanenten Fließgleichgewicht, einer immateriellen Energie, und sind selber ein Fließgleichgewicht. Jesus Christus offenbart und zeigt uns, was in der Struktur der Wirklichkeit alles möglich ist. Das Leben und Wirken von Jesus Christus verbreitet diese Wahrheit und Wirklichkeit wohl am weitesten. Ich will betonen und erwähnen, dass für sein Leben und Wirken Maria Magdalena absolut bedeutend und wichtig ist. Darüber gibt es einige Bücher. Mir hat es vor allem die Beschreibung in dem Buch – Das Manuskript der Maria Magdalena – angetan. In diesem Buch wird, unter anderem, ihre Einweihung in das sexuelle Mysterien-Wissen beschrieben. Diese Einweihung findet in der Schule der Isis statt. Ich bin dankbar, von tiefstem Dank und Respekt erfüllt, von einer solchen Anerkennung und Würdigung einer starken Frau zu lesen. Sie ist Kraft, Liebe und Muse, die bedingungslos zu Jesus Christus hält. Ihre Bedeutung ist wichtig für das Wirken von Jeshua. In Ergänzung zu diesem Absatz folgt ein Jahr später eine Erweiterung meiner bisherigen Betrachtung:

Portugal – Alentejo – Ostersonntag, 04.04.2021 – Auferstehung

Ostersonntag, der vierte April 2021, das Thema der Auferstehung bleibt faszinierend. Dass es im Bewusstsein der Menschheit existiert, vermittelt durch das Christentum, ist doch großartig und überwältigend. Unabhängig davon, ob das alles „nur" ein Märchen sein könnte, verankert die Bibel im Bewusstsein der Menschheit etwas Unmögliches: Ein Mensch, Jesus, wird zu Tode gefoltert und ist vom Tod auferstanden. Der berechtigte Einwand mag sein, dass Jesus eben auch Christus ist – Menschensohn und Gottessohn zugleich. Als Gottessohn ist er entbunden von den menschlichen Begrenzungen. Tatsache bleibt dennoch, Jesus ist ein Mensch, der den Tod „überlebt", indem er aufersteht. Ist dies jetzt alles eine wilde Geschichte, eine Lüge, ein Mythos? Wenn ja, zu welchem Zweck? Und immerhin wird das in einem der bekanntesten und weltweit verbreitetsten religiösen Werke, der Bibel, so beschrieben.

Ist der Zweck der, dass wir Menschen erkennen, dass wir in einer grenzenlosen Existenz leben? Dass selbst der physische Tod weder ein Ende noch eine festgeschriebene Grenze ist? Allein, dass das gedacht werden kann und dass es ein zugrundeliegender Bewusstseinsinhalt ist, zeigt doch auf, wie erhaben und weit aufgefächert unsere menschliche Existenz in Wirklichkeit ist und sein kann. Dies ist eine frohe Botschaft, dass der Mensch wirklich verbunden ist mit einem innewohnenden grenzenlosen und unendlichen Potenzial. Die Auferstehung wirft ein anderes Licht auf das Leben, welches mehr als wert ist, ergründet zu werden. In Ergänzung dazu existieren die Erfahrungs- und Erlebnisberichte von Menschen mit Koma- und/oder Nahtod-Erfahrungen. Es öffnet sich ein Tor in eine andere Welt, in die Wirklichkeit. Die Welt, die als gegeben angenommen wird, ist eher ein kleiner Ausschnitt einer umfassenderen Welt. Ich gehe davon aus, dass die Tausende von Jahren während Gewaltherrschaft in der Menschheitsgeschichte vorüber ist, sobald sich jeder Mensch aufmacht, seine Möglichkeiten und seine Würde vor diesem Hintergrund erkennt, integriert und anwendet. Dazu rufen all diejenigen auf, die in irgendeiner Art mit dem Mysterien-Wissen in Kontakt gekommen sind.

Wie Jesus Christus schon sagte: *„Das, was ich kann, kannst du Mensch auch und noch viel mehr."* Zitat aus dem Leben und Lehren der Meister, von Baird Spalding

Albert Einstein sagte: *„Alles, was denkbar ist, ist auch machbar."*

Und ... diese Christuskraft ist allen Menschen innewohnend. Als einzelner Mensch, wie auch als Menschheit, sind wir gut ausgestattet, für alle anstehenden Probleme Lösungen zu finden. Das liegt in unserer Natur.

Das horizontale und das vertikale Bewusstsein

Vor Jahren zeigte sich dieses Bild vor meinem geistigen Auge: ein schwerer und schöner Holztisch, auf dem wenige Gegenstände stehen, Kerzenständer, einige Gläser. Sobald ich einen Gegenstand geringfügig bewege, verändert sich sofort das ganze Muster. Was gerade noch so war, ist jetzt anders. Durch mein Tun erschaffe ich eine andere Wirklichkeit. Das findet auf der horizontalen Ebene statt, auf der zweidimensionale Oberfläche dieses Tisches.

Fasziniert folge ich dieser Betrachtung weiter und erkenne, ich kann in dieser zweidimensionalen Welt etwas ändern und bewirken. Die dreidimensionalen Gegenstände erweitern die zweidimensionale Welt um eine nächste Dimension. Ich wiederum erweitere und handele aus einer weiteren, komplexeren

Dimension und Ordnungsebene, der Vierdimensionalität. Ich verändere das Muster in der zweiten Dimension, indem ich die dreidimensionalen Gegenstände, im Raum die Körper, in Bewegung setzte, welches ich aus der vierten Dimension, der Zeit, tue. Indem ich mich und die Gegenstände bewege, erweitere ich den Raum durch die Zeit. Die Zeit beinhaltet alle vorherigen Dimensionen und geht über diese hinaus. Während sich vorher alles horizontal im Raum abspielt, kommt durch die Zeit eine vertikale Ebene hinzu. In Bezug zur horizontalen Ebene agiere ich und bin auf einer vertikalen Achse.

Jede Dimension hat ihre eigenen Charakteristiken und Möglichkeit. Jede Dimension ist zugleich beschränkt in ihren Möglichkeiten und erfährt eine Erweiterung durch die nächst höhere Dimension. Mit jeder Erweiterung wird das volle Potential der vorherigen genutzt. Jede Dimension ist wichtig für die weitere Verfeinerung, für die nächste Stufe an Komplexität. Das meine ich mit verzahnt und/oder ineinander verschränkt. Ich werde mir meiner Vierdimensionalität bewusst, obwohl ich die Zeit weder hören, riechen, noch schmecken oder anfassen kann. Ich kann Zeit fühlen und beobachten, was ich aus dieser Dimension heraus in der dritten Dimension bewirken kann. An diesem Tag, durch dieses Bild, beginne ich mich für das behauptete Vorhandensein unendlich vieler Dimensionen zu öffnen. Da stehe ich jedoch erst am Anfang. Das erklärt jedoch meine Neugier an der fünften und weiteren Dimensionen. Nach meiner Vorstellung ergäben sich enorme Erweiterungen der bisher bekannten und erlebten Möglichkeiten.

Das Bild besticht durch seine Einfachheit, und das gefällt mir. Die verschiedenen Dimensionen des Bewusstseins und die materiellen Dimensionen sind demnach miteinander vernetzt, verzahnt und spiegeln sich. Die verschiedenen Dimensionen bauen aufeinander auf, entfalten und verfeinern sich, steigern sich zu einer Komplexität, die mehr und mehr Wirklichkeit enthält. Die Wirklichkeit, das Bewusstsein und das Sein sind ineinander verschränkt. In diesem einfachen Sinnbild zeigt sich mir, wie präzise Gott, die schöpferische Intelligenz, arbeitet und wirkt.

Die faszinierende Sicht am Teich

Auf der Teichoberfläche eines kleinen Sees spiegelt sich alles darüber Seiende. Die Bäume, die Landschaft, der Himmel, das sich wiegende Schilf am Ufer, die vorbeifliegenden Vögel, die Wolken, das Sonnenlicht und mein Gesicht. In der Nacht werden das endlose All und die Sterne gespiegelt. Was da alles hineinpasst, in diese „kleine Wasseroberfläche" – die ganze darüber liegende, sowohl „endliche" Welt als auch die bis in die unendlichen Weiten reichende Welt. Ich bin ergriffen und staune, denn so sehe ich das zum ersten Mal. Was für eine zauberhafte Welt, in der das, was jetzt so zu sein scheint, sich je nach Perspektive anders darstellt und die ursprüngliche Betrachtung und Sicht ergänzt und erweitert.

Ich nehme also zuerst die Wasseroberfläche wahr. Sie ist Teil meiner Umgebung, eingebettet in die Landschaft, umgeben von Bäumen und Schilf. Die zugrundeliegende Perspektive. Indem ich dann näher heran gehe, blicke ich auf die Wasseroberfläche. Jetzt sehe ich die Spiegelungen eines bestimmten Ausschnittes meiner Umgebung. Ich sehe also aus einer anderen, veränderten Perspektive. Diese Spiegelung, im Tageslicht, wirkt begrenzt und endlich. Sie spiegelt die Endlichkeit, die am Himmel und in den Wolken eine Grenze findet. Jedoch, des Nachts spiegelt dieselbe Wasseroberfläche die unendlichen Weiten des Sternenhimmels. Eine weitere ergänzende und zusätzliche Perspektive. Drei verschiedene Blickwinkel, drei verschiedene Perspektiven.

Doch es ergibt sich eine weitere Perspektive. Ich schaue durch diesen Spiegel der Wasseroberfläche hindurch, in eine andere

Welt. Ich sehe die Fische, den Grund, die Beschaffenheit dessen, was da unter Wasser lebt und ist. Nun stelle ich mir vor, wie ich im Wasser bin und tauche. Ich sehe quasi von der anderen, „hinteren oder unteren", Seite des Spiegels durch den Spiegel hindurch und schaue in die Weite. Ich sehe, was sich auf der Oberfläche spiegelt und, wie durch eine Linse, darüber hinaus.

In der Quintessenz erfahre ich fünf verschiedene Blickwinkel und dass die Wasseroberfläche eine sich stets bewegende Membran, ein fließender Spiegel, ist. Dort, wo die Wasseroberfläche der Spiegel ist, an dieser feinen Grenze, ist das Endliche mit dem Unendlichen verknüpft. Das Leben hält immer wieder Überraschungen bereit. Das Leben ist schön, wunderbar, voll sich offenbarender Geheimnisse über die Strukturen der Wirklichkeit. Ich stand schon oft an diesem Teich, doch dieser Tag wird mir für immer in Erinnerung bleiben. Worauf ich damit hinaus will? Im sogenannten Alltäglichen und Banalen sind mehr Möglichkeiten verborgen, als gemeinhin angenommen. Alles Seiende birgt in sich Erkenntnispotential.

Die heiligen Pflanzen – Planta Sagrada – Ayahuaska

Es ist sehr lange her, dass ich die Substanz von Medizin Pflanzen nutzte. Eine Freundin schenkt mir eine Ayahuaska-Zeremonie zum Geburtstag. Ich denke lange darüber nach, dieses Geschenk anzunehmen. Ich empfinde einen gehörigen Respekt, da ich in meiner wilden Sturm- und Drang-Phase viele Fehler machte, vor allem auch Fehler im Umgang mit bewusstseinserweiternden Substanzen – aufgrund einer mangelnden und sinnvollen Anweisung, Schulung und Unterweisung. Die heiligen Pflanzen sind dem Menschen gegeben, die Möglichkeiten seines Bewusstseins kennenzulernen. Diese, in der Regel starke Medizin, einfach nur so drauflos zu nutzen, halte ich mittlerweile für fragwürdig, im

Grunde für gefährlich. Aus guten Gründen haben die indigenen Stämme dafür klare Rituale, aus einem fundierten Wissen heraus, entwickelt, damit ein heilsamer Gebrauch gewährleistet ist.

Ich überlege sehr gründlich, ob ich überhaupt dieses Geschenk annehmen will. Aus Erfahrung weiß ich bereits, dass das, was wir durch Substanzen als Bewusstseinserweiterung erfahren, ohnehin dem Bewusstsein innewohnt. Dennoch, die heiligen Pflanzen sind zum Gebrauch da. Also lasse ich mich darauf ein und mache eine großartige und unerwartete Erfahrung: mir unbekannten Menschen zu vertrauen und vor allem die „neue" Begegnung mit meinem Ego. In einem Raum voller, in weiß gekleideter, Menschen werden ununterbrochen heilige Lieder aus allen Kulturen dieser Welt gesungen. Ein wunderschöner Klangteppich, der Halt und Orientierung während der ganzen Zeremonie gibt. Ich fasse Vertrauen, zumal mich der Leiter der Zeremonie ganz langsam an die Substanz heranführt, sehr verantwortungsbewusst.

Kurz noch ein wichtiger Diskurs zum Ego

Zu meiner Überraschung – nach all den langjährigen, mühseligen und spirituellen Versuchen, das Ego abzulegen, es loszuwerden, es zu verlassen, zu transformieren und zu transzendieren – gelingt ein „Deal". Ich sage zu meinem Ego, dass ich es liebe und während der Zeremonie eine egofreie Erfahrung machen will. Ich gehe ohnehin davon aus, dass sich das Ego wieder „meiner annehmen wird".

Viele psychologische und spirituelle Schulen sagen, es ist wichtig, das Ego zu durchschauen und zu entmachten. Deshalb strengte ich mich über die Jahre an, dies zu praktizieren. Erfolglos. Eine erste erlösende Information kam dann von den Maya-Indigenen. Sie sagen, das Ego sei wichtig, in dem Zeitraum von der Geburt bis in die Pubertät hinein. Das Ego hilft dabei, sich nach der Geburt in dieser materiellen Welt zu orientieren und die eigene Identität zu entwickeln. „Kreatürlicher"-weise zieht es sich in der Pubertät, spätestens im Alter von 18 Jahren zurück, und das Hohe Selbst, die authentisch innewohnende Identität unserer Existenz, der inkarnierte Teil unserer ewigen Seele entfaltet sich. Seit dieser Information hatte sich schon mein Verhältnis zum Ego geändert. Das Ego hat seine Bedeutung und seinen angemessenen Platz im Menschen. Dass die Menschheit sich zu einer weitgehend Ego-orientierten Kultur entwickelte, halte ich für einen durchaus klugen Schachzug derjenigen, die Macht missbrauchen.

Während der Zeremonie

Gott sei Dank. Die Liebe ist wieder einmal der Schlüssel. So lange brauchte ich, dies zu erkennen und anzuwenden. Das Ego gehört fundamental zur Charakterstruktur des Menschen und ist für die eigene Entwicklung und Identitätsfindung wichtig. Auf einer sinnvollen Ebene angesprochen, ist das Ego kooperationsbereit. Zu meiner freudigen Überraschung wirkt das Ayahuaska intensiv, jedoch sanft. Ich befinde mich ununterbrochen im Hier und Jetzt, über Stunden hinweg. Ich mache eine Erfahrung, die mir schon so lang am Herzen lag. Es ist also wahr und möglich, im Hier und Jetzt zu sein. Ich bemerke und fühle, *das ist doch der grundlegende menschliche Daseinszustand*. Sobald Geist, Körper und Seele kohärent sind, sind wir Hier – Jetzt. Ich erlebe Glück und Freude, eine lang gehegte Hoffnung erfüllt sich. Ich erlebe, wie es sich anfühlt, mit dem innewohnenden Potential unmittelbar in Berührung zu sein.

Eine weitere Überraschung: Der heilige Gesang, das friedvolle Zusammensein der Menschen, das erweiterte Bewusstsein – dies alles führt zu der Empfindung, wir praktizieren gerade aktive globale Heilungsarbeit. Wir speisen sozusagen direkt die heilige und heilende Energie in das weltweite Bewusstseinsfeld ein. Wir tun etwas für das Wohl des Ganzen, als gelebte Erfahrung. Tiefer Dank erfüllt mich.

Die Gegenwart

Manchmal ist es wahrlich einfach. Eines Morgens gehe ich, wie üblich, einen bestimmten Weg entlang. Mit einem Mal werde ich mir gewahr, diesen Schritt mache ich zum ersten Mal und nur dieses einzige Mal. Obwohl ich schon Tausende von Schritten machte, gibt es immer nur diesen einen Schritt.

Dieser Atemzug ist einzigartig, geschieht jetzt, zum ersten und einzigen Mal. Diese, „ich werde der Gegenwart gewahr"-Übung liebe ich. Durch die Berührung mit der Gegenwart erfahre ich Raumlosigkeit, Zeitlosigkeit, dehne mich endlos aus und erlebe und fühle die Ewigkeit. Es ist großartig, ein Mensch zu sein, ausgestattet mit einem unbegrenzten Bewusstsein und Potential.

Der Körper als Gleichnis alles Existierenden, physisch und metaphysisch zugleich

Das Blut zirkuliert in unseren Adern und Venen, versorgt den Körper ganz und gar mit Nährstoffen und reinigt uns von allem, was giftig und schädlich ist. Das Herz schlägt mit einer Kraft und Präzision, alle Organe sind fein, harmonisch und absolut präzise aufeinander abgestimmt. Verbrauchte Zellen werden ausgeschieden, neue geboren. Die Lebenskraft im Körper ist unermesslich. Der Körper ist ein Mikrokosmos, eine genaue Widerspiegelung des Makrokosmos.

Reinhold Messner besteigt ohne Sauerstoffmaske den höchsten Berg der Welt. Mirjan Dajo lässt sich Dolche durch den Leib und das Herz stoßen, ohne Verwundungen und Verletzungen. Akrobaten im Zirkus zeigen unvorstellbare Kunststücke. Allein der scheinbar so begrenzte, sterbliche Körper offenbart weit mehr, als das materialistische Weltbild suggeriert. Bei jeder Art von Verletzung agiert der Körper sofort mit Selbstheilung. Diejenige Frau, die beim Raumfahrtprogramm der Sowjetunion für die Ernährung der Astronauten zuständig war, kommt zu der Aussage, dass unser Körper prinzipiell eine Lebenserwartung von 120 Jahren hat. Mehr und mehr Quellen sagen aus, dass die Zellen potentiell unsterblich sind. Die in der Bibel benannten Methusalems sind wohl realer als allgemein angenommen. Das lässt doch den Schluss zu, dass wir Menschen weit mehr verwirklichen können, als derzeit, dass „Mensch zu sein" eine wichtige Rolle im großen Schöpfungsganzen spielt.

Seitdem ich 50 bin, habe ich Lust, lange zu leben. Lange zu leben bedeutet für mich etwas anderes als alt zu werden. Dieser Gedanke ist über einige Zeit gewachsen. Ich gehe ja von der ewigen Seele aus. Das bedeutet, dass wir Menschen einige Inkarnationen durchlaufen – durchlaufen haben und durchlaufen werden. In jeder Inkarnation sammelt die ewige Seele Informationen. In jeder Inkarnation will sich die ewige Seele weiterentwickeln und vervollkommnen, bis der Zyklus von Geburt, Sterben, Wiedergeburt ganz durchlaufen ist. Ein „Haken" dabei ist, dass der inkarnierte Teil unserer biografischen Existenz in der Regel vergessen hat, was die Aufgabe für diese Inkarnation war. So kam ich auf die Idee, lange leben zu wollen und diesmal, in dieser Inkarnation, diesen Durchlauf so weit wie eben möglich zu machen, d. h. mich wieder voll und ganz an die Aufgabe zu erinnern und sogar direkt mit meiner Seele in Kontakt zu kommen. Wenn dies gelingt, so hoffe und vermute ich, werde ich selbst entscheiden, wann und wie ich „Sterben" will. Hier auf der Erde zu leben, in dieser Zeit, finde ich bislang noch hochgradig aufregend, inspirierend und wichtig. Ich will das schon so oft zitierte göttlich innewohnende Potential diesmal hier auf Erden, mit meinem Körper, anwenden. Davon verspreche ich mir, herauszufinden was es heißt und wie es geht, mich und die Welt wieder in Ordnung zu bringen. Der humorvolle Aspekt daran ist, der Ewigkeit wird es ja wohl egal sein, wo die ewige Seele ihre Arbeit, die sie ja sowieso macht, verrichtet, ob im Himmel oder auf der Erde.

Eine experimentelle Spielerei – der Blumenstrauß

Ich betrachte einen schön arrangierten Blumenstrauß. Die Schönheit verführt mich zu einer Frage. Wie kommen die Farben in die Blumen, und wie findet überhaupt das Wachstum vom Samen bis zur Blüte statt? Fasziniert versuche ich zu ergründen, was schon Äonen lang in der Natur offenbart wird. Anfangs mache ich mich ein wenig lustig, stelle mir kleine Wesen vor, die die Blumenblätter anmalen und mit kleinen Gartenwerkzeugen und Transportern im Erdreich die Pflanze mit Nährstoffen versorgen. Diese naive Betrachtung „schützt" mich davor, wissenschaftliche Erklärungsmodelle zu Rate zu ziehen; schützt mich auch vor meiner Unwissenheit.

Ich will meiner Intuition und der aufkommenden Resonanz mit den Blumen folgen. Vielleicht spüre ich ja, wie Blumen wachsen? Ich beginne ein Lichtnetz zu „sehen", sehr filigran, quasi noch ohne Materie. Dieses Lichtnetz hat die Form von Stängel und Blüte und nimmt das Aussehen der Blume, immateriell, vorweg. Das Lichtnetz ist so etwas wie die Blaupause. Was sich als Stängel und Blüte im Außen dann als Blume zeigt, ist das „Kondensat" von Materie an diesem Lichtnetz. Das Lichtnetz, das „Gerüst", ist die vollständige Information Stängel, Blüte, ausgewachsene Blume. Die kondensierende Materie, die die Blume ausmacht, hat eine Orientierung und haftet sich an, verbindet sich mit diesem Lichtnetz.

Seinerzeit bin ich sehr glücklich darüber, etwas zu sehen was mir einleuchtet. Ohne mich auf vorhandene Erklärungsmodelle zu beziehen, „erklärt" sich mir die Blume. Zugegeben, eine experimentelle Spielerei und ein Ausdruck meiner bewussten Naivität. Bis heute lasse ich die Frage offen, wie die Farbe in die Blume kommt. Die Farbenlehre von Goethe finde ich zwar beeindruckend, jedoch ist sie mir noch zu kompliziert. Vielleicht werde ich einmal Menschen fragen, die sich fachlich auskennen. Ich will hier, „durch die Blume" sprechend, dazu anregen, sich immer wieder dem Staunen hinzugeben, still zu werden und der Schöpfung in ihrem Tun zu zuschauen. Ich gehe davon aus, dass bei entsprechender Öffnung sich das Mysterium des Lebens von selbst offenbart. Und, es wichtig ist, sich selbst auszuprobieren. Aus eigener Erfahrung weiß ich, dass ich oftmals etwas Angelerntes zum Besten gebe, obwohl mir das wirkliche und selbst nachvollzogene Verständnis fehlt. Der Blumenstrauß hat mich gelehrt, wie bedeutend die eigene Erfahrung ist, auch in ihrer „Unvollkommenheit."

Die Blume des Lebens

Die Blume des Lebens ist ein sehr einfaches, kraftvolles Mandala. Bestehend aus sich überlappenden Kreisen, die an den Schnittstellen ein sich wiederholendes Muster bilden. Dieses Symbol findet sich in vielen Kulturen wieder und ist sehr alt. Die Blume des Lebens am Osiris-Tempel in Abydos, Ägypten, wird auf ein Alter von 5000 Jahren geschätzt. Die Blume des

Lebens fasziniert. Einfach und schlicht ist sie doch komplex, da das immer gleiche Grundmuster sich selbst wiederholt, wächst und im Wachstum einen anderen Lebensprozess repräsentiert. Aus der ersten Überlappung zweier Kreise, ergibt sich in der Schnittmenge ein Oval. Vesica Piscis, das Ei, aus welchem nach der Befruchtung, durch die Zellteilung, das Leben entsteht. Des Weiteren enthält sie die Saat des Lebens, dargestellt durch die Hervorhebung von sieben sich überlappenden Kreisen. Der Lebensbaum – die Kabbala – passt genau auf das Grundmuster der Blume des Lebens. In dieser geometrischen Figur lassen sich viele Prinzipien ausdrücken und darstellen. Mich erinnert sie an die Bilder über die Zellteilung, aus dem Biologieunterricht.

Bei längerem Meditieren und Schauen auf die Blume des Lebens beginnt sie sich zu bewegen. Muster beginnen sich zu zeigen, fließen von einem zum anderen. Durch ein solch einfaches und schlichtes Symbol werden universelle Schöpfungsabläufe erkennbar, sichtbar und verstehbar. Die Blume des Lebens gehört zu demjenigen Bewusstseinsraum, der heilige Geometrie genannt wird.

Ich lerne die Blume des Lebens und ihre Faszination erst sehr spät kennen. Als Liebhaber Gottes gefällt es mir sehr, dass ein einfaches Symbol komplex genug ist, Muster göttlicher Schöpfungskraft darzustellen und sichtbar zu machen. Dass das menschliche Bewusstsein solche Symbole zu erschaffen in der Lage ist, in denen sich Regeln und Prinzipien des Alls, der Natur und Schöpfung darstellen lassen, stimmt mich zuversichtlich. Die dem Menschen innewohnende Intelligenz ist zu kreativen Lösungen aller verhärteter Strukturen, wie Ausbeutung, Krieg und Zerstörungen der Lebensgrundlagen, fähig. Ich will mit der Blume des Lebens die Anregung geben, sich auf sie und die heilige Geometrie einzulassen. Überall in der Welt gibt es Hinweise, die der eigenen Inspiration dienlich sein können und die in der Lage sind, ein Licht dort anzuzünden, wo Handlungsfähigkeit, Hoffnung, Perspektive und Zuversicht dringend gebraucht werden.

Buddha-Skulpturen

Eines Morgens, ich bin in einem Seminar, schließe ich die Augen zur Konzentrationssteigerung. Unerwartet setzt ein Strom von Bildern ein. Über Minuten hinweg sehe ich Buddha-Skulpturen, alle möglichen Formen und Farben eines Buddhas wechseln sich ab. Ein pulsierendes Mandala. Ich höre, was im Seminar gesprochen wird und sehe gleichzeitig diesen Fluss der Bilder. Ich bin voll und ganz wach und gegenwärtig. Es fühlt sich so an, als ob ich in diesem zeitlosen Zeitraum „gesegnet" werde, mit demjenigen Gegenwartsbewusstsein, was dem Buddha zu eigen ist. Bei entsprechender Achtsamkeit fällt auf, dass einem immer zuteil wird, was gerade hilfreich und unterstützend ist. Om Shanti, Shanti, Shanti und Namaste. Ich benutze diesen Gruß, aus dem Sanskrit stammend, in dem Sinn: Ich verbeuge mich vor deinem göttlichen Wesen.

Der Torus

Eines Morgens, während meiner Gebet-Meditation, sehe ich minutenlang die Erde, eingebettet in einen Torus. Das war der Ausgangspunkt meines Interesses am Torus. Die Funktion des Torus zeigt ein halbierter Apfel. Die Erde ist im Zentrum, wie das Kerngehäuse. Das Kerngehäuse ist wie das Herz des Apfels. Über die Pole fließt und strömt ununterbrochen Energie hinein und hinaus. Die Strömungslinien sehen aus wie der Umriss des halbierten Apfels. Der ganze Apfel ist der Toruskörper, das Kerngehäuse – die Erde – ist im Inneren und der Stiel und sein ihm entgegengesetztes Ende sind die Pole. Das Äußere und das Innere des Torus wird durch diesen ununterbrochenen Energiestrom geformt und genährt. Dieses Bild kommt einem bekannt vor. Abbildungen über das die Erde umgebende Magnetfeld sehen so aus.

Das Diabolo

Eines anderen Morgens, ebenfalls im Gebet, erscheint dieses Bild. Ein Diabolo. Dort, wo sich die beiden „Trichter" auf das Zentrum hin verjüngen, sehe ich die Erde. Das Diabolo beginnt zu rotieren und bewegt sich in alle Richtungen. Das Zentrum, die Erde, bildet die Achse. Die Trichter nehmen kontinuierlich universelle Energie auf und geben wieder universelle Energie ab. Aufgenommene und abgegebene Energie strömen immer durch die Erde hindurch.

Dann taucht ein Schmetterling auf, und sein Körper wirkt wie die „Verjüngung" der „Trichter". Die Trichter sind seine Flügel. Sobald der Schmetterling fliegt, wird Energie frei. Die Flügelbewegung zeigt das „Trichtermuster". Später werde ich erkennen, dass diese Diabolo-Struktur ein Ausschnitt des Torus ist. Das Diabolo wirkt statischer, eher wie das Bild, welches der halbierte Apfel zeigt. Also das Diabolo „steht" im Zentrum des Torus, und durch seine Trichter wirbelt dieser ununterbrochene Energiestrom. Für mich ist dies, in diesem Moment, ein sehr kraftvolles Bild. Ich lasse es so stehen, ohne zu fragen, ob das wirklich so ist. Die Freude, ein Bild, ein Mandala, zu sehen, welches ein universelles Prinzip verdeutlichen könnte, ist größer als ein „Realitycheck". Das ist einer der Momente, wo ich mich wieder naiv hingebe. Ich liebe dieses plötzlich auftretende Staunen.

Dem Fluss folgen – Portugal, ein Abend im Alentejo, April 2020

Ein besonderer Abend. Ich sitze mit zwei guten Freunden bei einem wirklich guten Abendessen zusammen. Während des dazugehörigen Gesprächs öffnen sich die Tore in das atemberaubende All: Der Sternenhimmel in seiner überwältigenden Majestät, die Sterne/Sonnen, die Planeten, die Kometen, die Galaxien und dieses allgegenwärtige Licht, eingebettet in die tiefe Dunkelheit des Alls. So grenzenlos wie das All ist, so grenzenlos sind wir selbst. Meine Freunde und ich lassen uns auf diese unendlichen Weiten ein. Meine Freundin erzählt uns einen Traum. *Sie lehnt sich mit ihrer linken Schulter an die Sonne an. Sie ist genauso groß wie die Sonne. Ihre Arme sind Flügel. Mit einem Arm umfasst sie die Sonne. Sie jubelt: „So groß sind wir in Wirklichkeit, Jede und Jeder von uns.“* Sie hat unter anderem die Gabe, mit intensiven Worten etwas anschaulich beschreiben zu können, vor allem, wenn sie begeistert ist. Sie kommt dann ganz dicht an das heran, was eigentlich unbeschreiblich, unsagbar ist, bis es zu einer Empfindung wird. Sie versetzt einen in einen angeregten Zustand, der die Grenze zwischen Ich und Welt aufhebt. Die dabei entstehende höhere Schwingung erlaubt einem, mit dem numinosen Unendlichen in „Tuchfühlung“ zu kommen, es zu spüren, zu erleben, zu erfahren und einzutreten.

Auf einmal bist du drin, in DER Wirklichkeit, die umfassender ist als die körperliche Welt. Das Schöne ist, du bleibst im Körper und bist zugleich außerhalb des Körpers. Der Körper scheint nur begrenzt, in Wirklichkeit ist der Körper ein eigenes Universum. Plötzlich erscheint die Erde, die Welt, das Leben in einem anderen Licht, gewinnt an Ausdehnung und Komplexität in die unbekannten Dimensionen. Die Tore öffnen sich, es wird für Augenblicke möglich, die *Akasha-Chronik* zu lesen und in der lebendigen Bibliothek des Lebens zu sein. Ich bin dankbar für meine Freunde und für dieses Erlebnis.

In diesem Kapitel sind wieder einige Gebetsmühlen enthalten. Es mag vielleicht nerven, jedoch steigert sich nach und nach meine Zuversicht – Ja, wir können es.

10. Kapitel: Gebet – Gefühle und Gedanken schaffen Wirklichkeit

Es gibt diese Momente des Erlebens der Einheit. In diesen Momenten kommt es zur Übereinstimmung mit der Einheit. Die Erfahrung mündet in einen Zustand der Befreiung und Erlösung – in Momenten der Liebe, in Momenten der ekstatischen Verschmelzung im Sex, in religiöser Ekstase, wahrscheinlich in Nahtoderfahrungen, durch Glückserlebnisse; in Momenten, wo dir alles gelingt; im Moment, in dem dein Kind dich rückhaltlos liebt, ein Tier dir in vollem Vertrauen begegnet; in Momenten, wo das Hören und Spielen von Musik dich erhebt, begeistert und inspiriert; derjenige Moment, indem du hier und jetzt bist, voll und ganz wach und da bist. Das alles sind Momente voller Gnade und Güte. Ich bin gewiss, dass jede/jeder von Ihnen solche Momente kennt, wenigstens einen. Diesen Moment bewusst zu erzeugen, das empfinde ich als die Kraft des Gebetes und der Meditation.

Gebete

Diesen Absatz möchte ich mit einem Zitat einleiten. Aus dem Buch „Die Bergpredigt", von Emmet Fox: *„Denke immer daran, dass der einzige Gedanke, mit dem du dich zu befassen hast, nur Gegenwart ist ... denn wenn du jetzt richtig denkst, wird alles hier und jetzt richtig werden. Die beste Art, sich auf das Morgen vorzubereiten, liegt darin, das heutige Bewusstsein auf Harmonie und Seelenfrieden abzustimmen. **Im wissenschaftlichen Gebet benutzen wir gewöhnlich die Gegenwart.** Das ganze Ziel des wissenschaftlichen Gebetes ist die richtige Einstellung unseres Bewusstseins, und dies muss notwendigerweise in der Gegenwart geschehen. ... Arbeite an*

deinem eigenen Bewusstsein bezüglich der Angelegenheit – und zwar
in der Gegenwart; da somit der Gedanke gegenwärtig ist ... kann und
muss er in der Gegenwart erledigt werden."

Die ersten Gehversuche, zu beten, bringen mich an den Rand
der Verzweiflung. Die ersten Gebete waren geprägt von Unglaube und Zweifel. Das lag daran, etwas zu erwarten, ohne daran
zu glauben, dass ich es „verdiene" und es wert bin. Das Selbstwertgefühl und die Selbstermächtigung wird im Laufe der Zeit
ein Geschenk, welches sich aus der Gebets- und Meditationspraxis entwickelt. Das Gebet ist eine Kraft. Das Gebet ermöglicht eine Ausrichtung und Aufrichtung, die durch Achtsamkeit
und Gewahrsein entsteht. Seit nunmehr Fast achtzehn Jahren
entwickelt sich das Gebet in mir weiter. Das Wichtigste ist die
Kontinuität. Die Kraft des Gebetes liegt in der Konzentration
und Meditation auf das angebetete Thema. Gebet trägt in sich
das Geben. Ich gebe ein Anliegen, eine Absicht, eine Intention
ein in die schöpferische, universelle Intelligenz, und dann –
„Let God do".

   Dazu ein Zitat, welches ich liebe: *„Beim Heilungsgebet geht es*
darum, statt Gott um Hilfe zu bitten, zu erkennen, dass der Wille des
Geistes des Lebens ja das Wohlergehen und Heilsein seiner Geschöpfe
ist. Es geht darum, dass der Beter sich der inneren Gegenwart der
heilenden Kraft Gottes bewusst wird, sich ihr willig anschließt und
offen hält, damit die Seele Leib und Leben seiner Bejahung gemäß
von innen erneuert." Aus „Der innere Arzt", von K. O. Schmidt

In neuerer Zeit entdecke ich zwei weitere Aspekte, die mein
Gebet weiter entwickeln. Das Eine ist die durch das Gebet entstehende „Gedankenhygiene". Ich bemerke im Gebet, durch
die Achtsamkeit und das Gewahrsein, wie sehr ich durch ge-
wohnte Gedanken und Gefühle für etwas bete, zugleich jedoch
anzweifele, dass das Gebet in Erfüllung geht. Das Gebet zielt ja
auf Lösungen von Themen ab, die mir schwer fallen und/oder
als unmöglich erscheinen, dafür selbst eine Lösung zu finden.
Durch die Gebets-Praxis beobachte ich zunehmend, wie wich-

tig es ist, mich quasi raus zuhalten und sabotierende Gedanken und Gefühle zu unterlassen.

Der andere Aspekt ist mir peinlich und noch „frisch". Ich entdecke, dass ich ein zu unterwürfiges Verhältnis zu Gott habe. Das resultiert aus meiner Emotionalkörper-Gewohnheit, mich minderwertig zu fühlen. Dass ich ein zu unterwürfiges Verhältnis zu Autoritäten habe, war mir schon bewusst, dass das bis hin zu Gott reicht, war mir unklar. Die Minderwertigkeit hatte auch zur Folge, mich als unwert einzustufen. Weshalb sollte ich von Gott gehört werden und sich das erfüllen, was mir am Herzen liegt und worum ich gebeten habe, wenn ich doch so wenig bedeute? Im wahrsten Sinne „Gott sei Dank" erfüllten sich trotz meiner Minderwertigkeit die Gebete. Dadurch verändert sich nach und nach mein Minderwertigkeit und mangelndes Selbstwertgefühl. Ich bin dankbar für diese Veränderung.

Der „Clou" – Dann probiere ich etwas aus. Statt weiter tendenziell unterwürfig zu sein, bete ich mit dem Zusatz – Ich will. Obwohl ich unsicher war, mir das zu erlauben und raus zunehmen, machte ich die folgende Erfahrung: Gott fällt es deutlich leichter auf das einzugehen, was ich will. Ich spürte die Veränderung. Sobald ich eindeutig und klar bin, fällt es dem Gegenüber deutlich leichter, mich zu verstehen. Dieser Veränderung weiter zu folgen, ist seitdem eine Dauerübung von mir. Ich traue mich jetzt und weiß dadurch mehr als zuvor. Mein Selbstwertgefühl steigt und auch in meinem Freundeskreis erlebe ich eine Erleichterung darüber, dass sie nun wissen, woran sie mit mir sind. Ich will – das hat echt lange gedauert, mir diesen Mut zu erlauben. Es fühlt sich deutlich besser an, als alles vorher. Das ist ein erfreuliches Resultat auf meinem Weg, ein gläubiger Mensch zu werden.

Gebetserhörung

Dankbar darf ich mittlerweile aus Erfahrung sagen, früher oder später werden alle Gebete erhört. Mit Gebetserhörung bezeichne ich folgende Erfahrung: Ich formuliere ein Gebet und von diesem Moment an, bis zu dem, wo sich erfüllt, um was ich betete, nehme ich wahr, wie der dazu gehörende Zusammenhang ist. Das ist das eine. Das andere Kennzeichen ist, die Erfüllung tritt auf eine überraschende Art und Weise ein, die meine eigenen Möglichkeiten übersteigt.

Zumeist erlebe ich die Gebetserhörung mit einer Zeitverzögerung. Das liegt zum einen daran, zu oft zu erwarten und zu interpretieren, wie sich das Gebet „gefälligst" zu verwirklichen hat. Zum anderen liegt es an den eigenen Gedanken, Gefühlen und Glaubenssätzen, die die Erhörung entweder behindern oder verzögern; ein Standard-„Fehler" aus der frühen Zeit, aus der Zeit, als ich in den „Kinderschuhen" der Gebets-Praxis steckte. Die Kardinalfehler waren Erwartungen und Zweifel.

Geben

Die Gebetserhörung beinhaltet Geschenke. Eines ist die Entdeckung, wie befreiend es ist, zu geben. Geben heißt, in der Lage zu sein, über sich selbst hinaus zu gehen. Geben macht Gebet zu einem interaktiven Vorgang. Aus Dankbarkeit, dass sich das Gebet erfüllt hat, bin ich bereit, diese Fülle zu teilen. Sobald ich also durch die Erfüllung der Gebetserhörung bereichert bin und mich freier und glücklicher fühle, bin ich leichten Herzens bereit, mich zu verschenken. „Geben ist seliger denn nehmen" wird dann zu einer authentischen Geste.

Dankbarkeit

Die authentischen spirituellen Quellen weisen immer wieder darauf hin, wie wichtig es ist, die Erfüllung im Gebet dankbar vorweg zu nehmen. Das Gebet so anzulegen, als sei es bereits verwirklicht und dafür zu danken, dass es erfüllt ist. Die Dankbarkeit ist eine Haltung, die aktiv mitbewirkt, dass sich das Gebet erfüllt. Die Dankbarkeit ist eine Kunst, die Kunst sich hineinzuversetzen in das Gewünschte. Das Gewünschte zu sehen, zu fühlen, sich darin zu bewegen; zu erleben, es ist schon da. Was ja der Fall ist, indem ich im Gebet das gewünschte auflade. Indem ich es formuliere, kreiere ich ja im Geist den Wunsch und ermögliche seine Manifestation. Das Bewusstsein und der Geist sind frei und flexibel genug, jedwede Grenze aufzuheben. Je besser es gelingt, über sich hinaus zu gehen und mit dem universellen Geist in Einklang zu kommen, desto leichter wird sich das Gebet erfüllen.

Gottesbeweis und Kraft

Ich suche in allen möglichen Richtungen, in spirituellen und religiösen Traditionen nach authentischen Gottesbeweisen. Im Gebet mache ich beachtliche Erfahrungen, die Gebetserhörungs-Erfahrungen. Ich fühle dadurch die Gottesgegenwart. Die Einlösungen von Gebeten kommen definitiv aus einer Quelle, die eindeutig und weit über mich hinaus gehen. Das Gebet ist ein wesentlicher Teil meines Weges, ein wesentlicher Teil meiner Kraft-Ausrüstung. Das Thema erregt mich sehr und ich will die Bedeutung des Gebet doppelt und dreifach unterstreichen. Ich bin durch den Unglauben und Zweifel gereifter, und, für die mittlerweile gemachten Gebetserhörung-Erfahrungen zutiefst dankbar.

Ich will weder sagen, Gebet ist der einzige Weg, noch behaupten, es ist der Wahrheit letzter Schluss. Ich will nur die Bausteine und die Entwicklung benennen, welche ich im Laufe der Zeit kennen und schätzen lernte. Gebet ist ein faszinierendes Thema und es gibt noch viel zu entdecken. Gebet ist mittlerweile meine Meditationspraxis. Ich bete oft vor wichtigen Ereignissen, Treffen und Vorhaben. Letztlich will ich mein Leben zu einem Gebet machen.

Meditation

Mittlerweile kombiniere ich Gebet mit Meditation. Am Anfang war mir meditieren fremd. Doch, als die derzeit „letzte Frucht", kläre ich durch die Meditation mein Bewusstsein, bringe meinen Geist in die Stille. Aus dieser Stille – der Emotional-Körper und seine eruptiven Gedanken und Gefühle werden „beruhigt" – steigt das Gebet sozusagen auf. Der Vorteil davon ist, ich konzentriere mich auf das Wesentliche, bin mehr in Kontakt mit mir und dem innewohnenden Potential, und ich wirke aktiv mit bei der Gebetserhörung. Seitdem die Meditation eine Rolle spielt, verstärkt sich mein Interesse daran, als Mitschöpfer an Gebetserhörung mitzuwirken, als nur als „bloßer Bittsteller" auf Erfüllung zu hoffen.

Gefühle und Gedanken schaffen Wirklichkeit

Im Jahre 2005 bin ich auf einem Seminar zum Thema „Heilung", speziell unter dem Gesichtspunkt, liebes fähig zu werden, zu sein. Ich tue mich mit dem Thema schwer, bin zu verstrickt, zu identifiziert mit der Vielzahl meiner Fehler in der Liebe. Das

Seminar ist kraftvoll, die Atmosphäre unter den Teilnehmern schafft Vertrauen. Intensive Charakterarbeit, Selbstreflektion und die Transparenz der eigenen Innenvorgänge sind wichtige Elemente in der Gruppe. Ich schreibe einen Aufsatz mit dem Titel „Vertrauen durch Wahrheit". Ich will aus einer Gewohnheit ausbrechen, der Gewohnheit zu lügen. By the way, diese Gewohnheit empfinde ich seit Jahr und Tag als meinen aktiven Teil, böse zu Sein. In diesem Seminar komme ich mir selbst auf die Schliche. Ich frage mich schon lange, warum Menschen, die mich näher kennen, mir immer wieder sagen, ich sei ein Gauner, ein Lügner.

Ohne es selbst zu merken, beginne ich schon in der Kindheit zu schwindeln. Diese zunächst „kleinen und belanglosen" Schwindeleien gehören zu meiner Überlebensstrategie. Bevor ich mir Ärger einhandle, ein kleines bisschen schwindeln ist doch okay. Sehe ich ja, wie und dass die Erwachsenen das auch tun. Ich verliere zu früh meine „Unschuld", obwohl die Wahrheit mir als Kind noch heilig war. Bis ich bemerke, die Wahrheit will niemand hören. Dummerweise übernehme ich das. Mittlerweile bin ich so sehr dran gewöhnt, dass ich mich selbst belüge, es ist mir zur zweiten Natur geworden. Zu lügen hat sich verselbstständigt. Im Seminar merke ich es selbst. Sobald ich eine Frau attraktiv und begehrenswert finde, sexuell Hochspannung empfinde, bin ich absolut handlungsunfähig. Statt ehrlich zu sein und ihr mein sexuelles Verlangen zu zeigen, benutze ich „meinen Trick" und sage „ich liebe dich". Und das ist die Hauptlüge: Du darfst dich nur sexuell zeigen, wenn das Verlangen an Liebe gekoppelt ist; Aus Angst, dass sie mich ansonsten verachtet. Du willst doch „nur" Sex. Genau das stimmt ja auch. Ich empfinde Sex als Starkstrom, als Geschenk der Götter. Ich empfinde sexuelle Energie als heilige und heilende Energie. Diese „Heiligkeit" darf durchaus auch „dreckig" sein. Die „oberste Direktive" dabei ist, den anderen voll und ganz zu respektieren und jede Art des Schmerzzufügens zu lassen. Ich bin elektrisiert und zugleich voller Andacht und Ehrfurcht; jedoch handlungsunfähig, authentisch zu zeigen, wie sich Sex für mich anfühlt. Die

Liebe steht zu der Zeit auf einem anderen Blatt und wird mir ein Mysterium bleiben. Wobei ich tatsächlich lange dachte, was ich sexuell tue, basiert auf Liebe.

Heilung durch Wahrheit

Dies ist der Titel des Aufsatzes. Im Seminar gelingt es mir, durch diesen Aufsatz meine Seele zu zeigen, meine Gefühle zu zeigen, meine Wahrheit zu zeigen. Mir schlottern die Knie, mich anderen Menschen so zu offenbaren. Ich befürchte die schlimmste Art von Verachtung. Das Gegenteil passiert. Die Menschen sind froh, dass ich endlich einmal, an dieser heißen Stelle, aufhöre zu lügen. Nachdem ich von einigen Menschen eine positive Rückkoppelung bekomme, durchaus mit kritischen, doch wohlwollenden, Zusatz-Anmerkungen, wird eine hellsichtige Frau gebeten, dazu etwas zu sagen. Was jetzt kommt, trifft mich bis ins Mark. Sie empfindet, dass meine Verehrung für die weibliche, sexuelle Urkraft der Frauen bis hin zu einer Liebe und Verehrung für die Jungfrau Maria, die Nossa Senhora, reicht. Dieser weibliche Archetyp ist eine Ikone, das Ideal des Weiblichen. In diesem Augenblick fühle ich mich bis in die tiefsten Tiefen gesehen. Ich weiß sofort, dass das stimmt. Ausgelöst dadurch erinnere ich mich wieder an das Gebet aus meiner Kindheit, welches ich so liebte. *„Ich bin klein, mein Herz ist rein, soll niemand drin wohnen als Jesus Christus/die Liebe allein."* Jetzt fügt sich seelisch etwas zusammen. Die Christus-Liebe, die Liebe zu meiner Mama, die Liebe zur Mama von Jesus Christus und die sexuelle, spirituelle Liebe zur Frau sind in meiner Seele Eins. Diese seelische unschuldige Freude und Liebe habe ich mit siebzehn, als ich aus der Kirche austrete und Atheist werde, endgültig „über Bord geworfen". Von daher fühlt es sich erlösend und gut an, gesehen, akzeptiert und verstanden zu werden. Dass die Verehrung des

Weiblichen so weit geht, wird mir schlagartig erst in diesem Moment bewusst.

Nach diesem Seminar fange ich an zu beten, zuerst zögerlich. Ab jetzt weiß ich jedoch, dass ich das Stigma, ein Gauner und Lügner zu sein, die zweite Natur meiner Gefühle und Gedanken, durch Gebet bereinigen kann. Dass es möglich ist, durch andere Gefühle und Gedanken die Wirklichkeit zu ändern. Das ist das „Vorspiel" für das im Jahr 2006 Kommende.

Seit März 2006, nach der „Stunde der Wahrheit" durch meinen Freund und Lehrer, wird das Gebet meine Art der Meditation – ununterbrochen, bis heute. Die Stunde der Wahrheit habe ich im ersten Kapitel schon beschrieben. Es stellt sich heraus, dass die Konzentration auf das, was wichtig ist, Wirklichkeit erschafft. Es ist grundsätzlich so, dass Gefühle und Gedanken Wirklichkeit schaffendes Potential in sich tragen – dummerweise, dennoch auch logischerweise, eben auch in Bezug auf unerwünschte Ereignisse. Letztlich kreieren wir unser ganzes Dasein, sowohl bewusst als auch unbewusst, durch unsere Gedanken und Gefühle. Auf meinem spirituellen Weg begegnet mir die Aussage *Gedanken schaffen Wirklichkeit* immer wieder. Ich bin fasziniert von dieser Behauptung, zum ersten Mal höre ich sie von Prentice Mulford. Lange halte ich sie für eine „intellektuelle Spielerei", durchaus faszinierend. Doch nach und nach drängt sich mir der Verdacht auf, dass sie mehr ist als diese. Zumal auch andere authentische Quellen, neben Prentice Mulford, auf diese Tatsache hinweisen. Mittlerweile weiß ich, es ist so, wie er sagt: Gedanken und Gefühle schaffen Wirklichkeit.

Erst 2008 – Gracias a Deus, mache ich selbst die Erfahrung, ja es ist so, Gedanken und Gefühle schaffen Wirklichkeit. Ausgerechnet auf dem Festival „Rock im Park" in Nürnberg. Ich bin, zum ersten Mal, verantwortlicher Leiter des Brezelverkaufsteams bei diesem Festival. Aufregend, bislang selbst nur Brezelverkäufer, nun Verantwortungsträger. Ich bin heute noch dankbar für die Menschen, mit denen ich zusammenarbeitete, mit denen ich diese Erfahrung erlebte. Ich bin auf diesem Festival die ganze Zeit im Dauergebet.

Wenn du Fehler machst, dann lerne daraus die Lektionen. Oh ja, die Fehler kommen gerne. Mein „Damoklesschwert", ich kann schlecht mit Geld umgehen, „sticht" zu. Mir fehlen, gleich nach den ersten Tagen, über zweitausend Euro, nachdem ich den Anteil bei dem Veranstalter bezahlte. Ich drehe fast durch. Wo ist das Geld? Wurde es gestohlen? Wie kann das nur sein? Ich steigere mich immer tiefer, bis zur Erschöpfung, in diese Fragen hinein. Auf dem Höhepunkt des Versagens und der Verzweiflung rufe ich meinen Auftraggeber an. Der bleibt gelassen und sagt ganz nüchtern, du hast mir doch gestern erzählt, wie viel Kleingeld in Münzen du hast. Schlagartig die Erlösung, ich habe nur die Geldscheine vor Augen gehabt und in meiner Panik das ganze Kleingeld vergessen. Tja, kaum einen alten Glaubenssatz geklärt, kommen die Prüfungen aus einer anderen Richtung. Zunächst fällt mir ein Stein vom Herzen, dass mein „mieses Karma" vor weiteren Verstrickungen zum Thema Geld verschont bleibt.

Die nächsten Prüfungen: Ich werde eine Kabeltrommel zerschneiden, da sie sich in den Rädern eines Brezelverkauf-Wagen verwurschtelt hat. Danach, bei einem Manöver mit einem Brezel-Wagen, fahre ich in einen komplett mit Sonnenbrillen bestückten Verkaufsständer. Oh Gott, wieder Geld verloren! Doch Glück im Unglück, der Besitzer der Sonnenbrillen bleibt freundlich, die nächsten Tage wird sein Verkaufsteam gut mit Laugengebäck versorgt werden, und die Kabeltrommel ist zu verschmerzen. Die Lektion: Immer erwarte ich bei einem Fehler Strafe und gerate sofort in Panik. Das Gebet jedoch wirkt. Statt Strafe kommt als Lern-Beispiel die Freundlichkeit des Standbesitzers, die Aufklärung durch meinen Auftraggeber und die rückhaltlose solidarische Unterstützung durch mein Verkaufsteam und meinen Mitarbeiter.

Weitere Details des Festivals lasse ich weg, außer noch dieses: Ich erschrecke über eine Band, die mir bis dahin unbekannt war. Ich stehe fassungslos vor der Bühne und empfinde diese Art der Musik, sowie ihr aggressives Auftreten, als aktiv angewandte schwarze Magie. Dass das möglich ist, gibt mir zu denken. Vielleicht bin ich schon aus dem Alter raus und hab früher selbst solche Musik gehört, die ich heute bedenklich und schräg finde. Dennoch, die Jungs waren speziell heftig.

Nachdem wir abgerechnet und alles eingepackt haben, fahren wir los. Mein Mitarbeiter kennt den Weg. Irrtum, wir werden einen mehreren hundert Kilometer langen Umweg fahren. Die nächste Lektion will geerntet werden. Dieser Umweg wird eine Zeit des immer tieferen, gemeinsamen Reflektierens über den Verlauf der Aktion. Wir Zwei sprechen nochmal alles durch und betreten dadurch einen gemeinsamen Erkenntnisraum, unterstützt durch die hohe Energie des Erlebten, bei gleichzeitiger Erschöpfung. Wir sind in einem Zustand „ausserhalb der Box". Unser Gespräch wird von Minute zu Minute tiefer und „magischer". Dann kommt es zu diesem gewissen Punkt. Wir sprechen gerade über ein Thema und direkt dazu kommt die Rückkoppelung aus der Welt. Neben den „unbeweisbaren" Erfahrungen kommt eine ganz deutliche. Der Sprit geht zur Neige, und durch den „Umweg" sind wir in einer endlosen Baustelle „gefangen". Wir müssen von der Autobahn runter, brauchen unbedingt eine Tankstelle und sind zuversichtlich. Wir werden eine Tankstelle manifestieren. So ist es, nur – die ist geschlossen. Ein gutes Stück weiter, in einer Kleinstadt, wird uns eine freundliche Taxifahrerin zu einer offenen Tankstelle bringen. Es ist mitten in der Nacht, sie ist der einzige Mensch, den wir treffen. Sie wollte sowieso dahin, Pause machen. Ohne dass wir ihr etwas dafür zahlen müssen, dass sie uns zur offenen Tankstelle bringt. Wirklich auf dem letzten Tropfen, tanken wir. Diese Erfahrung ist die deutlichste zum Thema: *Gedanken schaffen Wirklichkeit!* Seit dieser Nacht weiß ich es.

Dazu feingeistige Formulierungen aus Prentice Mulfords Buch „Unfug des Lebens und des Sterbens": *„Gedanken sind Dinge, vom Geist dem Körper gesandt, wo sie als sichtbare Substanz kristallisieren. Der Körper ist ein Gedanke, der in substanzieller Form*

jenen Geist ausdrückt, der ihn erschuf ... Der Eckstein aller erfolg-
reichen Bemühung in dieser und jeder anderen Existenz: Nie in Ge-
danken etwas unmöglich nennen. Nie auf den ersten Impuls hin eine
noch so wilde oder verwegene Idee abweisen. Erst abwarten, bis die
Instinkte sich gesammelt haben, denn sie sind nicht immer präsent.
Dann erhebt sich vielleicht erst jener feine Schauder der Frühe, an
dem nur jene teilhaben, die im Aufgang der Dinge stehen. Das größte
und reinste Wunder – wäre es allen sichtbar, dauerte aber nur einen
Augenblick –, es fiele durch das Hirn der Menschheit glatt durch. Je
verblüffender, phantastischer ein Gedanke, umso mehr Zeit muss
ihm zur Wirkung zugebilligt werden."

„Stets sich sagen: Es ist möglich für mich, alles zu werden was
ich bewundere. Es ist möglich für mich, Schriftsteller, Künstler, Red-
ner, Erfinder zu werden – gleichwie schön, geschmeidig, gesund und
glücklich. Dann hast du die Türen weit geöffnet in den unsichtbaren
Tempel des Inneren. Das „Ich kann nicht" war der Riegel, der dich
vor dir selbst verschloss."

Dieses Zitat gleicht einem Brennpunkt. Was ich mit der Kraft
von Gebet, Gebetserhörung, Meditation und dass Gedanken
und Gefühle Wirklichkeit schaffen, ausdrücke, wird hier, in
anderen Worten, von Prentice Mulford meisterlich beschrieben.

11. Kapitel: Wegmarken, Erfahrungs- und Erkenntnisräume

Dieses Kapitel beschreibt meinen Weg, wie er sich im wesentlichen seit März 2006 darstellt. Einen Schlüsselsatz, aus dem Jahr 1997, stelle ich vorweg. Alles weitere, vor dem Jahr 1997, findet sich im Kapitel „Autobiografisches".

1997 Portugal

„Höre auf, das Herz der Frauen und dein eigenes zu brechen!"

Das ist ein Auftrag meiner inneren Stimme. Dieser Auftrag ist, wie ich heute weiß, ein erster „Wink mit dem Zaunpfahl". Zu dieser Zeit bin ich noch weit von Gott entfernt. Dieser Weckruf ist der Auftakt zu einer inneren Arbeit, einer Charakterarbeit – mit dem Ziel, ein Mann zu werden, dem Frauen, dem Menschen vertrauen. Ich will dieses Stigma los werden, ein „Gauner und Lügner" zu sein – diesen Teil meiner selbst, der sich zur zweiten Natur verfestigt hat. Derjenige Aspekt, den ich als aktiven Teil des Bösen in mir kenne, abgesehen von den vorschnellen Be- und Verurteilungen gegenüber anderen Menschen. Vorurteile machen mir schon immer zu schaffen.

Zwischen 1997 und 2017 bin ich im Wesentlichen damit beschäftigt, mit einer ambitionierten Gruppe von geschätzten und geliebten Menschen ein Lebens-Modell aufzubauen. Die ambitionierte und idealistische Idee ist, Grundlagen für eine Neue Kultur und Zivilisation zu erarbeitet und zu verwirklichen. Diese Gruppe, die Gemeinschaft des „Heilungsbiotop 1 Tamera" in Portugal, arbeitet unter anderem mit einer spezielle Methode, genannt „SD/Selbstdarstellungs-Forum". Diese Methode ist ein wesentliches Werkzeug der schon öfter benannten Charakterarbeit. Die Absicht, das Ziel dabei ist, mit Hilfe gegenseitiger Rückkoppelung in der Gruppe, die festgefahrenen Charakterschichten – unsere „Macken", die Wilhelm Reich so brillant analysiert hat – in sich zu erkennen, sie darzustellen, sich ihrer bewusst zu werden und sich dadurch zu verändern. Diese Veränderung führt im Idealfall zur Selbsterkenntnis, zum authentischen „ich selbst werden".

In dieser ganzen Zeit, abgesehen von Sternstunden und gelegentlichen Lichtblicken, bin ich verstrickt in Eifersucht, Konkurrenz, Minderwertigkeit, Misstrauen, Selbstzweifeln und Unglauben. Diese innewohnenden Muster/Macken versuche ich zu leugnen, zu verstecken, mich dagegen zu verwehren. Das ist das, was als „Gauner und Lügner" bezeichnet wird. Eine nach und nach verstärkt einsetzende Befreiung und Lösung dieser Verstrickungen beginnt ernsthaft erst ab März 2006, durch die Verbindung von Charakterarbeit und spirituellem Training. Ich arbeite immer noch daran, ein Mensch und Mann zu werden, dem vertraut werden kann.

2006 Portugal

Beginn des Weges, ein gläubiger Mensch zu werden. Ich bin jeden Morgen ab fünf Uhr früh im „politischen Ashram". Dort entwickele ich für mich eine Mischung aus Gebet, Meditation und Studium religiöser und spiritueller Quellen und Traditionen. Ich forsche in jede erdenkliche Richtung, ohne einer bestimmten Linie den Vorzug zu geben. Ich schreibe alles in mein spirituelles Tagebuch; eine Tätigkeit, die ich liebe und in der ich selber meine Erkenntnisse, Fragen und Fortschritte sehe. Seit dieser Zeit, bis heute, ist das mein Ritual.

2007 Portugal

Themen, welche mir in die „Wiege" gelegt wurde, sind chronischer Geldmangel und Schulden. Geld ist für mich ein „Damoklesschwert, ein gordischer Knoten". Eines Tages bilden Freunde von mir, aus dem Ashram, eine kleine Gruppe, mit dem Ziel, Geld in nennenswertem Umfang anzuziehen, einzuladen, zu generieren. Ich bin beeindruckt angesichts dieses „verwegenen"

Vorhabens. Beeindruckt und inspiriert. Ich entscheide im Stillen, dieses Thema in meiner morgendlichen Gebet-Meditation, ebenfalls zu bearbeiten. Tag für Tag nehme ich die Auflösung meines chronischen Geldengpasses zusätzlich mit ins Gebet. Zu dieser Zeit stehe ich noch sehr am Anfang meines spirituellen Weges und werde langsam „sauer". Obwohl sich schon Gebetserhörungen als Erfahrungen einstellten, trete ich in Bezug auf Geld auf der Stelle. Wieder ein Grund, zu zweifeln. Nach einem halben Jahr bin ich kurz davor, aufzugeben. Ich bete mir die „Finger wund", ohne dass etwas passiert! So lautet mein Vorwurf an die göttliche Welt.

2008 Australien – Sydney (Aborigines, Uluru/Ayers Rock) – Mein Leben ist mein Gebet – Gebetserhörung Fortsetzung

Doch dann, Januar 2008. Ein guter, alter Freund ruft an. Er hat einen technischen Messauftrag in Australien. Er will jemanden dabei haben, der ihm vertraut ist und lädt mich ein, ihn zu begleiten. Ich falle aus allen Wolken. Australien, wow, bei ungewöhnlich guter Bezahlung und Übernahme aller Spesen. Was für ein Glück! Also auch, was für eine Gebetserhörung! Zumal sich, im weiteren Verlauf des Jahres, zusätzlich zwei weitere Aufträge ergeben. Diese insgesamt drei Aufträge bringen gutes Geld und zum ersten Mal bin ich, 47-jährig, schuldenfrei und es bleibt noch ein guter Geldbetrag übrig. Gracias a Deus.

Ich erkenne: Die Einlösung, die Erhörung des Gebets brauchte seine Zeit. Dazu diente die lange Bearbeitung im Gebet. Der eine Grund ist, ich durfte erst die festsitzenden und falschen Glaubenssätze zum Thema Geld erkennen, wie z. B. Geld ist schlecht, am Geld klebt Blut, bei meinen schlechten Charaktereigenschaften ist es kaum ein Wunder, durch Geldmangel bestraft zu werden usw. Der andere Grund war, ich selbst verhinderte die Erfüllung durch Unglaube und Zweifel, dass ich es wert bin, von dem „Damoklesschwert" befreit zu werden. Gewissermaßen „zwang" ich Gott und das Universum dazu, an meinen blockierenden Glaubenssätzen und meiner Haltung vorbei zu wirken, zu arbeiten und zu agieren. Ich selbst war die Ursache dafür, sauer zu sein und mir die Finger wund beten zu müssen.

Ich bin, neben dem Geldengpass, immer noch mit Unglauben und Zweifeln beschäftigt. Dieses Zweifeln ist zum „verrückt werden". Ich erlebe einerseits die Erhörung der Gebete und andererseits stelle ich das immer wieder in Frage. Das bilde ich mir doch alles nur ein, wie kann man nur so naiv sein. Deshalb erwarte ich, als ein weiteres Geschenk: Ich werde am Fuße des Uluru/Ayers Rock, dem heiligen Berg der Aborigines, solange meditieren, bis sich jeder Unglaube und Zweifel aufgelöst hat. Ich werde Aborigines treffen und von den Mysterien und dem Weisheitswissen dieser indigenen Stämme lernen.

Jedoch, die Lektion wird lauten: Gott hat Humor. Weder komme ich zum Uluru, noch treffe ich Aborigines. Die einzigen zwei indigenen Aborigines, die ich treffe, sind der eine, der mich „anschnorrt" und der andere, der die Touristen am Hafen von Sydney „belustigt". Ich bin sauer auf Gott. Jetzt bin ich hier, Du kennst mein Anliegen und nun das. Auf der Terrasse unseres Appartements dann die Aufklärung. Ich bleibe wie angewurzelt stehen, in einem Moment eines weiteren Anfalls meiner Wut. Die innere göttliche Stimme lässt mich innehalten, mit dem Satz, der Botschaft, die so grandios wie erschütternd ist:

„Mein Leben ist mein Gebet!"

Meine Wut ist augenblicklich verraucht. Ich schäme mich, so mit Gott zu hadern. Dennoch erfahre ich seine Gnade und Güte und werde mit einer für mich bedeutenden Aussage und Information gesegnet. Diese Aussage ist bis auf den heutigen Tag ein Erkenntnis- und Lernprozess. *Mein Leben ist mein Gebet*, das hat eine tiefe Bedeutung. Die Kraft der Verwirklichung der Gebete, die ich in Folge immer deutlicher erfahre und erlebe, ist mir nun eindeutiger und klarer bewusst. Dazu ergänzend, und das ist die „verborgene Wucht" in der Aussage, auch die Gebete – in dem Fall besser die Gefühle und Gedanken im Unterbewusstsein, im

Unbewussten – sind ebenso kraftvoll und verwirklichen sich gleichermaßen. Alles, was ich erlebe und erfahre als Krankheiten, Missgeschicke, Unfälle und Unglück, als Widrigkeiten und Unannehmlichkeiten, gehen aus den Tiefzonen meiner Selbst hervor. Statt Schicksalsschläge sind es Aufforderungen und Aufgaben, sich dessen bewusst zu werden, was da im eigenen Keller liegt. Die Aufforderung ist, diesen Keller nach und nach zu entrümpeln, zu reinigen und zu lichten. *Mein Leben ist mein Gebet*, das ist in der Quintessenz das Gewahr werden, wie sehr ich in allen Belangen der Mitschöpfer dessen bin, was mir geschieht. Das ist ein großer Schritt für mich, in Richtung Wachwerden für das mir innewohnende Potential, um es zu unterlassen, die Schuld auf andere zu verschieben und die Verantwortung abzugeben. Wieder einmal mehr erfüllt mich Dankbarkeit für die Genauigkeit und absolute Präzision in der göttlichen Schöpfung.

Die zweite Station für das Auflösen des „Damoklesschwertes" habe ich weiter oben schon beschrieben, die Erfahrungen bei „Rock im Park" in Nürnberg.

2008 Dortmund Loveparade

Das ist in diesem Jahr die dritte Station, wieder Brezelverkauf. Diesmal bin ich als Logistiker für die Versorgung und Zulieferung der Brezelverkäufer unterwegs. Es ist eine anstrengende Veranstaltung, sehr sehr viele Teilnehmer sind auf der Loveparade. Es gibt Starkregen und Unwetter, kontraproduktiv für Laugengebäck. Auch hier hilft wieder die Kraft des Gebetes, diese ganze Anstrengung und die Widrigkeiten gut zu durchlaufen. Die Lektion bei dieser Veranstaltung ist, statt mit „eigener Kraftanstrengung" die Arbeit zu erledigen, die Vereinfachung der Arbeit durch das Gebet.

Eine Situation: Es regnet sehr stark und ich beliefere mit einer Sackkarre einen Stand. Der ist umzingelt von Menschen, die unter dem Dach des Verkaufsstandes verständlicherweise Schutz suchen. Nur ich, vollbeladen mit all der Ware – die jetzt kaputt gehen wird, wenn es misslingt unter das Dach zu kommen – werde im wahrsten Sinne des Wortes im Regen stehen gelassen. Ich bin fassungslos, wie egoistisch die Menschen sind, meine Situation nicht erkennen und werde zügellos wütend. Durch das Gebet schalte ich dann um. Ich werde dazu geführt, die Wut zu nutzen, statt sie einfach an den Menschen auszulassen. Ich setze eine nonverbale Kraft frei und die Menschen machen doch Platz. Ich bin dankbar für die Erfahrung, die Kraft der Wut für eine konstruktive Lösung einzusetzen. Und – Gracias a Deus – nach diesem Event bin ich dann endlich ganz schuldenfrei. Was für ein befreiendes, erhebendes und bis dato unbekanntes Gefühl. Mir war unklar, wie viel Energie diese ewig ungelöste Geldsituation bindet und die eigene Kraft absorbiert.

2009 Portugal

Ich pflege im Wesentlichen die weitere Entwicklung ein gläubiger Mensch zu werden. Das spirituelle Training wird mein Lebenselixier. Ich lerne, dass Kontinuität wichtig ist, das tägliche „Dran" bleiben. Ich lerne mehr und mehr, Unglauben und Zweifel zu verlassen, das Gebet weiter zu entwickeln und zu vertiefen und bin dabei, viele verschiedene religiöse, spirituelle und wissenschaftliche Quellen zu erforschen, die den Blick auf das Mysterium des Lebens und das „Phänomen" Gott freigeben.

2010 bis 2017 Portugal

Mein Freund und Lehrer bittet mich eines Morgens, im Politischen Ashram eine Einstimmung für den Tag zu machen. Vor einer kleinen Gruppe von Menschen über meine Gotteserlebnisse, Gotteserfahrungen und über das Göttliche öffentlich zu sprechen, stellt für mich eine echte Herausforderung dar. Etwas, was mir lieb geworden ist, was mir heilig ist, was ganz intim „meines" ist, zu veröffentlichen, dabei wird mir „siedend heiß". Doch zugleich gefällt es mir, einen inspirierenden Tagesanfang mitzugestalten und die Verantwortung dafür anzunehmen. Das ganze Jahr, mit wenigen Ausnahmen, werde ich diese Aufgabe erfüllen. Das Schöne daran ist, die Morgeneinstimmungen werden zu einem „Barometer", an dem ich die eigenen Fortschritte ablesen kann. Im Laufe der Zeit wird der Kreis der „Gottsucher" größer. Auch der Kreis derjenigen wird größer, die diese Aufgabe mittragen, die Morgen-Einstimmung geistig und spirituell zu inspirieren. In diesen Jahren widme ich mich mehr und mehr dem, meinen spirituellen Weg auszubauen und zu verfolgen. Ich wechsele 2012 – nach der Erfahrung in der Casa Dom Inacio de Loyola – aus dem Politischen Ashram, dem „Geburtsort" meines Weges, zum Campus. Dort werde ich, aufgrund eines spirituellen Auftrags, drei Jahre lang aktiv die Gäste begleiten, die am Projekt Heilungsbiotop 1 Tamera interessiert sind. Diese Aufgabe hat mir große Freude gemacht. Vor allem wollte ich erleben, ob mein spiritueller Weg auch außerhalb meines „Elfenbein-Turmes" taugt. Nach meinem Dafürhalten funktioniert ein solcher Weg erst dann, wenn sich Alltag und Spiritualität durchdringen.

2012 Brasilien/Abadiania – Casa Dom Inacio de Loyola und Joao de Deus

Dieser Absatz ist einer von denen, über die ich in der Einleitung sprach, dass ich mich durchaus auf umstrittene Quellen beziehen werde. Nachdem ich selbst dort war, hatte ich lange Zeit wenig Kontakt zur Casa Dom Inacio de Loyola. Dann hörte ich Jahre später, dass der Mensch *João Teixeira de Faria* vom heilenden und heiligen Weg abgewichen ist. Ich entschied mich, meine Erfahrungen in guter Erinnerung zu behalten, statt detailliert wissen zu wollen, was er gemacht hat bzw. was ihm vorgeworfen wird. Ich kann mir durchaus vorstellen, dass er „Mist" gebaut hat.

Nach neuesten Berichten wird ihm sexueller Missbrauch an 600 Frauen vorgeworfen sowie Babyhandel, des Weiteren Unterschlagung und Veruntreuung von Geld. Ich bin fassungslos und werde zornig. Wie kann ein heiliger Mensch gleichzeitig ein solcher Mann sein? Der Widerspruch zwischen Realität und Wirklichkeit offenbart sich einmal mehr. Das ist ja genau eines der Themen und der Grund, dieses Buch zu schreiben. Wenn das alles wirklich wahr ist, dann müsste ich diesen Erfahrungsbericht ersatzlos streichen. In der Zeit meines Aufenthaltes in der Casa Dom Inacio de Loyola hatte ich selbst den Verdacht, dass Joao Teixeira de Faria sich „sexuell aufladen" lässt. Basierend auf meinem notorischen Misstrauen beobachtete ich eine Zeit lang den hinteren Eingangsbereich. Tatsächlich gingen dort Mitarbeiterinnen und auch Mitarbeiter hinein. Nüchtern betrachtet ist das ja auch normal.

Allerdings kam mir dann prompt eine junge Mitarbeiterin, die ich zuvor gesehen hatte, als sie den Vorbereitungsraum *von Joao de Deus* betrat, weinend am Haupteingang entgegen. In dem Moment fühlte ich mich in meinem Verdacht bestätigt. Ich war maßlos enttäuscht und wütend. Jedoch war dies in meiner ganzen Zeit der „einzige Vorfall". Ich entschied mich für die *Unschuldsvermutung*. Die Unschuldsvermutung bedeutet, dass jemand, der eines kriminellen Vergehens beschuldigt wird, so lange für unschuldig zu gelten hat, bis seine Schuld tatsächlich nachgewiesen ist, in der Regel bis ein rechtskräftiges Urteil vorliegt Die Entscheidung für die Unschuldsvermutung traf ich aus zwei Gründen.

Zum einen erlebte ich „greifbar" tatsächlich heilende und heilige Energie am Platz; darüber hinaus ein Eingebettet sein in eine umfassendere Wirklichkeit, und das während der ganzen Zeit. Ich sah Menschen, denen tatsächlich Heilung widerfahren ist, das habe ich mit eigenen Augen gesehen, sowie diese erstaunlichen und unglaublichen physischen Operationen. Weder sind die OP-Instrumente sterilisiert, noch sind es Instrumente, die einem aus Arztpraxen oder Krankenhäusern bekannt sind. Das bislang einzig bekannte *Volltrancemedium* Joao de Deus ist tatsächlich jemand völlig anderes, als der Mann und Schneider Joao Teixeira de Faria.

Der andere Grund ist, basierend auf meinen eigenen Erfahrungen, Erlebnissen und Eindrücken, ich halt es genauso gut für möglich, dass dieser Mann und seine ungewöhnliche Fähigkeit aus dem „Verkehr" gezogen, verleumdet und mundtot gemacht werden soll. Die Geschichte zeigt vielfach, wie diejenigen, die

Außergewöhnliches zu tun imstande sind, angefeindet werden. Ich will hier Bruno Gröning erwähnen, der im Nachkriegsdeutschland viele „Heilungswunder" bewirkte und durch Ärzte, Politik und Medien verleumdet wurde. Vamos ver, wir werden ja sehen was wahr ist.

Die Frage, „Darf ich dann noch diesen Erfahrungsbericht bringen?", beantworte ich in diesem Fall mit „ja". Das Ja steht im Kontext – Liebe das Böse gut – anzuwenden. Wenn sich die Vorwürfe bewahrheiten, dann ist in diesem Mann Beides wirksam. Das Gute, welches heilt und das Böse, welches sich in seiner Art sehr grausam verhält. Doch wer bin ich, zu richten? Wenn die Vorwürfe wahr sind, dann verliert dieser Mann meine bisherige Achtung. Das „erlaube" ich mir, da dieses Eingeständnis zum einen zeigt, wo ich noch stehe und zum anderen verdeutlicht, dass – Liebe das Böse gut – anzuwenden sehr wohl bedeutet, eine klare Grenze zu ziehen. In manchen Fällen ist die Anwendung vielleicht sogar unmöglich? In diesem Fall will ich dennoch die Herausforderung annehmen und dem Auftrag und Titel dieses Buches folgen. In die Abgründe und Tiefen, sowohl der individuellen Seele als auch der Weltenseele, der Menschheitsgeschichte zu schauen, verursacht Erschütterungen und Wunden, die ich nur bereit bin anzuschauen, weil ich weiß – Liebe das Böse gut – ist ein Schlüssel. An diesen Schlüssel glaube ich.

„Unser Bild von Gott spiegelt unser Bild von uns selbst wider. Wenn Gott vor allem Angst und Schuld in uns hervorruft, ist zu viel Angst und Schuld in uns. Wenn wir Gott als liebevoll und mitfühlend betrachten, sind auch wir selbst so." Shams-i Tabrizi, aus dem Buch „Die vierzig Geheimnisse der Liebe", von Elif Shafak.

Später unten werde ich nochmal mit dem Thema konfrontiert und komme an die eigene Grenze. Ich will selbst grausam sein, die Täter richten. Ich erlebe heftig die eigene Mordlust. Nur, ich bleibe dabei und will mich diesem äußerst widersprüchlichen

Thema – Liebe das Böse gut – stellen und das Thema lösen. Mir ist bewusst, und das sollte jedem klar sein – *ach, zwei Seelen wohnen in meiner Brust*. Wie in der Schöpfung, existiert auch im Menschen eine helle und eine dunkle Seite. Bin ich mir dessen bewusst, dann bin ich in der Lage, die Balance zu wahren. Bin ich jedoch egozentrisch oder egoistisch, dann bin ich quasi, wie Dr. Jekyll und Mr. Hyde oder Dr. Banner und Hulk, eine gespaltene Persönlichkeit, in mir selbst getrennt.

Die ursprüngliche Geschichte

Im Herbst 2011 sehe ich einen Dokumentarfilm über Joao Teixeira da Faria, weltweit bekannt geworden als Joao de Deus/ John of God. In einem kleinen brasilianischen Dorf, Abadiania, wirkt das einzig bekannte Volltrancemedium Joao de Deus. Diese Dokumentation ist eine einzige „Wundergeschichte". Mehrere hunderttausend Menschen aus aller Welt, teilweise mit Krankheiten, die die behandelnde Ärzte veranlassten, diese Patienten aufzugeben, kamen in die Casa Dom Inacio de Loyola, als letzte Zuflucht. Viele sind auf „wundersame" Weise geheilt worden. Bewegende Berichte über erstaunliche Heilungen werden dargestellt. Dass so etwas möglich ist! Die Heilwunder, die Jesus Christus zugeschrieben werden, finden dort ebenso erfolgreich statt. Kaum zu glauben! Joao de Deus sagt, dass Gott durch ihn heilt. Er selbst ist ein einfacher Schneider, hatte jedoch als Kind schon die Gabe, Menschen zu heilen.

Ich bin mit zwei Freunden dorthin gefahren. Ich wollte vor allem die Ursache meiner Suchtstrukturen erkennen, damit ich mich von ihnen löse oder wenigstens besser mit ihnen umgehen kann. Des Weiteren hoffte ich, dort meinen Unglauben und Zweifel noch tiefer abzulegen und eine chronische körperliche Störung zu heilen. Vor allem brannte jedoch eine Sehnsucht nach Gott in mir, eine Hoffnung, mich tief mit Gott in diesem günstigen Milieu verbinden zu können.

Ein „geheimes Projekt" von mir war, das „Anhalten" meines inneren Dialogs zu erleben. Dieses ewige Geplapper im eigenen Kopf einmal anzuhalten, dann die Stille des Jetzt zu erfahren, daran lag mir viel. Bei diesem Thema trat ich schon lange auf der Stelle. Inspiriert wurde ich durch die Bücher von Carlos Castaneda, über seinen Einweihungsweg mit einer Gruppe von mittelamerikanischen Indigenen Schamaninnen und Schamanen um Don Juan. Eines Morgens – ich sitze auf der Terrasse, mit weitem Blick in die umgebende Natur – geschieht es. Das Geplapper hört auf, der innere Dialog stoppt. Was geschieht jetzt? Ich dehne und weite mich aus, in die Landschaft, in die Bäume, die Wolken, den Himmel. Jede Grenze ist aufgehoben – ich bin in allem, ich bin in der Schöpfung. Ich bin das Teil und das Ganze in ein und demselben Augenblick. Ewig. Hier und Jetzt. Ich bin – in der Wirklichkeit. Danke. Dieses Erleben dauert weniger als eine Minute. Dass ich es überhaupt erlebe, danke. Seitdem kenne ich den Unterschied zwischen Realität und Wirklichkeit. Diese Übung – anhalten des inneren Dialogs – trainiere ich bis heute.

Drei Tage in der Woche findet der Heilungssuchende direkten Kontakt mit Joao de Deus, besser gesagt mit denjenigen Entitäten, die er gerade inkorporiert hat. Er ist ein Volltrancemedium. Das bedeutet, er ist in der Lage, als Mensch Joao Teixeira da Faria „beiseite" zu treten und sich ihm bekannten, verschiedenen Heilern zu „überlassen". Das Verwunderliche dabei ist, dass diese Heiler verstorben sind und zu ganz verschiedenen Zeiten lebten. Alle diese Entitäten/Heiler verfügen über spezifisches Heilwissen, welches je nach Anforderung durch Joao de Deus wirkt, da er diese Heiler inkorporieren kann. Wo er selbst in diesen Momenten bleibt, ist mir unbekannt. Ebenso, wie das möglich sein kann. Ich weiß nur, aus eigenem Erleben, dass es möglich ist, da es geschieht, vor aller Augen.

Da ich ja selbst mit meinem Anliegen vor die Entitäten/Wesenheiten getreten war, wurde mir danach erlaubt, jederzeit in der Casa zu sein. Ich liebe dieses Milieu, aufgeladen mit spiritueller Kraft und einem Gefühl von Gottesgegenwärtigkeit. Dieses wohlige Gefühl von etwas, was mir in der Kindheit noch vertraut war, ist jetzt präsent. Ich fühle mich richtig und sehr wohl an diesem Ort. Die Casa und ganz Abadiania sind durchströmt und umgeben von einem heiligen und heilenden Fluidum. Ich bin glücklich, erlaube mir rückhaltlos zu staunen. An diesen drei „Behandlungstagen" ist es erlaubt und erwünscht, direkt in dem L-förmigen Saal, in welchem die Entitäten/Wesenheiten ihre Heilungsarbeit machen, dabei zu sein. Mehr noch, durch die eigene Anwesenheit und Präsenz den Heilungssuchenden aus aller Welt gute Energie zuströmen zu lassen und damit etwas für andere zu tun. Dadurch kommt permanent Energie zu einem zurück. Die ganze Zeit ist eine wohltuende Energie, ein Fließgleichgewicht spürbar. In mir gehen, ganz nebenbei, einige Erkenntnistore auf. Ich bin immer beflügelt, wenn ich aus dem „current-room" komme. *Wes des Herz voll ist, des geht der Mund über.*

Ich erzähle jedes mal gerne und leicht über meine Erlebnisse, so gesprächig bin ich selten. Ich erhoffte „Wunderheilung" und hatte dabei bestimmte Erwartungen. Neben meiner Begeisterung und diesen tiefen Einsichten durch das Energieströmen erwartete ich Spontan-Heilung aller meiner Anliegen. Das blieb aus. Eine Enttäuschung machte sich breit. Im Laufe der kommenden Wochen und Monate, z. T. bis heute, erlebe ich jedoch Besserung. Das stärkste „Medikament", welches ich mitnehme, ist die Gewissheit, Heilung ist zu jeder Zeit möglich. In der Casa wurde eine tiefere Seelenschicht aktiviert, das war's! Ein Mitarbeiter der Casa sagte, 50 % der Arbeit machen die Entitäten, 50 % liegen bei einem selbst. Heute weiß ich, wie das gemeint ist. Das Heilung Bewirkende ist direkt verbunden mit der inneren Einstellung. Diese dauernde Tendenz zum Unglauben, zum „wider besseren Wissens handeln", ermöglicht in „meinem Fall" nur die 50/50 Variante. Für jeden Menschen geschieht individuell das, was erfordert und gebraucht wird. Jemand in einer wirklich existentiellen Not wird dann eben mitunter zu 100 % geheilt. Die Eigen- und Selbstverantwortung nimmt einem niemand ab. Eine bedeutende Erkenntnis, vielleicht die wichtigste, war die in der letzten „Current"-Sitzung:

„Herr vergib ihnen, denn sie wissen nicht, was sie tun"!

Ob Jesus das wirklich so gesagt hat, sei dahin gestellt. Ich gehe davon aus, dass er es gesagt hat. In diesem speziellen Moment fährt mir diese Aussage durch „Mark und Bein", ich bin einfach nur überwältigt. Ich fühle quasi mit, _so ist das von Jesus gemeint_. So tief ist die Bedeutung der Vergebung. Im Angesicht der eigenen Ermordung darum zu bitten, dass den Mördern Vergebung zuteil wird, wie ist das möglich? Ich kann das nur begreifen, wenn dem Vergeben zu Grunde liegt, bedingungslos zu lieben und zu wissen, dass der, der mordet, letztlich sich selbst mordet. Dennoch, unfassbar dieses Mitgefühl, diese Bereitschaft zu vergeben. Ich fühle mich in diesem Moment enorm wach. Ich weiß, so zu denken, zu fühlen, zu sein, ist dem Menschen gegeben und innewohnend.

Seitdem ist es mir ein tiefes Anliegen, in der heutigen Zeit wieder daran anzuknüpfen. Seitdem brennen die Orientierung gebenden Worte der Casa – als eine Leitlinie, der ich folge – in mir. Diese Leitlinie ist die Vergebungs-, Versöhnungs- und Wiedergutmachungsarbeit. Ich bin zu jedem Zeitpunkt aufgerufen und in der Lage, diese Arbeit zu tun, wenn ich will. Ja, ich will. Ich will, dass der Christusmord beendet wird und dass das Leben und Sterben des Christus einen Sinn hat. Zu seiner Lebenszeit ist Christus „gescheitert", wie all die Jahrhunderte vor und nach ihm die Menschheit. Dennoch, sein Sein hat eine Signatur erzeugt, die sich durch alle Zeit hindurch offenbart. Zu allen Zeiten gab und gibt es Menschen, die Christus lebendig in sich tragen, die Christus auferstehen lassen durch ihr eigenes Beispiel. Wie Peace Pilgrim, Bruno Gröning, Joao de Deus, alle

Liebenden. Wie die jüngsten Generationen von Kindern, die erwachten Seelen, die seit geraumer Zeit mithelfen, dass das Christusbewusstsein und die bedingungslose Liebe sich ausweiten und angewendet werden. Ich spreche hier von den Indigo, Kristall- und Regenbogenkindern. Die Casa Dom Inacio de Loyola empfinde ich als einen dieser Orte, an denen Gott fühlbar gegenwärtig ist und Sein Geist wirkt. In jedem Fall zu der Zeit, als ich diesen Ort erfahren habe. Muito Obrigado.

2017 Portugal – „Der Untergang"

Ende April 2017. Ich bin beauftragt, am Campus, dem Ausbildungsort des Heilungsbiotop 1 Tamera, nachzuschauen, ob alles in Ordnung ist. Immerhin werden hier die internationalen Studenten und die internationalen Gäste untergebracht. An sich eine ehrenwerte Aufgabe. Im Jahr 2016 hat mir die Unterstützung des Instandhaltungs-Teams des Campus sehr viel Freude gemacht. Spirituelle und Handwerkliche Arbeit sind in mir zusammen gekommen.

Motiviert durch die positive Erfahrung des letzten Jahres gehe ich frisch ans Werk. Im Januar 2017 werde ich also gebeten, zu schauen, was es zu tun gibt, welche Arbeiten gemacht werden müssen. Nach einer ersten Begehung erkenne ich, es liegt sehr viel im Argen. Der strenge Winter hat sein Tribut gefordert, geplatzte Wasserhähne und Leitungen, geborstene Bodenfliesen in den Duschen. Neben den ohnehin nötigen Wartungsarbeiten offenbart sich ein immer größer werdendes Arbeitsvolumen.

Nun ist es so, dass traditionell der Winter eine Reflektionszeit in der Gemeinschaft ist. Sowie ein intimeres Zusammenkommen der Gemeinschaft, was in dieser Art in der laufenden Gästesaison kaum stattfindet. Das hat zur Folge, dass alle relevanten Handwerker der Gemeinschaft unabkömmlich sind. Zu Anfang mache ich mir noch einen Spaß daraus und sage, ok, dann bin ich eine „One Man Band". Es ist allerdings klar, dass es bei dem Gesamtvolumen an Arbeit externe Handwerker braucht. Zum Glück sind zwei gute Handwerker frei, obwohl die Auftragslage im Alentejo gut ist. Somit empfinde ich es als Fügung, diese Beiden an die Seite gestellt zu bekommen. Der erste Ärger ergibt sich, als ich den beiden, noch unbekannten, Handwerkern zusage. Der vereinbarte Lohn ist auf der gleichen Basis dessen, was in den letzten Jahren diejenigen bekamen, die immer wieder für die Gemeinschaft Aufträge erledigten. Ich bin heilfroh, dass überhaupt fähige Handwerker da sind. Doch ich werde „zurechtgewiesen". Normalerweise werden niedrige Löhne gezahlt, dem portugiesischen Lohnniveau angemessen. Das, was ich den beiden Handwerkern anbot, sei zu hoch. Das ist mir ja alles selber klar, dennoch finde ich es nur gerecht, dass die beiden gut und fair bezahlt werden. Zumal sie ihr eigenes Werkzeug mitbringen. Eine erste Welle der Wut erfasst mich, zugleich eine Enttäuschung. Der Spaß, eine „One Man Band" zu sein, wird bitterer Ernst; ich fühle mich allein gelassen und werde es auch. Obwohl es im weiteren Verlauf durchaus Unterstützung hier und da gibt.

Ich mache es kurz. Wir drei „holen die Kohlen aus dem Feuer", erledigen neben dem Notwendigen noch Liegengebliebenes und bringen „schlampig ausgeführte" Arbeiten zu Ende. Das geht über drei Monaten hinweg. Obwohl die Gästesaison erst ab Mai offiziell beginnt, sind doch schon ab März Studenten da, die einen speziell angebotenen Ausbildungszyklus absolvieren.

Die Wut wird mein ständiger Begleiter. Im Laufe der letzten Jahre, auf meinem spirituellen Weg, war wütend zu sein ein emotioneller Zustand, den ich so schnell wie möglich bereinigen wollte und ich wurde immer besser darin. Ich praktiziere, was ich als „Gedankenhygiene" beschreibe und diese Praxis ist Teil meines Dauertrainings. Dass mich die Wut jetzt so massiv erfasste, war mir unangenehm. Bis ich akzeptierte, die Wut ist der „Sprit für meinen Motor". Diese ganze Zeit kostet viel Kraft. 12 bis 16 Stunden Dauerpräsenz auf den diversen Baustellen plus der an mir nagenden Enttäuschung, „allein und hängen gelassen zu werden", tut ihr Übriges.

Es kam, wie es kommen musste. Die zentrale Abwasserleitung war hoffnungslos verstopft. In den letzten Jahren konnte dieser Pfropfen frei gespült werden, diesmal war die Leitung endgültig zu. Kurz vor Beginn der offiziellen Saison traf ich dann die Entscheidung, das Rohr freizulegen und das verstopfte Stück zu ersetzen. Als Erstes zerriss der Bagger die „eingemessene" Stromleitung, die eigentlich woanders hätte liegen sollen. Direkt im Anschluss kappte der Bagger eine Wasserleitung. Die Baugrube lief ohnehin mit Abwasser voll, doch jetzt erst recht, zusätzlich noch mit dem Wasser aus dieser Leitung. Der berühmte letzte Tropfen. Mein Nervensystem, ohnehin zum Zerreißen gespannt, riss. Meine Wut entlud sich ungebremst, mit voller Wucht. Der Baggerfahrer war „schuldfrei" – dies noch zu wissen, dazu war ich in der Lage. Dennoch, meine Wut brach sich einfach Bahn, ohne an jemanden konkret adressiert zu sein. Freunde schickten mich von der Baustelle. Als ich mich etwas beruhigt hatte, beendete ich die Arbeit erfolgreich und machte die Grube wieder zu. Die Folge war zunächst eine Beurlaubung, letztlich war das meine letzte Tat im Rahmen des „Campus-Instandhaltungs-Teams". Ich danke heute noch dem jungen Management-Team für die Solidarität und Freundschaft, statt mich zu verurteilen, mich aus diesem Engpass erlöst zu haben.

Burnout – ausgebrannt

Es wurde dann vermutet, ich habe ein „Burnout". Das hat mich verunsichert und ich fühlte mich pathologisch krank. Ich übersetzte dann Burnout. Ach so, das heißt „ausgebrannt" – ja, das war ich. Dieses Wissen half mir die „pathologische Krankheitsdiagnose" wieder abzulegen. Der ganze Vorgang wurde versucht aufzurollen, zu klären, jedoch platzte die Enttäuschung und Wut jedes Mal wieder aus mir heraus. In der Konsequenz ging ich ganz auf Distanz zur Gemeinschaft, um zu prüfen, ob ich den Weg mit der Gemeinschaft weiter gehen will. In Absprache nahm ich ein Jahr Auszeit. Bis heute, vier Jahre danach, ohne Ergebnis im Sinne eines Wiedereinstiegs in die Gemeinschaft. Dreißig Jahre verbrachte ich mit dieser Gemeinschaft. Viele tiefe Freundschaften sind gewachsen, viele Geliebte sind mir nah und wichtig. Das Projekt liegt mir tief am Herzen. Dass es jemals so weit kommen würde, hielt ich für ausgeschlossen. Dies alles zu hinterfragen, einschließlich des Großteils meines Lebens, war äußerst anstrengend und dramatisch.

Mittlerweile sind zwei Einsichten gereift. Die eine – die Schuldverschiebung gegen die Gemeinschaft, wie „berechtigt" sie auch sein mag, ist sinnlos. Die berechtigte Kritik ist geblieben, die gnadenlose Wut jedoch weitgehend verraucht. Die andere – ich bin und bleibe in vollem Umfang verantwortlich für das, was mir geschieht. Das durfte und darf ich auf meinem Weg mehr und mehr erkennen, lernen und wissen. Ich bin in Entwicklung und die Lektion heißt, mich für mich hinzustellen. Die eigene Verantwortung anzunehmen, das ist eh mein Lebensthema. Ich war schon lange, genauer gesagt seit dem Jahr 2009, also vor diesem „Burnout", an einem wesentlichen Kritikpunkt angekommen. Jedoch hat mir der Mut gefehlt, das voll auszutragen. Insofern war es eine Frage der Zeit, dass eine Konsequenz erfolgen wird. Der jetzige Abstand und die Distanz wird solange andauern, bis ich weiß: So, jetzt bin ich entschlossen, zu sagen, was ich zu sagen habe, vor allem auch, wenn ich falsch liege und/oder mich täusche – „vor jedem Gott, Kaiser und Tribun, vor jeder Autorität" für mich einzustehen. Eines der großen Themen, die ich lösen darf; strukturell füge ich mich zu leicht Autoritäten.

Ich halte es durchaus für möglich, wieder voll in die Gemeinschaft einzusteigen, zumal sie eine wirklich anspruchsvolle Vision z. T. stark verwirklicht hat. Ich halte es ebenso für möglich, einen anderen Weg zu gehen, der sich andeutet, jedoch im Detail noch offen ist. Wie schon gesagt, ich bin aufgrund dieser

Ereignisse zu der Entscheidung gekommen, in allererster Linie ein Mitarbeiter Gottes zu sein; bereit, empfänglich und offen für die Weisungen der innere Stimme, der Stimme Gottes.

Das sich Ereignen von Ereignissen und die Trumpfkarte Gottes: meine Seelengefährtin

Ganz wichtig! Ich bitte Gott auf Knien, mir zu helfen. Ich bin im wahrsten Sinne des Wortes am Ende meines „Lateins". Daraufhin ergeben sich Lösungen, die z. T. im Buch eingearbeitet sind. Zwei Beispiele will ich hier nennen. Bei einem Gottespunkt, so wird diese Veranstaltung der morgendlichen Einstimmung im Politischen Ashram liebevoll genannt, fällt die Aussage, es muss uns klar sein, dass, wenn es richtig eng wird im Liebesdrama und im Liebeskonflikt, die „Killerinstinkte" aus uns herausbrechen. Ich horche auf, denn das ist eine krasse Aussage, und ich empfinde sie als eine wahre Aussage, die mich „erlöst". Mit ihr beruhigt sich mein schlechtes Gewissen im Angesicht meiner ungebremsten Wut. Tage später erhalte ich ein Geburtstagsgeschenk – an einer schamanischen Zeremonie teilzunehmen. Die weiter oben beschriebene Ayahuaska-Erfahrung. Diese positive Erfahrung basiert auf der folgenden „Gegeben"heit.

Damit ich auch wirklich erkenne, dass Gott mich gehört hat und es gut mit mir meint, schickt Er mir „seine Trumpfkarte" – diese eine besondere Frau. Diese Frau ist ein Geschenk. Ich empfinde, dass sie meine Seelengefährtin ist, „meine" Frau. Die Frau meines Lebens. Diese Empfindung ist immer noch aktuell. Die Intensität, von einem Augenblick auf den nächsten, gleich, unmittelbar in einen Liebeszustand einzutreten, das ist mir neu. Ich werde immer wieder gefragt, ob ich nun verliebt bin. Nein, sage ich, ich liebe! Die dafür zu findenden Worte der Dankbarkeit wollen erst noch erfunden werden. Zumal ich weder eine

Frau, noch eine Partnerin suchte. Eher das vollkommene Gegenteil. An diesem „Burnout"-Tiefpunkt halte ich absolut wenig von mir. Dass mich da jemand liebt, liegt außerhalb dessen, was ich für möglich halte.

Die kommenden drei Jahre verbringe ich hauptsächlich mit der geliebtesten aller Geliebtesten, wie ich „meine Frau" nenne. In dieser Zeit ereignet sich in ihrem Leben so einiges. Sie verlässt das Projekt, hier in Portugal, auf welches sie nach ihrem Umzug aus Deutschland gesetzt hat. Sie hat all ihre Privilegien in Deutschland aufgegeben, ihren sicheren Raum, und ist mit ihrer Pferdeherde, ihrem Esel und dem ganzen Hausstand nach Portugal gezogen. Was für ein entschlossener und mutiger Schritt. Da sie ein liebender, unkorrumpierbarer und wahrheitsliebender Mensch ist, wird es in der Gruppe des ersten Projektes zu schwierig, weiterzumachen. Das ist bitter. Sie geht mit ihrer ganzen Herde auf das direkte Nachbargelände, was Gott sei Dank durch die Großzügigkeit des neuen Besitzers dieses Landes möglich ist. Sie findet bei einer Freundin zunächst „Zuflucht", damit sie eine Wohnung hat. Dies war ein Zwischenschritt und nun hat sie endlich den Platz gefunden, an dem sie ihr, meiner Empfindung nach, heiliges Werk mit Eseln, Pferden, Kindern und Heilungssuchenden fortsetzt.

Ich füge das hier an, damit sich erklärt, was ich in meiner „Diaspora", der Zeit meiner Prüfung in Bezug auf den weiteren Weg mit der Gemeinschaft Tamera, mache. Einerseits helfe ich ihr natürlich bei all diesen Herausforderungen und Schritten. Andererseits bin ich intensivst damit beschäftigt, die „Wunden" und die Seelenschmerzen zu heilen, aufgrund des „Verlustes der Gemeinschaft". Zugleich bin ich erfüllt davon „meine Frau zu lieben" und meinen heiligen und heilenden Weg fortzusetzen. In dieser Zeit gehe ich davon aus, dass wir gemeinsame Projekte ins Leben rufen; mehr den unsrigen Weg, als dass ich in Tamera weiter machen werde. Wie so oft kommt alles anders.

Ziemlich genau drei Jahre später, im Mai 2020, wird sich unser Weg wieder trennen. Mein Anteil daran ist, ich verliere mich unbewusst zu sehr in ihrem Projekt und verheimliche ihr, dass ich sexuell auch zu anderen Frauen will. Mir fehlt es an Mut zur Wahrheit. Die eigenen Gefühle sind mir unklar. Mit ihr ist doch alles da, was ich ersehne. Das bis dato ungelöste Thema zwischen Frau und Mann holt mich wieder ein. Die Trennung verläuft abrupt und äußerst schmerzhaft. Ich gehe wahrlich durch alle emotionalen Abgründe und „Höllen". Zum x-ten Mal dieser Trennungsschmerz, gepaart mit Minderwertigkeit und Verlustangst, gewürzt mit dem eigenem Versagen, wie schon so oft.

Heute bin ich dankbar. Mir gelingt es, durch diese innere Aufruhr, „zu mir zu kommen". Das hört sich paradox an. Doch, als ich erschöpft genug bin von dieser emotionellen „Tortour", *empfinde ich die eigene Liebesintensität*, die ich nur mit ihr in Verbindung bringen konnte, *zum ersten Mal tief in mir.* Ich selbst bin zu dieser Liebesintensität fähig, sie ist und war schon immer in mir. Was für eine Erlösung. All die vielen Beziehungen zu Frauen waren dadurch geprägt, dass ich Liebe dadurch empfinde, weil mich die Frau liebt. Dass es eine mir eigene Liebe gibt, die ich sozusagen verkörpere, erlebe ich nun so bewusst zum ersten Mal. Seitdem hat sich mein Leben völlig verändert. Ich spüre eine Freude und Lust, dieser Liebe zu folgen und sie zu teilen, ohne Erwartung. Die heilige und heilende Kraft der Liebe, die göttliche All-Gegenwart und die heilige und heilende spirituelle Sexualität sind dabei, sich in mir zu vereinen. Das ist großartig. Das Leben ist uneingeschränkt schön. Ich will das weiter geben und für das Wohl des Ganzen wirken. Ganz von selbst, ohne Anstrengung. Was ich Zeit meines Lebens suchte, was ich als Kind ersehnte, ist mir ab jetzt bewusst.

Ich empfinde große Freude und Lust, mitzuwirken an der Welt, in der ich leben will. Ich liebe diese Frau immer noch genau so, wie von Anfang an an. Zugleich liebe ich das Leben; liebe es, ein Mensch zu sein; liebe es, für die Welt da zu sein, für andere. Dies alles weiter zu entfalten, ist mein Hauptaugenmerk. In allererster Linie bin ich ein Mitarbeiter und Mitschöpfer Gottes und gehe den heiligen und heilenden Weg göttlicher Liebe. Darin fühle ich mich am wohlsten und am sichersten.

Noch im ersten Höhenflug, am Anfang, nach einer starken sexuellen Liebesnacht mit der geliebtesten aller Geliebten, durchströmt mich eine Vision. Die Vision eines Heilortes, eines Gesundheitszentrums. Sie nennt diese Vision liebevoll „Philharmonie". Daraus entsteht ein schönes Wortspiel: „Feel Harmony; viel Harmonie". Die Verwirklichung dieses Heilungsortes liegt mir sehr am Herzen. In meiner unmittelbaren Umgebung werden es immer mehr Menschen, die ein gutes Milieu für Heilung mehr als zu schätzen wüssten. Gut Ding will Weile haben. Ich stehe kurz davor, ein Projekt aufzubauen, welches das Ziel hat, diesen Heilungsort zu verwirklichen. Dieses Buch dient, unter anderem, ebenfalls diesem Zweck. Ich bin erst jetzt soweit, nach fast sechs Jahren Jahren, mich doch zu trauen. In aller Kürze: Dieses Projekt koordiniert sowohl Menschen, die eine Begleitung und Unterstützung auf ihrem Heilungsweg brauchen und/oder wollen. Als auch Menschen, die eine solche Aufgabe gerne annehmen Und über Heilungswissen verfügen und dieses praktizieren. Falls bei Ihnen Interesse geweckt ist, sende ich Ihnen gerne ein Exposé darüber zu.

Denen, die Gott lieben, werden alle Dinge zum besten dienen, so sei es, so ist es.

2018 Spirituelle Reise: Alentejo-Portugal, Spanien, Frankreich, Schweiz – Deutschland und via Frankreich mit dem Überlandbus zurück nach dem Alentejo

Eine junge Schweizer Familie sucht jemanden, der ihren Camper aus dem südlichen Portugal in die Schweiz bringt. Sämtliche Kosten werden übernommen. Ich habe Lust, etwas „Verrücktes" zu tun und genieße das Privileg, Zeit zu haben. Ich sage zu und freue mich auf eine spirituelle Reise. Der erste „Dämpfer" ist, ich erwarte einen modernen Camper mit allem „Schnick-Schnack", der Camper gehört schließlich Schweizern, in Wirklichkeit finde ich einen alten J5 Camper Bus vor, noch mit Lenkradschaltung. Das geht ja gut los. Zudem ist der Camper das Zuhause der Familie, demnach ist ein munteres Chaos im Auto, die Spielsachen der Kinder sind noch überall verstreut. Die Eltern haben weitestgehend jeden freien Platz voll genutzt. Immer wieder bietet das Leben Widrigkeiten und ich finde, Gott hat echt Humor. So ist das mit Erwartungen, von einem Augenblick zum nächsten ist alles „Schall und Rauch". Dennoch, diese Reise zu machen, ist größer als die erste Enttäuschung, ich bleibe bei meiner Entscheidung und fahre los. Es ist Mai, eine wunderschöne, prachtvolle Zeit der Blüte.

Spanien, an der Quelle des Rio Tejo

Das erste Ziel, die Quelle des Rio Tejo – dem längsten Fluss auf der iberischen Halbinsel, der bei Lissabon in den Atlantik mündet. Damit will ich einen lang gehegten Traum erfüllen, einmal an der Quelle eines großen Flusses zu sein.

Ich fahre im Alentejo los, auf Madrid zu. Kurz vor der portugiesisch-spanischen Grenze nehme ich bewusst wahr, dass ich durch eine Agrarindustrie-Landschaft fahre. Diese Art Landschaft setzt sich fort und fort. Mit der Zeit wird es schmerzhaft, zu erleben, dass es nur noch diese künstliche Landwirtschaft gibt, mit all den Konsequenzen an chemischer Behandlung der Böden und Pflanzen und der damit einhergehenden Vergiftung des Grundwassers. Felix zu Löwenstein hat darüber zwei eindrucksvolle Bücher geschrieben, in denen er klar macht, dass jegliche Herausforderungen, die Weltbevölkerung zu ernähren und die Böden, die Pflanzen und das Wasser zu schonen, mit biologischer Landwirtschaft zu schaffen sind. Seine Aussagen geben mir Trost und Zuversicht, angesichts dieser endlosen Agrarindustrie-„Wüste".

Nach der ersten Übernachtung im Camper sehe ich unter dem Motor eine kleine Dieselpfütze. Ich gerate in Panik. Womöglich ein teurer Schaden, der mein Budget übersteigt. Ich finde eine Werkstatt. Es dauert, ich warte und warte und warte. Endlich, der Mechaniker geht ans Werk. Es ist nur eine Schelle lose, er schraubt sie fest, ich gebe ihm zehn Euro. Die Panik war unnötig und Gottes Wirken präzise.

Ich vermute die Quelle östlich von Madrid. Das stimmt, jedoch ist sie deutlich weiter Richtung Mittelmeer, hoch in den Bergen. Ich will schon aufgeben, entscheide mich aber, dran zu bleiben und dem Traum zu folgen. Nach langer Suche erreiche ich, überglücklich, tatsächlich die Quelle des Rio Tejo, so der portugiesische Name. Rio Tajo wie er auf spanisch heißt. Neben einer martialischen Skulptur – wozu die gut sein soll, wissen die Spanier wohl besser – ist die Quelle. Die Quelle, bescheiden eingebettet in aufgeschichteten Steinen. Das Wasser fließt konstant aus einem Messinghahn. Ich trinke. Überwältigend, von einem Augenblick auf den nächsten fühle ich mich gesund, vital und wach. *Das also ist Wasser!* Jetzt erst begreife ich, warum und weshalb aus dem Wasser jedes Leben auf Erden geboren ist. Diese Qualität, diese pure Essenz „Wasser", trinke ich so zum ersten Mal. Ich wasche mich und fühle mich durch und durch rein. Dankbarkeit erfüllt mich, da ich nun weiß, was Wasser wirklich ist. Die Kraft des Lebens.

Auf der anderen Seite der Skulptur, eine kleine, künstlich angelegte Auenlandschaft. Die versöhnt mich ein wenig mit dieser deplatzierten Skulptur. Ich bleibe über Nacht, glücklich, einen sich erfüllenden Traum zu erleben. Beseelt fahre ich am Morgen, durch eine Landschaft, die ich kaum für möglich hielt. Imposante Steinformationen, Canyons, viele Bachläufe mit üppiger Vegetation. Das ist also auch Spanien. Ich stelle mir immer wieder vor, wie Gott mit einer Geste diese Steinkolosse – aus reiner Freude, die Schöpfung zu gestalten – hier her „geworfen" hat. In diesem gehobenen Zustand treffe ich dann wieder auf die Agrarindustrie-Landschaft und diesmal rieche ich die Chemie. Es stinkt geradezu. Was tut der Mensch dem Menschen und der Natur an?! Wie halten die Menschen das nur aus?

Ich will weiter nach Barcelona, zur Sagrada Familia, mein nächstes Traumziel. Auf der Autobahn winkt mich ein Polizist raus. Ich fahre ohne Fahrzeugpapiere, habe die nur als Foto auf dem Handy. Der Besitzer hat sie bei sich, in der Schweiz. Das ist mal das eine. Das andere, wo ist die grüne Versicherungskarte? Was hatten mir die Besitzer noch gesagt? Nach langem Suchen finde ich zumindest die Versicherungskarte – Gracias a Deus. Der Polizist ist genervt, ich bin genervt und bete dafür, diese Situation gut zu durchlaufen. Der Polizist bekommt mit, dass ich ihn ernst nehme, freundlich bleibe und tue, was ich kann. Schließlich lässt er mich weiterfahren. Ich erlebe das als Gebets-Erhörung. Er hat allen Grund, mir zu „misstrauen", dennoch lässt er mich gehen.

Der Null-Meridian

In der Nacht, auf der Autobahn nach Barcelona, überquere ich den Null Meridian. Die Spanier haben eine beeindruckende Skulptur über die Autobahn gebaut, die darauf hinweist. Es hat was, den Null-Meridian wahrzunehmen. Plötzlich ist mir die ganze Welt, an diesem singulären Punkt, in ihrer Größe nahe. Ich übernachte auf einer Autobahn-Raststätte. Neben mir parken in der Nacht zwei sehr schön restaurierte alte VW Bullis. Erinnerungen aus der Kindheit werden wach.

Sagrada Familia

Barcelona ist, was den Verkehr betrifft, die Hölle. Vor allem mit einem Camper Bus. Stundenlang suche ich, erfolglos, einen Parkplatz. Schließlich finde ich am Stadtrand einen zu bezahlenden Parkplatz. Ich fahre mit der Straßenbahn dann endlich zur Familia Sagrada. Was für ein beeindruckendes Bauwerk! Großartig, künstlerisch einzigartig, ehrfurchtgebietend, zugleich inspirierend. Das hat sich mehr als gelohnt, hier zu sein. Ich umrunde mehrfach die Kathedrale, es gibt immer etwas Neues zu entdecken. Nun will ich hinein, voller Vorfreude gehe ich zur Kasse. Jedoch, weder heute noch Morgen, vielleicht übermorgen, gibt es Eintrittskarten. Das ist bitter, ich bin untröstlich enttäuscht. Die Vorstellung, so lange zu warten, missfällt mir. Ich entscheide, „zähneknirschend", weiter zu fahren. Außerhalb von Barcelona, in Richtung französische Grenze, fahre ich auf einen Campingplatz. Das ist ja unglaublich, die beiden VW Bullis von gestern Nacht sind ja auch hier! Hübsche Synchronizität. Und, der halbe Campingplatz ist voll mit solchen VW Bullis, aus aller „Herren Länder", wohl auf dem Weg zu einem noch größeren Treffen. Mir geht das Herz auf, danke für diese Versöhnung, nach der herben Enttäuschung in Barcelona.

Frankreich – Alle Zeit der Welt

Frankreich, ich fahre mautfreie Straßen. Gott sei Dank habe ich alle Zeit der Welt und Frankreich ist wunderschön. So richtig ärgerlich ist, alle billigen Tankstellen an den großen Supermärkten haben wohl Personal abgebaut. Es lässt sich nur mit Karte bezahlen. Ich habe jedoch nur Bargeld und ärgere mich maßlos. Also muss ich jedes mal auf die Autobahn, damit ich tanken kann. Diese Reise ist eine spirituelle Reise. So darf ich also lernen, Ärger und Groll schnellstmöglich abzulegen, was auch gelingt. Allerdings ist das aktive Bewusstseins- und Charakterarbeit. Dennoch, ich bin dankbar zu sehen, wo ich stehe und was ich schon „kann". Weshalb rege ich mich denn so auf, über diese Widrigkeit mit den Tankstellen, den dichten

Verkehr und die Autofahrer? Die wieder und wieder zu lernende Lektion besteht doch darin, mir mehr auf die Schliche zu kommen. Wie z. B. bei der Lektion, dass ich immer wieder Widrigkeiten dafür „benutze", ungehalten zu sein; wütend, ungerecht, beleidigend gegenüber Menschen zu sein, die mir völlig unbekannt sind. Aha, ein Verhaltensmuster, sich abzulenken, statt bei sich, bei der Schönheit der Landschaft, bei Gott zu bleiben. Also gut, ich kann mich dennoch immer wieder ausrichten, aufrichten und aufmerksam bleiben für das, was mich inspiriert, was mich erkennen lässt, wie vielfältig und schön die Natur und das Leben ist.

Zeit ist relativ

Erstaunlicherweise sind die Nationalstraßen und die Autobahnen vollkommen überfüllt. Nachdem ich stundenlang kaum weiter komme, fahre ich auf die Autobahn, zumal ich tanken muss. Ich übernachte bei der Tankstelle. Ich parke so, dass ich mit dem Heck in 90° zur Autobahn stehe. Im Bett liegend, fahren die Autos gefühlt links und rechts durch mein Kronen-Chakra. Es ist laut, ein ununterbrochenes Rauschen. Mir kommt in den Sinn, dass sich alle, die jetzt unterwegs sind, aus der Vergangenheit in die Zukunft bewegen. Ihr Fahrzeug ist ihre Gegenwart. Diese Gegenwart bewegt sich durch Raum und Zeit. Ich, als Wahrnehmender, bin dort, wo ich bin – im Jetzt. Ich ruhe im Jetzt, während die, die sich bewegen, in der Vergangenheit, in der Gegenwart und in der Zukunft sind, und das innerhalb weniger Augenblicke. In diesem Wahrnehmungszustand löst sich mein linearer lineare Zeitbegriff auf. Ich bin in diesem Moment „der einzige, der in der Lage ist", alle, die sich an mir vorbei bewegen, für Bruchteile von Sekunden wahrzunehmen; was für die, die in der linearen Zeit unterwegs sind, irrelevant ist. Ich bin wieder einmal erstaunt, wie sich eine Erkenntnis einstellt, allein aufgrund einer einfachen aufmerksamen Wahrnehmung dessen, was gerade geschieht. Sobald die Aufmerksamkeit bei der Sache bleibt, ist es einfacher, mehr erkennen zu können und es ist oft einfacher als gedacht. Ich mag Frankreich, die Landschaft ist abwechslungsreich und jetzt, im Mai, leuchtet die Natur in all ihren Farben. Lebenskraft pur.

Schweiz – Gebet, Kapelle, Holzskulpturen und die Nossa Senhora

Ich fahre auf die Schweiz zu Und reise ein über einen kleinen Grenzübergang. Die Fahrt geht auf ihr vorläufiges Ende zu. Ich genieße es, mich weiter treiben zu lassen. So komme ich an einer Kapelle vorbei. Ich steige aus, für ein Gebet der Dankbarkeit – angesichts dessen, wie erkenntnisreich, geschützt und vielschichtig diese „Pilgerreise" verläuft. Um die Kapelle herum, in diesem kleinen Dorf, sind wundervoll geschnitzte Holzskulpturen von Tieren zu finden und ich darf eine wunderschöne Skulptur meiner heißgeliebten Nossa Senhora bewundern. Weiter geht's. Neben einem alten Autoatlas benutze ich ein wahrlich antikes Navigationsgerät. Das muss aus der ersten Generation stammen. Erst verweigere ich lange Zeit die Benutzung, doch beim Finden der Quelle des Rio Tejo hat es gute Dienste geleistet. Das Display ist wirklich klein und nun, wo ich auf das „Navi" angewiesen bin, verliere ich öfters den Faden. Wieder einmal steigt Groll auf, mein Groll ist hartnäckiger als ich wahrhaben will.

Synchronizität und Gott

Auf dem Höhepunkt des Grolls, ich befürchte mich sehr verfahren zu haben, wieder dieses Phänomen – Synchronizität. Ich fahre durch die Schweizer Landschaft, auf einer kleinen Straße, passiere ein Waldstück und vor mir taucht urplötzlich das große blaue Schild auf. Mit gelben Buchstaben steht geschrieben: *„Vertraue auf Gott".* Gracias a Deus, Gott hat wirklich Humor und wirkt, wie gesagt, mit äußerster Harmonie und Präzision. Mein Groll ist sofort verflogen. Wie sehr sich doch die Emotionen verselbststängidt haben und sich immer wieder aufbauen. Das ist ein Thema für sich. Ich werde erst zwei Jahre später lernen, dass es einen fundamentalen Unterschied gibt zwischen Emotion und Gefühl.

Ich komme an. Ein kleines Schweizer Dorf. Die Adresse ist etwas kompliziert zu finden. In dem Moment, wo ich die Familie anrufe, um nach dem genauen Weg zu fragen, kommen sie mir entgegen. Zum einen ist es das und zum anderen, es war mir völlig unklar, dass sie ein paar Tage unterwegs waren und just jetzt mit mir gleichzeitig ankommen. Wie gesagt – Synchronizität – ein großartiges Schöpfungsprinzip. Ich lerne nun meine „Auftraggeber" kennen, sie sind sehr sympathisch und ihre Kinder sehr aufgeweckt und lebendig. Die ganze Abrechnung läuft einvernehmlich und leicht. Ein erfreulicher Abschluss dieser Etappe meiner spirituellen Pilgerschaft. Ich bin dankbar.

Deutschland und wieder Frankreich

Am nächsten Tag breche ich auf, nach Deutschland. Ich will zu meinem Bruder, seiner Frau und seiner Tochter, in die Nähe von Tübingen. Von der Schweiz aus umständlich zu erreichen. Welch ein Glück, mein Bruder ist in der Nähe von Freiburg beruflich

unterwegs. Wir verabreden uns am Hauptbahnhof. Dieser Treff-
punkt ist für mich ganz einfach zu erreichen. Sagte ich schon
etwas zum Thema Synchronizität? ... Mein Bruder mit Familie
und eine befreundete Familie wollen in den nächsten Tagen in
Frankreich Urlaub machen. Sie laden mich ein, mitzukommen;
ich könnte dann ja aus Frankreich weiter zurück nach Portugal
reisen. Das Angebot ist verlockend. Gesagt, getan. Die paar Tage
Urlaub zusammen und miteinander dienen der Freude des Wie-
dersehens. Es stellt sich heraus, dass eine Busstation in der nahe
gelegenen Stadt, Lons-le-Saunier, ist. Ich buche für die nächsten
Tage einen Fahrschein von Lons-le-Saunier nach Porto. Guter
Dinge bringt mich mein Bruder dann zur Busstation. Wider Erwarten geht die Reise über Paris, also erst in den Norden, und
dann erst in den Süden. Nun gut. In Paris habe ich Aufenthalt.
Direkt neben der Busstation ist eine Art Sportplatz.

Die Athleten von Paris

Was sich hier abspielt, ist faszinierend. Junge Männer, durchtrai-
nierte Athleten, fordern sich auf eine gute Art heraus. Das Zusammenspiel von Wettkampf und gegenseitiger Unterstützung ist
bewegend. Und was sich da am Reck abspielt, ist atemberaubend.
Klimmzüge mit hoher Kraft und intensiver Geschwindigkeit. Aus
den Klimmzügen heraus wird sich dann hochgepumpt, sodass der
halbe Körper über die Stange hinaus ragt. Ein pures Kraft-Schau-
spiel, zugleich elegant und geschmeidig. Zu was der Körper alles
in der Lage ist! Die Anwendung des innewohnenden Potentials
wird hier in einer beeindruckenden Art und Weise gezeigt. Die
ganze Atmosphäre ist zwar geprägt von einer *„wir sind eine Gang"*-
Energie, die mir sonst nur als brutal und kämpferisch bekannt
ist. Dazu steht jedoch das Ausmaß der gegenseitigen Hilfe und
des Spiels miteinander im Widerspruch. Das öffnet mein Herz.

Unachtsamkeit in San Sebastian

Ich steige in den Bus nach Porto. In San Sebastian muss ich wirklich dringend. Ich steige aus, gehe zur Toilette, komme wieder, der Bus ist weg. Ich bin fassungslos. Wie oft hatte ich mir eine solche Situation vorgestellt und nun ist es passiert. Gedanken schaffen Wirklichkeit. Die emotionelle Welle reist mich schier auseinander – Wut, Verzweiflung, Ohnmacht, Fassungslosigkeit, schreien, heulen, alles gleichzeitig. Gut, dass ich die Jacke mit dem Ausweis und das Geld bei mir habe. Vor Jahren begann ich, mich für eine inspirierende spirituelle Praxis zu interessieren. Peace Pilgrim hat sich all ihres Hab und Guts entledigt und hat nur noch das bei sich, was sie am Körper trägt. Sie beschreibt, was für eine Befreiung und Entlastung das ist. Die Idee von ihr dabei ist, dass all die angehäuften Dinge, Erinnerungsstücke und ein „Viel zu Viel" an Gebrauchsgegenständen und Kleidung Energie an sich bindet. Wir hängen an etwas, was schon lange vorbei ist und sind unbewusst daran fest gebunden. Werden gleichsam immer wieder vom Vergangenen angezogen und absorbiert. Von dieser Idee inspiriert, habe ich daraufhin angefangen, mich alter Liebesbriefe zu entledigen. Ich wollte mit etwas anfangen, was mir wirklich schwer fällt, in der Hoffnung, dass es mir dann leichter fällt, andere Relikte der Vergangenheit abzulegen. Bis heute bin ich damit beschäftigt, diese Übung bis zum Ende zu bringen. Anhaftungen sind echt hartnäckig.

Spirituelle Lektion, alle meine heiligen Gegenstände und Aufzeichnungen sind für immer verschwunden

Ausgerechnet auf dieser Busstation in San Sebastian erlebe ich dann von einem Augenblick auf den nächsten, was es heißt, all sein Hab und Gut zu verlieren; ein Unterschied dazu, es bewusst abzulegen. Das war mir in dem Moment zu viel. Das Busunternehmen lässt mich auflaufen. Am liebsten möchte ich es namentlich nennen, weil auch jetzt, wenn ich darüber schreibe, mich eine abgrundtiefe Enttäuschung und Wut erfasst, wie sehr das Profitstreben alles beherrscht, statt dass dem Kunden geholfen wird. Ich unterlasse bewusst die namentliche Nennung, da ich das als einen unangemessenen Racheakt empfinde. Ich will ja mit dieser unseligen Geschichte abschließen, Eher noch die Lektion lernen.

Meine Geliebte ruft bei dem Busunternehmen an und schildert den Vorfall. Die Zusage kommt, dass man sich darum kümmern wird, was bei der Größe des Unternehmens jedoch dauern kann. Immerhin ist meine Lieblingskleidung/Kraftkleidung sowie die Festplatte mit allen spirituellen Tagebüchern, mein Laptop und die mir wichtigen Bücher und das abgefüllte Wasser der Quelle des Rio Tejo abhanden gekommen. Wieso, weshalb, warum muss eine spirituelle Reise so einen Abschluss finden? Ich mache es kurz, meine heiligen Gegenstände und Aufzeichnungen sind für immer verschwunden, der Rucksack wurde möglicherweise gestohlen. Ich werde nach einem ärgerlichen Hin und Her mit dem Unternehmen mit 150 Euro Entschädigung abgespeist.

Ich verliere mein Hab und Gut von einem Moment auf den anderen. Dieses Gefühl ist wichtig. Die Menschen, die alles verloren haben, bis hin zu geliebten Menschen, sind deutlich existentieller getroffen. Dennoch, in diesem Moment erlebe ich diese Existentialität, erfahre, was das heißt. In diesem Sinn ist es eine Prüfung. Wie war das noch, du willst dich doch vom Vergangenen befreien? Ein deutlicher Hinweis darauf, selbst präziser zu werden. Als ich aus dem Bus ausstieg, wäre es wichtig gewesen, Kontakt zum Busfahrer aufzunehmen und ihm zu sagen, dass ich auf die Toilette muss. Was ich allerdings unterließ. Insofern darf ich jedwede Schuldverschiebung lassen, ich war unachtsam und habe mir das selbst „eingebrockt". Klar, normalerweise wird durchgezählt; klar, mein Sitzplatz war leer, obwohl noch meine Tasche mit Buch und Handy da lag; klar ein Mitreisender hätte

sagen können, dass noch jemand fehlt usw. Unterm Strich trage
ich selbst die Verantwortung.

„Wenn du Fehler machst, lerne die Lektion" sagte der Dalai Lama
zum Jahrtausend-Wechsel.

Abschließend will ich noch sagen: Ich habe mich bei allen Kon-
takten mit dem Busunternehmen in emotionelle Wallungen
verstrickt. Ich habe länger gebraucht, den Verlust meiner hei-
ligsten Dinge zu akzeptieren. Die spirituelle Größe, in der ich
dachte zu sein, wurde sehr intensiv geprüft. Immer wieder die
Lektion, zu sehen, wo ich wirklich stehe. Zu meiner Ehrenrettung darf ich sagen, dass ich mich wieder lösen konnte, aus der
Enttäuschung, der Fassungslosigkeit, dem Groll, dem „sich ungerecht behandelt fühlen".

2018 Juli

Da ich ja meinen Weg mit der Gemeinschaft prüfe, verzichte ich
auf das Taschengeld, welches jeder Mitarbeiter sich auszahlen
lassen kann. Mein Ehrgefühl sagt mir, wenn ich „draußen bin"
ohne mitzuarbeiten, dann ist es unfair, Geld zu bekommen. Zwei
gute Freunde kritisieren mich deswegen, da ich immerhin viele
Jahre an der Entwicklung und dem Aufbau des Projektes aktiv
tätig war. Ein anderer Freund bringt mich auf die Idee, einen
Kleinbus zu kaufen und damit Geld zu generieren. Das finde ich
gut. Ich war mal Taxifahrer, fahre gerne Auto und war ohnehin
oft als Abholfahrer für Gäste Tameras im Einsatz. Außerdem
bietet der Bus die Möglichkeiten, Großeinkaufs- und Transport-
fahrten anzubieten. Ich verliebe mich in einen Peugeot Boxer,
einen Neun-Sitzer-Bus, zugelassen 1997, der alle Optionen ermöglicht. Dafür muss ich mir Geld leihen. Ich leihe mir doppelt
so viel wie der Bus kostet, damit ich einen Puffer habe, falls etwas ist. Die alte Weisheit besagt ja, gebraucht gekauft ist doppelt
gekauft. Ich werde ja bald mehr und mehr Geld verdienen und
meine Schulden zurückzahlen können. Und ich bin davon aus-

gegangen, dass ich ziemlich schnell das Geld, welches als Puffer gedacht war, zurückzahle. Soweit die Theorie. Ich erwähne jetzt nur das erste Desaster, welches alle weiteren zur Folge hatte. Kaum ist der zweite Tag vergangen, und ich fahre als stolzer Besitzer des geliebten Busses die Frau meines Lebens zu ihren Pferden. Ein Kreischen, ein lauter Knall und das war's – die Nockenwelle ist gebrochen. Passiert eher selten. Gut, dass ich noch Geld als Vorrat habe. Der Ersatzmotor, der folgende Aus-, Um- und Einbau kosten eine Menge. Doch dies ist nur der Auftakt. Ich werde mein gesamtes Geld in das Auto stecken sowie das meiste von dem, was ich dann ab und zu einnehme – wenn „Max", so nenne ich den Bus, mal läuft.

Das ganze Konzept geht also echt "nach hinten los". Ich bin nun wieder verschuldet und treibe immer tiefer in die Schulden hinein. Ich weigere mich, von Reparatur zu Reparatur, zu erkennen, dass ich da einer sinnlosen Spur folge. Meine Freunde machen sich schon lustig über meine naive Zuversicht, dass es schon werden wird. Ich aber habe in Wirklichkeit Angst, allerdings in der emotionalen Variante. Angst, mich lächerlich zu machen; Angst, erneut das Damokles-Schwert „akuter Geldengpass und Schulden" zu erfahren; Angst, mir einzugestehen, dass mir der Mut fehlt, lieber ein Ende mit Schrecken in Kauf zu nehmen, als ein Schrecken ohne Ende. Im Juni 2023 verkaufe ich meinen Meister Max. Zu meinen Ungunsten, jedoch es reicht. Nach fast fünf Jahren denke ich, ich habe die Lektion gelernt. Max ist deshalb mein Meister geworden, da er offenbarte, was ich so alles verursache und dann vor den Konsequenzen der Wirkung die Augen verschließe. Max hat mich durchaus gelehrt, wie und warum ich in Panik gerate, sobald es um Geld geht. Ich halte emotional zu lange fest, gerade dann, wenn ich weiß, es braucht eine Ernüchterung und ein klares Erkennen, dass ich in einer Sackgasse bin und mich irre. Nüchtern betrachtet bin ich in der Lage, entsprechend zu handeln und den Kurs zu korrigieren und somit das Falsche zu beenden und das Richtige zu tun. Jedoch, ich wollte mir unbedingt beweisen, dass ich Recht habe und aus dem misslungenen Buskauf doch noch einen Erfolg machen kann. Ich halte, wie es Peace Pilgrim schon lehrte, zu lange am Vergangenen, an Emotionen, fest. Auf dem von mir eingeschlagenen Weg gibt es jede Menge Prüfungen und ich habe lange für diese „harte Nuss-Prüfung – Max" gebraucht. Wichtiger ist jedoch dabei das Erlernen der Lektion, auch wenn es manchmal länger dauert.

2017 bis 2023

Von Mai 2017 bis Mai 2020 verbringe ich die meiste Zeit im Wesentlichen im „Basis Camp", was bedeutet, ich lebe mit meiner Geliebten zusammen. Ich helfe ihr bei der Versorgung ihrer Herde. Später bei den ganzen Umzügen; bis dann endlich das neue Gelände gefunden ist und die Zeit beginnt, wo sie wieder Kontinuität in ihre Arbeit bekommt. Wir bringen das neue Gelände in Ordnung, damit ihre Esel und Pferde frei laufen können. Ich versorge darüber hinaus die Tiere mit Wasser, da es im Alentejo sehr, sehr trocken ist und auf den Weiden der Zugang zu Wasser sich oft schwierig gestaltet. Diese Arbeit macht mir Freude, zumal ich die meiste Zeit meines Lebens wenig mit Tieren in Kontakt war. Und immer wieder nehme ich an spezifischen Veranstaltungen in Tamera teil. Ich prüfe von Zeit zu Zeit damit meinen Standpunkt. Jedes mal verlängere ich danach meine Aus-Zeit und prüfe weiter.

Daneben widme ich mich einem weiteren Projekt, welches auf einer „alten" Vision basiert. Diese Vision taufe ich „Spirit of Waste – SoW". Das weltweite Abfall- und Müllaufkommen gehört zu den Themen, die sofort meinen „heiligen Zorn" aktivieren. Ich fühle mich mit dafür verantwortlich, Roh- und Wertstoffe zurückzugewinnen und sie in die Recycling-Kreisläufe zu geben. So sammle ich auf dem Gelände vor allem die Metalle und das

Plastik, reinige es von Anhaftungen, sodass klare Fraktionen entstehen, die leichter zu verarbeiten sind. Diese Art von Arbeit ist eher eine Meditation und begeistert mich. Währenddessen komme ich ganz einfach von „Höcks-chen auf Stöcks-chen", d. h. in einen kreativen Gedankenfluss. SoW entfaltet sich dabei immer weiter und nimmt Form an. Mittlerweile ist für mich selbst Restmüll ein Rohstoff. Zudem liegt ja bekanntlich das „Geld auf der Straße", was in dem Fall stimmt. Ich finde viele Roh- und Wertstoffe bei meinen Fahrten durch den Distrikt Alentejo. Was da einfach so in die Natur geworfen wird! Wie gesagt, mein heiliger Zorn startet sofort. Auch darüber habe ich ein Exposé geschrieben. Außerdem bringt diese „Arbeit", zunächst in sehr bescheidenem Umfang, Geld mit sich.

Freunde

Apropos Geld. Neben dem „Basis Camp" nehme ich Angebote wie das folgende an. Dank eines guten Freundes bekomme ich Arbeit auf seiner Großbaustelle. Ich bin dort „Mädchen für alles", da mir die nötigen Ausbildungen fehlen. Er kennt meinen chronischen Geldengpass und unterstützt mich so gut er kann. Während dieser Zeit bin ich jedenfalls komplett in Panik, in einem irrationalen Ausmaß und hochgradig emotional. Ich fühle mich richtig gefangen in Emotionen. Wieder dieses ungelöste Geldthema. Meine Absicht mit Max Geld zu generieren, ist ja ein echter Flop. Er nimmt sich meiner an und schaut mit dem nüchternen Blick eines Geschäftsmannes auf mein Fahrtengeschäft und nimmt es gründlich auseinander. Er klärt mich auf, wo die Fehler sind und warum und wieso mein Plan zum Scheitern verurteilt ist. Mit einer wahrlichen Engelsgeduld. Ich bin überwältigt, wie streng und doch solidarisch er mich unterstützt. Denn selbst auf der Baustelle stelle ich mich „blöd" an, einfachste Aufgaben überfordern mich. Der Emotional-Körper hat seine eigenen „Ecken und Kanten" und mich völlig im Griff. Meine spirituelle Kraft wird zu einem seidenen Faden – der Gott sei Dank hält. Tja, auf dem Weg gibt es die besagten Prüfungen.

2020 – Mama und Geschwister

Seit mein Vater, im Juli 2015 gestorben ist, war meine Mutter allein in ihrer gemeinsamen Wohnung. Ich wollte schon damals, als mein Vater starb, dass meine Mutter in ein Seniorenheim kommt, damit sie in Gesellschaft ist, statt einsam zu sein. Im Jahr 2020 fasse ich endlich den Entschluss, solange mit meinen Geschwistern daran zu arbeiten, bis es getan ist und die Mama gut unterkommt. So bin ich in dem Jahr oft in Deutschland. Ausgerechnet in der Corona-Hochphase. Unabhängig von allen Widrigkeiten werde ich diesmal entschlossen weder „ruhen noch rasten". Das ganze Vorhaben gelingt, den Fügungen der göttlichen Welt sei Dank, dann relativ einfach. Im Speziellen bin ich meinen Geschwistern zutiefst dankbar, dass wir wieder Zeit miteinander verbringen und gemeinsam dafür sorgen, dass es unserer Mutter gut geht.

Die Fassade

Da ich viel in Deutschland bin, bietet mir ein anderer guter Freund einen Großauftrag an – die Fassade seines Bürogebäudes zu streichen. Da es gut läuft, bietet er mir in Folge auch an, die gesamte Fassade seiner Produktionshalle zu streichen. Was ich dann 2021 mache. Dank ihm und meinem anderen Freund wird Geld in meine „marode" Kasse gespült, mit dem ich mich „über Wasser" halten kann. Diese Freundschaften erfüllen mich mit tiefem Dank. Dank diesen Freunden und dank meiner Gebete ergeben sich immer wieder überraschende Wendungen zum Guten.

Das Buch

Zu Ostern 2020 beginne ich dann endlich diese Buch zu schreiben, welches mir viel bedeutet. Zu Anfang wollte ich „nur" ein Buch über meinen spirituellen Weg schreiben. Ein Buch zu schreiben, ist ein „alter Traum" aus jungen Jahren. Die spirituellen wie auch andere Erkenntnisse geben mir endlich einen Anlass und ein Thema. Doch erst ab dem Moment, wo mir der Titel „Liebe das Böse gut" zugespielt wurde – von wem? – kann ich schreiben. Allerdings mit großen Unterbrechungen, da ich ja immer wieder das „Panik-Thema Geld" beruhigen muss. Wobei, kurz nach dem Schreibbeginn sagte mir die innere Stimme/ Gott, du kannst auch anders Geld „verdienen", indem du dieses Buch schreibst. Das war eine erlösende und überwältigende Botschaft, die jedoch leider auf den Boden meines Unglaubens fiel.

Im Jahr 2022, nach dem ersten Korrekturlesen und entsprechenden Kritiken, hatte ich dann eine längere, stärkere und tiefere Phase, am Buch weiterzuarbeiten, bis September 2022. Dann hatte mich wieder mein Panik-Thema im Griff. Ich entschied, dass ich erst „endgültig" dieses „leidige" Thema lösen will, auch wenn ich „Drecksarbeit" annehmen muss, bevor ich ruhig am Buch weiterarbeiten kann. Wieder kam es zu einer glücklicheren Fügung. Wenn die Stimme Recht hat, was ich dankbar voraussetze, wird sich der Erfolg einstellen. Ich fühle mich jetzt schon reich beschenkt, da dieses Buch-Projekt mir viel gibt und ich sehe, was ich schon alles erreicht habe und was mich während des Schreibens zusätzlich bereichert. Wie die Geliebte schon so weise sagte, zuerst schreibst du das Buch doch für dich. Ich brauchte einige Zeit, bis ich das bejahend akzeptieren konnte. Ich werde mich dennoch glücklich schätzen, wenn dieses Buch viele andere Menschen anspricht.

Die glückliche Fügung

Die Arbeit an diesem Buch liegt ja seit September 2022 brach. Von Juli bis September 2022 hatte ich eine kontinuierliche, inspirierte und starke Phase fürs Schreiben. Neben dem Panik-Thema Geld rückten noch weitere Anliegen in meinen Fokus. Zum einen hatten zwei sehr gute Freunde von mir Geburtstag und ich wollte bei ihnen sein. Ein Freund und langer Weggefährte wurde 80. Des Weiteren gab mir meine innere Stimme den Auftrag, mit der Gemeinschaft, mit der ich letztlich über 30 Jahre zusammen war, zu klären, wieso, weshalb und warum ich seit 2017 prüfe, ob ich diesen Gemeinschaftsweg weiter gehen will. Dieser Auftrag wird jedoch erst im August 2023 von mir erfüllt, das ist immerhin ein Anfang. Die vollständige Klärung steht immer noch aus.

Letztlich bedrängte mich vor allem mein langjähriger Geldengpass. Ich wollte also ab Oktober 2022 dafür mit Nachdruck eine Lösung finden. Ich arbeite, bete und trainiere ja dafür schon sehr lange. Immerhin ist mir dabei zumindest klar geworden, dass ich alten Glaubensätzen folge, wie: „Was glaubst du eigentlich, wer du bist, um reich zu sein; Geld macht einen korrupt, führt dazu, ethisch korrektes Verhalten zu verraten; du darfst nur mit deiner Hände und harter Arbeit zu Geld kommen; Geld ist schlecht, schau dir die Welt doch an, wie korrupt und verdorben das kapitalistische System ist." Resultate der Anstrengung, die alten Glaubenssätze zu lösen, sind Einsichten wie diese: Geld ist an sich neutral, ein Energiemedium, es kommt, wie bei allem anderen, auf die innere Haltung an. Ich erlaube mir, Geld wertzuschätzen anstatt es zu verachten und a priori für schlecht zu halten. Lange Rede, kurzer Sinn. Nach meinem Empfinden wird mein Gebet um Lösung des Geldengpasses erneut von Gott gehört und unterstützt.

Verblüffende Wendung

Ich werde im Oktober 2022 gefragt, ob ich mir vorstellen kann, eine erkrankte Frau zu begleiten. Ich sage zu, und der November 2022 wird dafür mein Probe-Monat sein. Nach drei Wochen „Test-Phase" bei dieser Frau, die mich am liebsten davon jagen will, öffnet sich ein Tor des Vertrauens. Sie und ihr Bruder engagieren mich. Die Frau und ich beginnen sogar uns anzufreunden und gegenseitig zu inspirieren. Die Begleitung ist äußerst intensiv. Es ist das erste Mal, dass ich so etwas tue. Ich brauche lange dafür, mit ihr einen Rhythmus zu finden und lerne eine Menge darüber, Spiritualität im „Alltag" zu praktizieren. Die Arbeit am Buch ruht.

Doch derzeit folge ich ja der Konsequenz, die sich aus der Erfüllung meines Gebetes ergibt. Ich bekomme kontinuierlich Geld, lerne, meine Anteilnahme und mein Mitgefühl zu vertiefen und bin seit November 2022 tief mit dem Thema Heilung verbunden. Ich trage ja, neben SoW und Buch schreiben, seit 2017 eine Vision in mir – einen Heilungsort zu erschaffen und zu verwirklichen. Seitdem ich mit der erkrankten Frau zusammen bin und arbeite, nehme ich bewusster wahr, wie viele Menschen allein in meinem, unserem, Nahbereich einen Heilungsort, ein Gesundheitszentrum ganz gewiss beanspruchen würden. Darüber hinaus lerne ich im Konkreten, was es eigentlich bedeutet, aktiv zu unterstützen, zu helfen, zu pflegen und da zu sein, sobald es um existentielle Heilungsthemen geht.

Am zehnten August 2023 kündigt sie mir. Die Freundschaft bleibt bestehen, jedoch waren letztlich die gegenseitigen emotionalen Verstrickungen und Missverständnisse zu groß, um sinnvoll weiterzuarbeiten. Durch die Kündigung kann ich nun, ab November 2023, an einem wunderschönen Ort – Oberiberg, in der Schweiz – am Buch weiterarbeiten. Dafür bin ich sehr dankbar. Ich will das Buch jetzt zu Ende schreiben, fertigstellen und habe für die Veröffentlichung den April 2024 gewählt. Nun bin ich selbst gespannt, wie sich alles verwirklichen wird.

12. Kapitel: Autobiografisches

Am zwölften Juni 1961 erblicke ich das Licht der Welt. Mama Hannelore und Papa Horst sind meine Eltern. Ich liebe meine Mama Hannelore sehr. Papa ist in dritter Generation Tischlermeister und führt eine eigene Tischler-Werkstatt. In den kommenden Jahren werden noch meine 3 Geschwister geboren. Und es gibt noch Oma und Opa, die ich beide inniglich liebe. In den ersten Jahren leben sogar noch Uroma und Uropa. Also wachse ich im Milieu einer „kleinen Großfamilie" auf. Zumal Mama noch elf weitere Geschwister hat.

Schon in der Kindheit empfinde ich das „dumpfe" Gefühl, dass mir die Welt, in die ich hineingeboren werde, missfällt. Im Oktober 2023 wird mir während einer tiefen Meditation zum ersten Mal klar, dass ich schon als Säugling traurig und wütend war. Die Traurigkeit und Wut hatte ich zuvor biografisch an eine andere Stelle gesetzt. Der 2. Weltkrieg ist erst seit 16 Jahren zu Ende. Ich wachse mit traumatisierten Menschen auf, die diesen Krieg selbst erlebten. Eine Aufarbeitung der Traumata, psychologische Begleitung und andere Methoden waren in dieser Zeit eher unüblich.

Mauerbau im August 1961 und Kalter Krieg, die Ermordung von Benno Ohnesorg, der Sechstagekrieg 1967, Angriff Israels auf Palästina, Vietnamkrieg, der Anschlag auf Sportler bei den olympischen Spielen in München, die Guerilla-Aktionen in Deutschland, im Baskenland, in Nordirland, Rote Armee Fraktion, IRA, bewaffnete Gruppen in den Metropolen und Regionen – sowohl in Europa, als auch weltweit. Militanter Aufruhr gegen das imperialistische Machtsystem, PLO, Che Guevara, Mao Tsetung, Pol Pot. Seit dem ich auf der Welt bin, so kommt es mir jedenfalls vor, beherrschen Gewalt und Krieg die Welt.

„Die Angst muss von der Erde verschwinden", sagte einst Michail Gorbatschow.

Je älter ich werde, desto stärker wird mein Unbehagen gegenüber der Welt. Das Unbehagen „pflanzt" sich fort, bis in meine Familie hinein. Obwohl, die ersten Jahre sind durchaus schön. Kurz nach der Geburt meiner ersten Schwester, ein Jahr und drei Monate nach meiner Geburt, gibt es eine intime Phase zwischen Mama und Papa und uns zwei Kindern. Ich fühle mich geborgen und wohl, wir Kinder spielen viel miteinander und mit unseren Eltern, lieben und werden geliebt. Mama betet am Abend mit mir das einfache Gebet: „*Ich bin klein, mein Herz ist rein, soll niemand drin wohnen als Jesus Christus allein.*" Ich liebe dieses Gebet, bin glücklich, dass Christus bei mir und in mir ist. Dieses Gebet empfinde ich als eine intime Offenbarung meiner Mama, sie teilt mit mir, was sie liebt. Oma und Opa drücken rückhaltlos ihre Freude über uns Enkel aus. Die ersten Weihnachten sind mir in guter Erinnerung. Das kirchliche Gebet und die einmal im Jahr stattfindenden Besuche in der Kirche, zu Weihnachten, sind meine einzigen spirituellen Erfahrungen in der Familie und meiner Kindheit. Dennoch ist dieses Unbehagen die ganze Zeit spürbar. Und weder die Großeltern noch die Eltern sprechen über ihr Innenleben.

Ein wiederkehrender Traum

Über Jahre hinweg begleitet mich immer wieder ein Traum: *Eine Plattform im All, an der ich hänge und mich versuche, hochzuziehen, damit ich auf ihr stehen kann. Obwohl ich meist an ihr baumel. Mir fehlt die Kraft, mich vollständig hochzuziehen. Manchmal schaffe ich es so weit, dass ich auf die Plattform schauen kann.*

Vor ein paar Tagen erst kommt mir die Überlegung: Steht die Plattform stellvertretend für das menschlich allzu „Normale"? Dieses „normale" Leben, welches ich als bedrückend empfinde? Heute, durch die Kraft des Gebets, besteht die Möglichkeit, das „normale" Leben mit dem spirituellen Leben zu verbinden. Mit dieser Kraft kann ich mich dann doch auf die Plattform schwingen und mitgestalten und dem folgen, was meinem liebenden Herzen entspricht, statt am „Normalen" zu baumeln. Bisher schienen die Themen auf der Plattform zu schwierig zu sein. Die fehlende Kraft zum Hochziehen war ein Mangel an eigener Handlungsfähigkeit. Diese Handlungsfähigkeit „erobere" ich mir nun via Gebet und spiritueller Lebenspraxis. Das empfinde ich als erlösend. Ein jahrzehntealtes „Rätsel" ergibt nun Sinn, da es in einem anderen Licht erscheint.

Ungeliebte Veränderung

Vier- bis fünfjährig erlebe ich zwei entscheidende Ereignisse. Das erste ist, wir müssen die moderne Wohnung verlassen, die ich sehr mochte, und ziehen um. Die neue Wohnung ist zwar groß, jedoch dunkel und ein Altbau, direkt neben der Werkstatt meines Vaters. Das Eltern- und Geburtshaus meines Vaters und Familienbesitz. Diese Wohnung ist voller Geschichte, wie gemacht dafür, das Unwohlsein zu verstärken.

Das zweite Ereignis ist tiefgreifender. Ich finde, meine Eltern sind schön. Vor allem meine Mama. Ich erwache, fünfjährig, sexuell. Dieser sexuelle Starkstrom ruft ein leibliches Wohlgefühl wach, es ist großartig, dass sich der Leib auch so anfühlen kann. Neben diesem Wohlgefühl schleicht sich ein Schreck ein. Ohne es bewusst zu wissen, ich bin ja noch ein Kind, aktiviert sich das Inzesttabu. Das Wohlgefühl wird getrübt durch schlechtes Gewissen. Ich fühle mich „dreckig". Diese Spannung, dieser Widerspruch, wird die meiste Zeit meines Lebens bestimmen. Bei diesem ganzen heißen Thema kommt noch ein Klassiker der Psychologie hinzu. Ich halte mich für den besseren Liebhaber meiner Mama als es mein Papa ist.

Mir fehlen Gegenüber, Menschen, die mir dabei helfen, diese Gefühle einzuordnen und die mir erklären, was mit mir geschieht. Es wird Jahre brauchen, bis ich überhaupt verstehe, dass ich durchaus „normal" bin. Und Jahrzehnte, bis ich anfange, mich mit dem sexuellen Starkstrom, ohne schlechtes Gewissen, zu versöhnen. Erst weit nach der Pubertät stoße ich auf verschiedene Quellen, z. B. in der Psychologie sowie bei Wilhelm Reich, die mir dabei helfen, zu erkennen, dass die sexuelle Energie eine kreatürliche Empfindung ist und auch zwischen Kindern und Eltern gegeben ist; dass sie sein darf und gesund ist. In der Literatur finde ich bei Henry Miller eine freche Art der Bejahung des Sexus.

Seit dem Erwachen dieser heiligen und heilenden sexuellen Energie, wie ich sie heute gerne nenne, setzt sich mein Verlangen ununterbrochen fort. Gegenüber der Schwester, den Cousinen, Mädchen in der Schule; es geht mein ganzes Leben lang immer so weiter, bis heute. Bevor Missverständnisse entstehen: Ich habe weder mit meiner Mama noch mit meiner Schwester noch mit den anderen Mädchen eine sexuelle Einlösung vollzogen. Ich halte es jedoch für bereichernd und wichtig, sich dieser Energie bewusst zu sein und diese Energie zu kennen, statt sie zu leugnen und zu verdrängen. Erst mit 17 bin ich zum ersten Mal mit einem Mädchen sexuell zusammen. Wir mochten uns. Sie wusste, dass ich in eine andere verliebt bin, dennoch ist sie mit mir gegangen. Dafür bin ich ihr Zeit meines Lebens dankbar.

Aufgrund meines schlechten Gewissens, ergänzt durch meine Schüchternheit, gewöhne ich mir an, alles in meiner Fantasie auszuleben. In der Pubertät „helfen" mir dann erotische Literatur, später Pornohefte. Wie schon gesagt, ich werde Jahrzehnte brauchen, meine sexuelle Natur zu bejahen, statt mich für meine Lust zu schämen und ihretwegen ein dauernd schlechtes Gewissen mit mir herumzutragen. Heute bin ich sehr froh, schon von Kindesbeinen an eine Ur-Quelle des Menschen, in dem Fall die sexuelle, kennen zu lernen. Seit dem sexuellen Erwachen ergeht es mir so. Sobald ich unter Menschen bin, erreichen mich ungefiltert die erotischen und sexuellen Signale.

Mir ist dabei völlig unklar, wie ich ein Mädchen, wie ich eine Frau, überhaupt ansprechen soll. Sie sehen mir doch an, dass ich „nur" Sex will. In einer tendenziell sexual feindlichen Kultur ist das zum „Verrückt"werden.

Die existenziellen Grundfragen, die entstanden sind in der Kindheit und gültig sind bis heute:

Die zwei Lebensfragen, die mich dazu veranlassen, einen Lösungsweg finden zu wollen und die mir Hinweise auf meinen Lebens- und Seelenplan geben, lauten: Was ist Liebe, vor allem wenn der Sex dazu kommt? Was ist Bewusstsein/Geist?

Ich brauche, angesichts dieser Fragen, von irgendwoher Halt, Orientierung und Wissen. Diese beiden Fragen und ein andauernder sexueller Lernprozess, der sich durch den spirituellen Weg erweitert und der manchmal die Grenze zum Mysterienwissen berührt, werden schließlich mein Leben bestimmen und leiten. Neben allen Irrungen und Wirrungen komme ich immer wieder auf diese Fragen zurück. Als ob meine ewige Seele dafür sorgt, dem Lebensplan zu folgen, statt den Plan zu vergessen.

Enttäuschung und Wut

Zu diesem Innenzustand, der mich dauernd beschäftigt und im Wesentlichen ratlos zurück lässt, kommt dann noch das nächste Thema. Ich bin in der vierten Generation einer Tischler-Familie und **soll** die Tischlerei übernehmen, wie sich das so für den Erstgeborener gehört. Dem verweigere ich mich. Ich will Informatiker werden, oder in jedem Fall etwas anderes als ein Handwerker.

Ich stehe, noch in der Hauptschule, kurz davor, die nächst höhere Schule zu besuchen. Da ich frühzeitig weiß, welche Noten an mich vergeben werden, denke ich, dann habe ich ja die Qualifikation in der Tasche und gebe mich dem *Laissez-faire* hin. Das bittere Erwachen, im letzten Moment verspiele ich die Qualifikation und bin dadurch raus aus der Schule. Das führt letztlich dazu, dass ich die Lehre bei meinem Vater mache. Er fragt mich, was willst du jetzt machen, etwa auf der Straße herumhängen? Aus Angst vor meinem Vater gehe ich also zähneknirschend darauf ein. Fehler sind ja bekanntlich zum Lernen da. Die Angst vor meinem Vater ist letztlich unbegründet. Er hat mich nur einmal geschlagen, weil ich schlecht auf meine Schwester und mich aufgepasst habe und er in Sorge geraten ist. Doch hat mir dieses eine Mal für immer gereicht und mich geprägt. Es ist wohl besser zu „kuschen", als zu rebellieren. In der Lehre hat er sich kaum um mich gekümmert. Ich mache mir einen hilflosen Spaß daraus, dass er wohl dachte, dass ich, als sein Sohn, schon alles für einen guten Tischler intus habe, quasi genetisch geerbt.

Alle Lackierarbeiten – und das sind viele, viele Arbeitsstunden – können nur nach Feierabend gemacht werden, da ein Lackierraum fehlt. Ich werde zwangsverpflichtet, bis spät in die Nacht und an Wochenenden zu helfen. Ohne Dank, ohne extra Bezahlung. Darüber hinaus muss ich an den Wocheneden „die Bude" fegen, meist allein und auch zu Zeiten, wo ich zu meinen Freunden will. Meine Enttäuschung und Wut wächst beträchtlich. Ich „fresse" alles in mich hinein, da ich mich vor Konfrontation fürchte. Neben dem gibt es immerhin einen Lichtblick. Ich baue mit einem guten Freund Lautsprecherboxen. Ich fertige die Gehäuse und er macht die ganze Elektronik. Das macht uns richtig Spaß und wir sind erfolgreich.

Mein Vater ist ein guter Handwerksmeister und Diplom-Innenarchitekt Aber ein „grotten-schlechter" Geschäftsmann. Dies führt dazu, dass mir teilweise mein Lehrgeld vorenthalten wird. Mama, als Buchhalterin, kommt dann immer mit dem Argument, du weißt doch wie es bei uns aussieht. 1985 dann das endgültige Aus. Das Finanzamt will, dass auf einen Schlag die ganze Steuerschuld beglichen wird. Das Grundstück, Haus und Hof, werden verkauft. Schuld(en)-Bewusstsein und ein gestörtes Verhältnis zu Geld werden mich lange begleiten.

Auch die Enttäuschung begleitet mich weiter. Enttäuscht von der Familie, der Schule, der Gesellschaft – das macht mich innerlich wütend, fördert mein Dagegen sein. Das Dagegen sein, gepaart mit meinem grundsätzlichen Uneinverständnis über diese Welt, lässt mich dann „still" rebellieren. Ich ziehe so schnell wie möglich bei meinen Eltern aus. In der Lehre habe ich schon angefangen, nachts um die Häuser zu ziehen und mit Freunden, unter Zuhilfenahme diverser Substanzen, mein Bewusstsein zu erweitern. Im stillen Kämmerlein bin ich die ganze Zeit auf der Suche, Antworten auf meine existentiellen Fragen zu finden.

Ein vermeintlicher Hoffnungsschimmer

Endlich, in der ersten WG, wir sind weiter munter dabei, allerlei Substanzen zu probieren, hoffe ich unter „meinesgleichen", die geeigneten Gegenüber für meine brennenden Fragen zu finden. Sowie Gegenüber, die helfen das sexuelle Verlangen und die spirituellen Einblicke einordnen zu können. Wieder macht sich Enttäuschung breit. Weder unter meinen psychedelischen Freunden noch in der folgenden politischen Gruppe der Autonomen und Hausbesetzer finde ich die so sehr gewollten Gesprächspartner. Immer wieder bekomme ich zu hören, du mit deinem Sex, du und deine dauernde Fragerei, als ob ich der einzige wäre, der bei diesem Thema „auf dem Schlauch" steht. Ich halte mich langsam für „verrückt". In dieser Zeit besuche ich eine Berufsaufbauschule. Ich verfolge immer noch das Ziel, auf eine Universität zu kommen. Ich scheitere, die Fehlzeiten werden zu hoch.

Wir sind jung, wild, rebellieren und sind in vielerlei Hinsicht unerfahren. *„La dolce Vita"* und *„born to be wild"* haben mehr Reiz, als sich existentialistisch auseinanderzusetzen. Ich bin endlich auch einmal gerne wild, kann endlich mal die Wut rauslassen. Steine werfen bei antiimperialistischen Demonstrationen. Auf Demonstrationen für die Genossinnen und Genossen der Roten Armee Fraktion Solidarität bekunden. Immer wieder sich mit Staat und Polizei anlegen. Die besetzten Häuser und den autonomen Lebensstil verteidigen. Das alles setzt hohe Energie frei. Endlich dem bestehenden verlogenen kapitalistischen Establishment die „Krallen" zeigen, tun, was einem wichtig ist, das eigene Leben leben, das hat Energie und Kraft und ist Ventil für die ganze angestaute Enttäuschung und Wut. Nur ... was mich tief im Innersten bewegt, bleibt weiter ohne Antwort. Im Winter '85 auf '86 verliere ich den Glauben daran, dass ein revolutionärer Prozess das bestehende System mit Gewalt beenden kann. Ich brauche wenn überhaupt einen gleichzeitig stattfindenden revolutionären Prozess im Inneren. Ich werde meine Freunde, Genossinnen und Genossen verlassen müssen. Das löst Einsamkeit und Furcht aus. Nebenbei mache ich einen nächsten Aus- und Weiterbildungsversuch. Ab 1984 besuche ich drei Jahre lang das Westfalen-Kolleg in Dortmund und hole das Abitur nach. Ich will immer noch auf die Universität.

Die sexuelle Urkraft der Frau

Im März '86 treffe ich dann auf diejenige Frau, die mich sexuell einweihen wird. Wow, Gracias a Deus. Durch sie fasse ich den Mut, die politische Szene zu verlassen. Vor allem, endlich, sie zeigt mir ihr sexuelles Wesen und ich darf erfahren, dass sie viel weiter geht als ich. Sie ist authentisch und dank ihr kann ich die Empfindung, ich sei verrückt, angesichts meines sexuellen Wesens, fallen lassen. Durch sie lerne ich, dass in Frauen ein kreatürliches Wissen/Mysterienwissen über die sakrale Kraft der Sexualität liegt, die sich für uns Männer anders darstellt und in dieser Art und Weise eher im Verborgenen liegt. Sie ist ein echtes Gegenüber. Meine Dankbarkeit währt bis heute tief in meinem Herzen und ist ewig.

Der lange Weg in Gemeinschaft

Ich lese bei ihr das Buch Aufbruch zur neuen Kultur, von Dr. Dieter Duhm. Ich bin fassungslos. Könnte ich meine inneren Empfindungen und das, was mir am Herzen liegt, intellektuell formulieren, dann würde ich genau so ein Buch schreiben. Voller Unglauben, dass das ernst gemeint ist, trampe ich im Oktober '86 nach Steckborn in die Schweiz. Dies ist ein erster Ableger des Projektes Bauhütte. Das Zentrum befindet sich in Schwand, im Schwarzwald.

So lerne ich, mit 25 Jahren, die Gruppe Bauhütte (in weiterer Folge entstehen aus der Bauhütte das Projekt Meiga, das Zegg und heute das Heilungsbiotop 1, Tamera) kennen und schätzen. Eine Gruppe von Menschen, die den politischen revolutionären Prozess mit dem revolutionären Prozess im eigenen Inneren verbinden will, dadurch die politische und spirituelle Verantwortung zu sich selbst nehmen will, die freie Sexualität und freie Liebe in das Zentrum stellt, eingebettet in einen radikalen Bewusstseins-, Charakterentwicklungs- und Erkenntnisprozess – mit dem hohen Ziel, eine kommunitäre und funktionierende Gemeinschaft aufzubauen, die ein Modell einer künftigen humanen Gesellschafts- und Kulturentwicklung verwirklichen will. Was für ein verwegenes Vorhaben, was für ein Mut. Statt einen bewaffneten politischen Kampf zu führen, mit einer ähnlich radikalen Konsequenz darum zu „kämpfen", die Selbstverantwortung anzunehmen und einen relevanten Lösungsweg zu finden. Das ist ganz nach meinem Geschmack. Endlich kann ich in einer Gruppe vertrauter, geliebter, sexuell begehrter Menschen die

Fragen und Themen der Bewusstseinsentwicklung bearbeiten, gestalten und anwenden. Ich erlebe, auf einer anderen Ebene, weitere herrlich wilde und spannende Zeiten. Nach einem Semester an der Ruhr-Universität Bochum lege ich die Universität „ad acta", da mir der Weg mit der oben genannten Gruppe weit sinnvoller vorkommt. Mein Credo war zu der Zeit, das Leben selbst wird mir Universität sein und mich genug lehren.

Die Arbeit der Bauhütten-Gruppe ist „zu" radikal

Ich will hier etwas ganz entschieden sagen: Dieses Projekt hat die Arbeit im Mai 1978 aufgenommen und hat sich bis heute weiter entwickelt, vor allem existiert es immer noch. Im deutschsprachigen Raum hat sich eine langanhaltende, üble Verleumdungskampagne der Medien, der Politik und Kirchen gegen diese Arbeit, gegen dieses Projekt und die Menschen in der Gruppe gerichtet. Vom Sektenvorwurf, bis hin zum Kindesmissbrauch war alles dabei. Mir lässt sich vorhalten, ich habe ja in der Gruppe gelebt und sei deshalb blind, taub und voreingenommen. Genau, ich war dabei und Gott ist mein Zeuge, diese Vorwürfe sind erfunden, eine Unterstellung und gelogen. Dennoch wird dieser üble Angriff alle Projektphasen durchziehen und sich bis nach Portugal fortsetzen.

Die ursprüngliche Arbeit wird, nach Umwegen, im Heilungsbiotop 1, Tamera wieder aufgegriffen und fortgesetzt. „Die emotionale Pest", wie Wilhelm Reich diese Charakterstruktur emotionaler Angriffe nennt, spiegelt sich in dieser üblen Verleumdungskampagne wider. Die Ausläufer schwappen noch bis nach Tamera. Doch hier misslang der Versuch der Verleumdung. Die Bildzeitung musste eine Richtigstellung veröffentlichen, angesichts der an den Haaren herbei gezogenen falschen Behauptungen. Schon zu Zeiten, in der das Zentrum für experimentelle Gesellschaftsgestaltung, kurz Zegg genannt, in den 1990er Jahren in Deutschland aufgebaut wurde, musste die Kirche ihre Sektenvorwürfe relativieren und zurücknehmen.

Dass es eine unabhängige Gruppe wagt, eine humane und gewaltfreie Kultur aufbauen zu wollen, das mag ja noch gesellschaftspolitisch akzeptiert werden. Wenn sich bei dieser Arbeit jedoch herausstellt, dass es dafür notwendig ist, bisherige Konzepte und Strukturen radikal zu verändern oder zu verlassen, dann schwindet die Akzeptanz wie Schnee in der Sonne.

Direkt nach der Gründung der Bauhütte hat sich herausgestellt, dass der ursprüngliche Ansatz, mit einer rein wissenschaftlichen Methodik vorzugehen, unzureichend ist. Eine wissenschaftliche Herangehensweise setzt eine „nüchterne und sachliche" Kommunikation voraus. Gezeigt hat sich jedoch, dass Konkurrenz, Missgunst und Neid diese nüchterne und sachliche Kommunikation massiv blockieren. In der Analyse zeigte sich, dass die unterschwelligen Themen von Liebe und Sexualität, solange sie unbewusst sind und unterdrückt werden, der Nährboden für Konkurrenz, Macht, Missgunst und Neid sind. Dadurch wurde schon sehr früh klar, dass es für das Ziel, selbst gewaltfrei zu werden, Vertrauen braucht. Dieses entsteht allerdings erst, wenn die „Starkstrom"-Energie wie Liebe und Sexualität als solche erkannt und bewusst integriert wird. Eine Ausgangsannahme war und ist, dass wir Menschen in Liebe und Sexualität ausnahmslos „gebrannte und verwundete Kinder" sind. Die erlebten Enttäuschungen und Verletzungen sitzen als traumatischer Knoten, als reagierender Emotional- und Schmerzkörper, in uns und verhindern wahrhaftige Kommunikation, Kooperationsfähigkeit und Vertrauen. Diesen traumatischen Knoten aufzulösen und zu heilen, brachte die Entscheidung mit sich, Liebe und Sexualität aus dem „Korsett des Schmerzkörpers" zu befreien und in das Zentrum der Arbeit zu stellen. Diese Entscheidung ist von einer unvorstellbaren Tragweite. Bisweilen denke ich, dies ist „soziologisches High Tech". Statt therapeutischer Einzelbehandlung, sich als Gruppe diesem

Thema zu stellen. Quasi sowohl Therapeut als auch Klient in Personalunion zu sein.

Wir Menschen sind es gewohnt, damit alleine und privat fertig werden zu wollen. Wohl dem, dem es gelingt. Dass in dieser Gemeinschaft versucht wird, diesen Schmerzkörper zu heilen, indem die zugrundeliegenden Themen ans Licht gebracht und transparent gemacht werden, das ist von außen betrachtet befremdend, verstörend und schlicht unverständlich. Transparenz heißt, sich als ein „allgemeingültiges Wesen" zu begreifen und aus dem privaten Sein auszutreten. Sich dadurch anderen Menschen „auszuliefern", sich ganz und gar zu zeigen und dadurch zu „vernackten". Da alle Beteiligten, ohne Ausnahme, sich für diesen Prozess entschieden haben und jede/jeder sich darauf einließ, entstand erstaunlicherweise Vertrauen. Der Schutzmechanismus des Ego, sich zu tarnen, den anderen etwas vorzumachen, Stärke zeigen zu müssen, löste sich auf. Das war und ist neu. Von daher ist es kaum verwunderlich, dass dieser massive Verleumdungsangriff der bürgerlichen Gesellschaft erfolgte.

Die Basis für Vertrauen –
freie Liebe und freie Sexualität

Die Gemeinschaft Bauhütte erarbeitet und erfindet künstlerische Methoden, die Heilungsarbeit kommunitär, quasi als ein Gruppenorganismus, anzugehen. Die Basisentscheidung und Grundhaltung aller Beteiligten ist, wie schon erwähnt, sich transparent zu machen, sich zu zeigen, statt privat zu sein. Dem dient das Selbstdarstellungs-Forum, die SD, welches im Zentrum steht. Der Aufbau ist derart, es gibt einen Kreis. Im Kreis sitzen die Selbstdarsteller, in der Mitte ist die Bühne. Ein bis zwei Menschen leiten das Forum. Sie sind von allen anderen Beteiligten deshalb autorisiert, da die Leiterin oder der Leiter das meiste Vertrauen genießen. In der Regel deshalb, da sie sich bislang am meisten trauten, sich vor allen anderen rückhaltlos zu zeigen. Jede/Jeder hat nun Gelegenheit, die Mitte als Bühne zu nutzen. Die einzigen, die aktiv eingreifen „dürfen", sind die Leiter. Die anderen sind Zeugen. Erst wenn derjenige in der Mitte seine Darstellung gemacht hat, haben alle anderen die Möglichkeit Rückkoppelungen, Spiegel und Wahrnehmungen dem Darsteller zu geben. Das ganze Forum ist gedacht als ein geschützter und sicherer Raum. Eine klare Regel ist, dass das, was im Forum zur Sprache kam, im Forum bleibt, statt nachher „durch den Kakao" gezogen zu werden. Das ist eine weitere Regel, damit sich ein Vertrauensraum aufbauen kann. Das Ziel ist, dass alle Beteiligten der Gruppe versuchen, sich selbst und alle anderen zu ihrem Wesenskern zu führen, sich also seiner Selbst bewusst zu werden, indem der Charakterpanzer aufgelöst wird. Das hört sich jetzt etwas „trocken" an, jedoch ist das Forum sehr lebendig, humorvoll, tief. Trotz oder gerade wegen des Existentialismus, der in jedem Selbstdarstellungs-Forum gegeben ist. Diese Arbeit findet jeden Tag statt.

Eine kommende gewaltfreie Kultur ist ja eine Utopie, wer hat eine solche schon auf Erden erlebt? Somit kann die Umsetzung dieser Utopie, in eine Kultur und Zivilisation, ein kommender, nächster evolutionärer Schritt sein. Menschen, die eine solche Utopie verkörpern, die nach entsprechenden ethischen Prinzipien leben, wollen jedoch erst noch geboren werden. Die dafür anstehende und nötige Heilungsarbeit wird alle geschlagenen Wunden „gebrannter Kinder" heilen und einen Wechsel vom Schmerzkörper in einen schmerzfreien Körper ermöglichen. Wenn ich hier von Schmerzkörper spreche, beinhaltet dieser auch die seelischen und geistigen Verwundungen. Dieser Schmerzkörper verhindert die Selbsterkenntnis. Es geht ihm „nur" darum, das, was die Schmerzen verursacht, zu überleben. Die SD, im Ideal, bringt einen in die Lage, die Leid und Schmerz verursachenden Ereignisse zu erkennen, anzunehmen und, durch das Setzen einer anderen Ursache, aufzulösen. Kurz, sich selbst und seine schöpferischen Fähigkeiten zu erkennen. Beispiele, eine andere Ursache zu setzen, sind: ich „mache" bewusst Liebe; ich erzeuge Vertrauen; ich unterlasse es, allem Lebendigen Schaden zuzufügen ... Sobald Vertrauen, unter und mit Menschen, erlebt wird und dazu führt, dass die Schmerzen aufhören, entsteht diejenige Grundlage, die eine angst-, gewalt- und schmerzfreie Kultur und Zivilisation ermöglicht (ermöglichen könnte). Die Utopie wird, zumindest für eine bestimmte Zeit, Wirklichkeit. Das kann ich nur schreiben, weil ich das so erlebt habe und kenne – als eine konkrete Erfahrung in meinen Lehr- und Wanderjahren mit dieser Gemeinschaft.

Ein klarer Vorteil ist, dass die Gemeinschaft Tag und Nacht beieinander ist. Alle Menschheitlichen Themen werden reflektiert. Bewährtes wird integriert und Überholtes verworfen. Die Komplexität dieses Reflektionsprozesses betrifft die Menschheitliche Entwicklung, die politischen Strukturen, Geistesgeschichte, Heilungswissen, Kunst, Psychologie, Religion, Spiritualität und Wissenschaft. Darin eingebettet Liebe und Sexualität. Der Zusatz freie Liebe und freie Sexualität wird bewusst gesetzt. Mit der Absicht, Liebe und Sexualität in aller Tiefe zu verstehen und von allen Glaubenssätzen, Verzerrungen und Verletzungen zu befreien – und sich dabei einzugestehen, bei diesen Themen „im Nebel" zu stehen und diesen Nebel lichten zu wollen. Gerade in Liebe und Sexualität liegen zumeist die Ursachen, die den Schmerzkörper nähren.

Ich liebe diesen Zusatz, freie Liebe, freie Sexualität. Im Grunde ist es ein Kunstgriff, da Liebe und Sexualität an und für sich frei sind. Zumindest in einer entsprechenden und darauf basierenden Kulturentwicklung. Dieser Kunstgriff ermöglicht eine Reflektion darüber, wie meine bisherigen konditionierten Konzepte „gestrickt" sind und wollen hinterfragt werden. Wer also bin ich denn, authentisch und wirklich? Wer bin ich in Liebe und Sexualität? Diesen Reflektionprozess empfinde ich als „Knochenarbeit". All die falschen Vorstellungen, die Irrungen und

Wirrungen zu erkennen, liebgewonnene Charaktereigenschaften abzulegen, authentisch und wahr zu werden, das erfordert wirklich harte Arbeit. In meinem Fall kommen noch „erschwerend" die Minderwertigkeitsgefühle hinzu sowie der dauernde Vergleich mit anderen Männern, die Impotenz bei Frauen und mein eigenes Konkurrenzverhalten, meine Machtspielchen und mein abgrundtiefes Misstrauen. Das alles zu verändern, dafür und gerade deshalb gehe ich willentlich durch diesen Prozess. Ich will ein Mann und Mensch werden, dem vertraut werden kann. Doch dann …

Das völlig unerwartete Hinterfragen

Dennoch bin ich dabei, seit April 2017, den weiteren Weg in und mit der Gemeinschaft zu hinterfragen. Was gleichzeitig bedeutet, die letzten 34 Jahre meines Lebens zu hinterfragen. Mit mittlerweile wieder offenem Herzen kann ich, Gott sei Dank sagen, ich bin nach wie vor mit dem intelligent aufgebautem geistigen Gerüst dieses Projektes „d'accord". Ich schätze die Beharrlichkeit und Ernsthaftigkeit der Arbeit, die in der Bauhütte begann und heute im Heilungsbiotop 1 Tamera fortgeführt wird. Und ich halte das Heilungsbiotop 1 nach wie vor für bedeutend und relevant genug, ein Lösungsmodell für die globale Heilungsarbeit zu sein – relevant zu sein für einen *Aufbruch zur neuen Kultur.*

Auch, wenn mich im April 2017 dann endgültig eine tiefe Enttäuschung überwältigte. Ich fühlte mich allein gelassen. Trotz meines spirituellen Ankers rutschte ich ab in Schuldverschiebung. Anderen in der Gemeinschaft „die Schuld in die Schuhe zu schieben", war für mich schwer zu ertragen. Zumal ich dachte, ich sei weiter entwickelt und stehe darüber. Ich entschiede mich, aus zwei Gründen, eine Auszeit zu nehmen. Geplant war die Klausur für ein Jahr, nun sind es schon fast fünf Jahre. Drei

Jahre davon war ich intensiv mit „meiner Frau" und ihrem Projekt zusammen. Der eine Grund ist die besagte Enttäuschung, die sehr schmerzhaft ist. Der andere ist, mein spiritueller Weg erfordert eine direktere, alltagstaugliche Anwendung. Ich bin dabei, diejenige Anwendung zu finden, die dem Allgemeinwohl dient und dem Wohl der Gemeinschaft angemessen ist, falls ich diesen Weg weiter gehen will.

In einer Rückschau frage ich mich, wann hat denn dieses Hinterfragen angefangen? „Meine" Homöopathin hatte in ihren Aufzeichnungen das Jahr 2009 notiert. Damals kam ich an einen Punkt, an dem ich empfand, dass mein „heiliges Feuer" für dieses Projekt heruntergebrannt war. Das hat mich irritiert. Definitiv war dazu ein Grund, dass ich zu lange damit gewartet habe, meine Kritik zu äußern und damit die Eigenverantwortung abgegeben habe, vor allem dann, wenn ich etwas anders sah und/oder anderer Meinung war. So war ich nur noch halbherzig bei der Sache, was die Belange der Gemeinschaft betrifft. Sagte ich schon, dass diese Gemeinschaft anspruchsvoll ist und sich echt etwas vorgenommen hat? Zusätzlich habe ich, trotz meiner charakterlichen Entwicklung und des spirituellen Weges, unbewusst das Minderwertigkeits-Muster laufen lassen. In Liebesfragen drehte ich mich meist im Kreis, trat auf der Stelle und hoffte auf eine Lösung von außen.

Ich wollte ... und lass es lieber

Die angesprochene Enttäuschung und Wut zieht sich durch mein Leben. Das gehört wohl zu meinem Lebensplan. Ich kenne sie von meinen Eltern und konnte ihnen verzeihen. Ich kenne sie nun ebenfalls von der Gemeinschaft, auf die ich alle Hoffnungen setzte und bin schon weit gekommen, ihr zu verzeihen. Meine Hoffnungen wurden ja auch geraume Zeit erfüllt.

Ich wollte in meiner ersten akuten Wut-Phase all meine angestaute Enttäuschung und Wut an dieser Stelle entladen. Ich bin „stolz" auf mich, dass ich mich weiterentwickelt und dazugelernt habe und es von daher unterlasse, auf „die anderen loszugehen". Außerdem erspare ich mir, etwas auszusenden und zu verursachen, was dann als „mieses Karma" auf mich zurück kommt. Ich selbst bin mit dafür verantwortlich, wie und dass es zu diesem Burnout, dem „Ausgebrannt sein" kam. Durch das zu lange Abgeben meiner Selbstverantwortung habe ich es mit erschaffen – was mich nun wieder enttäuscht und wütend macht. Das, was ich zu verantworten habe, nehme ich weitgehend zu mir.

Meine immer noch vorhandene Wertschätzung gilt diesem verwegenen Versuch, seinen Charakter zu verändern und so auszuheilen, dass jedwede Signatur des Missbrauchs von Autorität und Macht wirklich aufgelöst wird. Bislang ist das immer noch eine Utopie, auch wenn ich diese für möglich und realistisch halte. Ich arbeite ja immer noch daran. Die Gruppe in Tamera arbeitet ja immer noch daran. Immer mehr Menschen auf der Erde arbeiten daran. Je weiter ich komme, je weiter wir kommen, desto wahrscheinlicher werden auch wieder Schnittmengen mit Tamera. Ich stehe mittlerweile an einem Punkt, an dem ich sowohl die Fehler in der Projekt-Entwicklung, als auch meine eigenen sehe. Versuch und Irrtum gehören zusammen. Ich selbst bin in der Gemeinschaft nur bedingt weit gekommen, weniger weit als ich dachte und erhoffte. Ich weiß aber auch dass ich auf meinem jetzigen Weg schon viel gelernt und gemeistert habe, da ich das, was mir im Projekt „fehlte", nun in Eigenverantwortung zu mir hole. Als Mitarbeiter Gottes halte ich mich bereit, empfänglich und offen für die Weisungen Gottes – let God do! Von daher kann es immer noch sein, dass ich mich wieder ganz der Gemeinschaft anschließe.

Da sich alles weiter entwickelt

Die Rettung war und ist mein Weg, ein gläubiger Mensch zu werden. Je mehr ich Gott, die schöpferische Intelligenz finde, desto weniger erwartete ich eine von außen kommende Lösung. Die Gottfindung ermöglicht mir eine geistig-körperlich-seelische Erweiterung, in der alle Themen auf eine andere Ebene gehoben werden und in einem anderen Licht erschienen. Ergänzend kommt noch meine Praxis der Vergebungs-, Versöhnungs- und Wiedergutmachungsarbeit, hinzu.

Des Weiteren folge ich vermehrt dem, was mich begeistert, was ich bejahe und was mir am Herzen liegt. Ich wachse mehr in die eigene Authentizität hinein, deutlicher, als dies Jahre vorher der Fall war. Das liegt unter anderem auch daran, dass ich mich nun um alle Belange meines Lebens selbst kümmere und dabei erlebe, ich kann das. Ich nehme endlich erneut meinen Mut zusammen und wage es. Neben eigenen Interessen und Projekten unterstütze ich mir nahestehende Menschen im Freundes- und Familienkreis, so gut ich kann und es von ihnen gewollt wird. Darüber hinaus praktiziere ich täglich mein liebgewonnenes Ritual, indem ich durch kontinuierliches Gebet, durch Meditation und die Gedankenhygiene, soweit ich es vermag, positive Energie in die Welt, zum Wohle des Ganzen sende.

Durch meine Lehr- und Wanderjahre im Projekt und auf dem spirituellen Weg stellen sich nach nunmehr 34 Jahren die ersehnten Früchte ein. Ich weiß, wie sich bedingungslose Liebe und heilende, heilige Sexualität anfühlt; wie sich ein klares Bewusstsein anfühlt. Die Dankbarkeit dafür liegt noch außerhalb von Worten. Es ist ein Segen, dass ich vor mehr als fünfzehn Jahren die spirituelle Dimension mit in diese „Knochenarbeit" hineingenommen habe. Als ich die Spiritualität kennen lerne, erfasst mich derselbe Starkstrom, den ich vom Sexuellen her kenne. Heute empfinde ich es so, dass Spiritualität die geistig-seelische „Hotline" zu Gott ist und die Sexualität die körperliche. Beide gehen Hand in Hand. Das befreit mich endgültig von dem ewigen schlechten Gewissen. Im Jahre 2020 kommt noch hinzu, dass ich endlich die Gewissheit über die eigene, innewohnende Liebesfähigkeit finde – Gracias a Deus.

Und „am Ende des Tages" wird alles gefügt

Seit 2017, seit dem „Burnout"-Ereignis, erkenne ich, dass alles, was davor in meinem Leben geschah, die Vorbereitung dafür war, endlich zu mir zu kommen; auf der Ebene wach zu werden, die wohl mit dem authentischen, wahren Ich, dem hohen Selbst, gemeint ist. Von daher fühle ich mich so, als ob ich gerade erst geboren bin. Klar rutsche ich immer wieder ab in alte Muster. Dennoch wird diejenige Kraft immer stärker, die Ja sagt zum Leben; Ja sagt zur Liebe; Ja sagt zur heiligen, heilenden, spirituellen Sexualität, wie ich sie gerne nenne. Ich lerne in jedem Augenblick dazu, über meinen Tellerrand hinaus zu sehen und dabei, für alles was mir heilig ist, die Verantwortung anzunehmen. Dazu gehört auch die Verantwortung für das, was unheilig in mir ist. Ich positioniere mich seit längerem als ein Mitarbeiter/Mitschöpfer* Gottes und fühle mich mitverantwortlich dafür, dass Liebe und Sexualität geheilt werden und die Basis bilden für eine Welt ohne Angst, Gewalt und Krieg; dass sich diese Gott- und lieblose Welt transformiert in das, was sich für die Zukunft schon abzeichnet.

Dass ich dies jetzt alles so sagen und sehen kann und dass ich soweit gekommen bin, verdanke ich meiner ewigen Seele, verdanke ich Mama und Papa, die mich in diese Welt hinein zeugten. Verdanke ich all meinen geliebten Freunden und vermeintlichen Feinden. Verdanke ich sowohl der Gemeinschaft als auch der inneren Führung und dem innewohnenden Potential. Verdanke ich dem eigenen Mut, meinen Fragen und Träumen aus der Kindheit zu folgen. Verdanke ich Gott, der in meinem Inneren und überall um mich herum ist und seit eh und je meine Geschicke lenkt.

* Mitschöpfer erlaube ich mir erst seit kurzem zu sagen. Diesen Begriff benutze ich in aller Bescheidenheit, Dankbarkeit und Demut. Seit dem ich die Verknüpfung Überlebensmodus/Emotional-Körper im Gegensatz zum Schöpfermodus verstanden habe, weiß ich noch klarer, wie die eigenen Gedanken und Gefühle Wirklichkeit erschaffen. In diesem Sinne bin ich Mitschöpfer, so will ich das verstanden wissen.

Schlussbemerkung

Wir Menschen sind spirituelle Wesen mit menschlichen Erfahrungen – Kinder Gottes. Wir sind mit dem göttlichen, uns innewohnenden, Potential ausgestattet; mit einem freien Willen ausgestattet; bewusstseinsfähig und Liebes fähig. Ja, wir können „liebe das Böse gut" anwenden. Das Bewusstsein ist grenzenlos. Die Liebe ist bedingungslos und die Essenz alles Existierenden. Die menschlichen Fähigkeiten sind für den Gebrauch bestimmt. Das bedeutet, wir sind in der Lage, die derzeitige Hölle auf Erden zu beenden und das gelobte Land, das nächste Paradies zu erschaffen – indem wir die helle und die dunkle Seite in uns selbst akzeptieren und in die Balance bringen.

Für mich ist – Liebe das Böse gut – eine Art Mantra, eine Orientierung gebende „Formel" für ein solch gewagtes Vorhaben. Liebe das Böse gut ist mehr als ein frommer Wunsch. Ich halte es nach wie vor für den Schlüssel, die Tür zu einer ausgeheilten Welt zu öffnen – einer Welt, in der alle Wesen, alles Lebendige, bis in die unendlichen Weiten des Alls miteinander kohärent sind und sich für das Wohl des Ganzen verantwortlich fühlen und alles dafür tun. Liebe das Böse gut ist eine Bewusstseinshaltung. Eine Möglichkeit, sein Bewusstsein daraufhin auszurichten. Sein Bewusstsein in der Wirklichkeit zu verankern. Wenn es einem unmöglich erscheint wie ich es selbst ja erfahre und beschreibe, dann ist es eben in diesem Moment unmöglich. Das Unmögliche ist ein Gradmesser, ein die „realistischen" Tatsachen widerspiegelnder Ist-Zustand. Das Böse, in all seinen Aspekten, bis hin zum absolut Bösen, wehrt sich ja vehement gegen die Liebe. Das ist ja das Kennzeichen des Bösen.

Die Kriege zwischen der Russischen Föderation und der Ukraine, zwischen Israel und Palästina, fordern viel von mir, dieses – Liebe das Böse gut – anzuwenden. Es ist unbedingt wichtig, klar zu bleiben und jeden „esoterischen Firlefanz", die „Gutmensch-Heuchelei" und dergleichen mehr, zu unterlassen und eine eindeutige Trennlinie zu ziehen. Krieg ist Krieg. Dennoch – Liebe das Böse gut – ist eine Art von Utopie. Ich bin „felsenfest" davon überzeugt, dass diese Bewusstseinshaltung, zu der wir Menschen fähig sind, ein Baustein im werdenden Schicksal der Menschheit ist, bzw. sein kann. Zumal die Machbarkeit dieses Zukunftstraumes, mit steigender Tendenz in meine Lebenspraxis hineinkommt und ich mehr und mehr lerne, sie konkret anzuwenden.

Ich halte es mit Novalis, der es so ausdrückte: *„Die Liebe ist der Endzweck des Universums und das Amen der Geschichte."*

Aufgrund dieser Aussage verstehe ich, warum Jesus Christus in der Bergpredigt, laut Emmet Fox, sagte: *„Die Unversehrtheit der Seele ist einzig und allein von Bedeutung."*

Ja wir können, also lassen Sie es uns tun!

Ich danke aus tiefstem Herzen für Ihre Aufmerksamkeit und Ihr Interesse.

Gerd Reuter

Oberiberg, Kanton Schwyz in der Schweiz – in der Adventszeit, der Ankunft des Lichts – anno Domini Dezember 2023

Kraftgedanken und -sätze

„Die Unversehrtheit der Seele ist einzig und allein von Bedeutung!" Die Bergpredigt, von Emmet Fox

„God's greatest gift to you is your unlimited potential – your greatest gift to God is to use that potential to the fullest." James Arthur Ray

„Wenn du Fehler machst, dann verpass nicht auch noch die Lektion." Dalai Lama

„Das, was ich kann, kannst du Mensch auch und noch viel mehr." Jesus Christus

„Alles, was denkbar ist, ist auch machbar." Albert Einstein

„Die Angst muss von der Erde verschwinden." Michail Gorbatschow

„Urteile über niemanden, es sei denn, du bist 10.000 Meilen in seinen Mokassins gelaufen." Aus unbekannter indigener Quelle

„Du kannst nicht nicht „erlöst" werden. Es gibt keine Hölle außer der, dass du dies nicht weißt." Shams-e Tabrizi, aus dem Buch „Die vierzig Geheimnisse der Liebe" von Elif Shafak

„Alles ist zweifach; alles hat Pole; alles hat seine zwei Gegensätze; Gleich und Ungleich ist dasselbe; Gegensätze sind ihrer Natur nach identisch, nur im Grad verschieden; Extreme begegnen einander; alle Wahrheiten sind nur Halb-Wahrheiten, alle Paradoxe können in Übereinstimmung gebracht werden." Das Kybalion

„Beide Punkte der Gegenstücke – das Yin im Yang und das Yang im Yin, bedeuten das Leben des Zeichens, die Relation des gleichzeitigen Wachsens des Einen im Anderen, des Tages in der Nacht, der Nacht im Tage, des Todes im Leben, das Ausgleich erfordernde des jeweils weiblichen im männlichen und männlichen im weiblichen usw." Philosophisches Wörterbuch 1974

Gott *„schuf uns nach seinem Bilde, nach seinem Bilde schuf er uns."* Aus der Bibel

„Du brauchst zu Gott nicht schrei'n; der Brunnquell ist in dir; stopfst du den Ausgang nicht, er flösse für und für." Angelus Sibelius

„Mit der bewussten Entscheidung, in heiliger Weise zu leben, ziehen wir die Informationen, die Lehren und das Verständnis an uns heran, die uns helfen werden, unsere Gaben zum Wohle aller zu entfalten." Dhyani Ywahoo

„Die Meister bekennen sich zu der Auffassung, dass Buddha den Weg zur Erleuchtung darstellt; sie sagen aber klar und deutlich, dass Christus die Erleuchtung ist oder – anders gesagt – ein Bewusstseinszustand, den wir alle zu erreichen suchen: das Christusbewusstsein." Leben und Lehren der Meister, Baird Spalding

„Durch meine Hände arbeitet Christus, mit meinen Füßen geht Christus, durch meine Augen sieht Christus, durch mein Gehirn denkt Christus, durch mein Herz liebt Christus; die Essenz ist bedingungslose Liebe." Mutter Theresa

Einige Zitate von Meister Eckhart

„Der wahrhaft Liebende liebt Gott in allem und findet Gott in allem."

„Der gegenwärtige Augenblick ist das Fenster, durch das Gott in mein Leben schaut."

„Gott ist viel begieriger, in uns zu wirken und uns zu helfen, als wir es sind, uns ihm zu öffnen und seine Kraft zu empfangen."

„Gott gibt es nicht – es sei denn in dir."

„Der erkennt Gott recht, der ihn in allen Dingen gleicherweise erkennt."

„Wir sollten lernen, Gott in allen Gaben und Werken zu sehen, ohne dabei mit irgendetwas zufrieden zu sein, noch durch etwas besonders angeregt zu sein. Für uns kann es keine Anheftung an eine bestimmte Weise des Verhaltens in diesem Leben geben, noch kann dies jemals richtig gewesen sein, egal wie erfolgreich wir waren oder nicht."

„Die wichtigste Stunde ist immer die Gegenwart. Der bedeutendste Mensch ist immer der, der dir gerade gegenübersteht. Das notwendigste Werk ist stets die Liebe."

„Wenn die Seele etwas erfahren möchte, dann wirft sie ein Bild der Erfahrung vor sich nach außen und tritt in ihr eigenes Bild ein."

„... ist der Mensch Gottes Ebenbild, dann hat er weder Anfang noch Ende ... was du als Krankheit empfindest, ist nur ein verwirklichter Falschgedanke; der Geist ist unzerstörbar."
Meister Eckharts Schüler Tauler

„Erkenntnis ist mehr als Kenntnis. Und den Durst nach mehr Erkenntnis stillt gewiss der, der uns mit diesem Durst geschaffen." Friedrich Gottlieb Klopstock

„Wir sind keine menschlichen Wesen mit spirituellen Erfahrungen, wir sind spirituelle Wesen mit menschlichen Erfahrungen." Pierre Teilhard de Chardin

„Mit den Kräften der Liebe suchen die Fragmente der Welt einander, auf dass die Welt sich vollende. Nur die Liebe vermag durch Vereinigung die Wesen als solche zu vollenden." Pierre Teilhard de Chardin

„Wer die Freude festzuhalten sucht, zerstört das beflügelte Leben. Wer die Freude küsst in ihrem Flug, lebt im Sonnenaufgang der Ewigkeit." William Blake

„Die Liebe ist der Endzweck der Universums und das Amen der Geschichte." Novalis

„Dies ist der Weg des Friedens. Überwinde Böses mit Gutem; Falschheit mit Wahrheit; Hass mit Liebe." Peace Pilgrim

„Du kannst eine Situation nur dann ohne geistige Verletzung hinter dir lassen, wenn du sie in Liebe verlässt." Peace Pilgrim

„Stets sich sagen: Es ist möglich für mich, alles zu werden, was ich bewundere. Es ist möglich für mich, Schriftsteller, Künstler, Redner, Erfinder zu werden – gleichwie schön, geschmeidig, gesund und glücklich. Dann hast du die Türen weit geöffnet in den unsichtbaren Tempel des Inneren. Das „Ich kann nicht" war der Riegel, der dich vor dir selbst verschloss." Prentice Mulford

„Wenn du in den Spiegel schaust und findest dich nicht schön, dann hast du falsch geschaut." Sufi Meister Pir Vilayat Khan

„Der Mensch ist frei – und wär' er in Ketten geboren ..." Friedrich Schiller

„Die Einsicht in die absolute Einheit des menschlichen Daseins und Wesens mit dem Göttlichen ist die tiefste Erkenntnis, welche der Mensch erschwingen kann – und die einzige, die ihn wahrhaft frei macht." Johann Gottlieb Fichte

„Schenke mir eine gute Verdauung, Herr und auch etwas zum Verdauen. Schenke mir Gesundheit des Leibes mit dem nötigen Sinn dafür, ihn möglichst gut zu erhalten. Schenke mir eine heilige Seele, Herr, die das im Auge behält, was gut ist und rein. Damit sie beim Anblick der Sünder nicht erschrecke, sondern die Mittel findet, die Dinge wieder in Ordnung zu bringen. Schenke mir eine Seele, der die Langeweile fremd ist, die kein Murren kennt und kein Seufzen und Klagen. Und lasse nicht zu, dass ich mir all zu viel Sorgen mache um dieses sich breit machende Etwas, das sich „Ich" nennt. Herr, schenke mir Sinn für Humor. Gib mir die Gnade, einen Scherz zu verstehen, damit ich ein wenig Glück kenne im Leben und anderen davon mitteile. Amen." Gebet um Humor von Sir Thomas Morus

„Ich betrachte das Bewusstsein als grundlegend. Ich betrachte die Materie als Derivat aus dem Bewusstsein. Wir können das Bewusstsein nicht verstehen. Alles worüber wir reden, alles, was wir als existierend ansehen, müssen wir als Bewusstsein postulieren." Max Planck

Einige Zen-Weisheiten

„Wer ein wahrer Mensch des Zen ist, betrachtet auf seinem Weg durch die Welt alle Erscheinungen als Illusion. Er ist stets Meister seiner selbst und macht sich nicht zum Sklaven menschlicher Empfindungen. Frei von allen Identifikation bricht er, mitten im Getümmel der Welt, zum klaren Licht der Wirklichkeit durch."

„Das Jetzt ist das Einzige, was wirklich existiert. Hat man das erkannt, wundert man sich, wie man je etwas anderes hat glauben können."

„Befreit euch von allem – am meisten von euch selbst."

„Alles ist der Eine Geist. Nichts, was nicht der Eine Geist wäre. Und da dieser Geist dein wahres Wesen jenseits von Geburt und Tod und außerhalb von Raum und Zeit ist, kann er nichts anderes sein, als das ‚Jetzt'."

„Wenn du wissen willst, was Ewigkeit bedeutet – sie ist nichts weiter als eben dieser Moment. Wenn du sie nicht in diesem gegenwärtigen Moment erfassen kannst, wirst du sie nie erhaschen." Zen-Meister Seppo

„Die Zeit kommt aus der Zukunft, die nicht existiert, in die Gegenwart, die keine Dauer hat, und geht in die Vergangenheit, die aufgehört hat zu bestehen." Aurelius Augustinus

„Der Unterschied zwischen Vergangenheit, Gegenwart und Zukunft ist für uns Wissenschaftler eine Illusion, wenn auch eine hartnäckige." Albert Einstein

„Zeit ist überhaupt nicht kostbar, denn sie ist eine Illusion. Was dir so kostbar erscheint, ist nicht die Zeit, sondern der

einzige Punkt, der außerhalb der Zeit liegt: das Jetzt. Das allerdings ist kostbar. Je mehr du dich auf die Zeit konzentrierst, auf Vergangenheit und Zukunft, desto mehr verpasst du das Jetzt, das Kostbarste, was es gibt." Eckhart Tolle

„Liebe ist die stärkste Kraft der Natur. Also, warum finden Wissenschaftler die Liebe nicht? Sie verwenden einfach die falschen Mittel, weil sie künstliche Instrumente und die falsche Mathematik benutzen, die nicht dafür geeignet sind, unsere Gefühle und die Liebe zu messen. Aber unsere Gedanken und unsere Körper können das." Giuliana Conforto

„Die Angst vor dem Tode ist eine der bedrängensten Ideen unserer Kultur. Sie fußt in der Vorstellung unseres Bewusstseins, das nur im körperlichen Dasein allein Leben und Sicherheit des Seins vermutet, die es nie verlieren möchte. Todesangst ist daher der Beweis eines wurzellosen Geistes, für ein Geistwesen, das sich von der Quelle seines Seins, dem höheren Selbst, weit entfernt hat." Karl-Heinz Jaeckel

„Ihr seid aus einer Kosmologie gemacht, die der planetarischen Deutung spottet, weil sie selbst die Essenz planetarischer Deutung ist.
Sie wird Gott genannt. Sie ist Bewusstsein und Energie. Die Lebenskraft.
Eure Intelligenz und Eure Befähigung für Intelligenz ist all dem ebenbürtig, was in irgendeinem Sternensystem, in irgendeiner Dimension liegt.
Ihr habt den Schlüssel dazu, alles zu sein. Zuallererst solltet Ihr wissen wer Ihr seid. Ihr solltet das wissen, bevor Ihr Euch mit der Absicht umzusehen beginnt, irgendetwas anderes entdecken zu wollen.
Ihr habt den Schlüssel dazu, alles zu sein. Zuerst solltet Ihr Euch jedoch selbst erkennen, bevor Ihr herumzieht und unter Steinen und Büschen und Brombeersträuchern nachschaut."
Ramtha

„Wir sind Eins, unserem wahren Wesen nach, mit dem Geist des Lebens und seiner Macht; und wenn wir diese Lebendige Einheit bewusst verwirklichen und darin beharren, wird die heilende Kraft Gottes uns offenbar und in uns und durch uns wirken." R.W. Trine

„Die Rechtfertigung des Negativen (statt Korrektur durch Demut, Erkenntnis und Umkehr) ist die höchste Form des Selbstbetrugs." Armin Risi

„… uns durchs Leben Stolpernde, die daran glauben, dass die Liebe regiert. Steht auf und lasst sie leuchten." William Paul Young, aus „Die Hütte"

„Ehrfurcht vor dem Leben und Achtung gegenüber allen Mitgeschöpfen." Albert Schweitzer

„Die unerschöpfliche Kraft des Universums verdichtet sich; die Welt besteht nur noch aus wahrhaft großem Frieden." Dr. Shioya

„Du wirst geliebt – du kannst nichts falsch machen – du hast nichts zu befürchten." Aus seinem Buch Blick in die Ewigkeit, von Eben Alexander

„Als Kind sah ich Gott, sah ich Engel; ich betrachtete die Mysterien der höheren und niederen Welt. Ich glaubte, alle Menschen sähen dasselbe. Doch dann erkannte ich, dass sie nichts sahen …" Shams-i Tabrizi

„Hitze und Kälte, Kummer und Schmerz, Schrecken und Schwäche an Besitz und Körper – dies alles zusammen bürdet uns die erhabene Weisheit auf, damit ans Tageslicht kommt, aus welchem Stoff unser Innerstes gemacht ist." Dschalal ad-Din Rumi

„Der Weg des Dienens kann eine echte Lebensrettung sein! Bist Du dienend unterwegs, öffnen sich die göttlichen Tore *leicht. Ich bin nicht gekommen, um mich bedienen zu lassen, sondern um zu dienen.*" Jesus Christus

„... nur die schwarze Madonna konnte alle Glaubensrichtungen des Heidentums kristallisieren, um sie mit dem Christentum zu vereinen, ohne den Wert eines jeden dieser Glauben zu verfälschen. Darin ist die schwarze Madonna einzigartig." Jaques Bouvin

„Unsere Herrin des Jahrtausends, Mutter des Erlösers, mit großer Freude nennen wir dich gesegnet ... O milde, o liebende, o süße Mutter Gottes und unsere Mutter – Maria." Papst Johannes Paul der Zweite

„... dass die unsichtbare Substanz in dem Kern der Frucht eines Feigenbaumes das UR-SCHÖPFERISCHE ist, aus dem der Baum erwuchs und auch alles andere hervorgegangen ist. Diese letzte Essenz, aus der die Welt besteht, ist auch mit dem Selbst – Atman – aller Lebewesen identisch ... Tat tvam asi ... Dass Bist Du ..." Chundogya – Upanischad 6,12

„Der Mensch ist abhängig von der Erde, die Erde ist abhängig vom Himmel/Kosmos, der Himmel ist abhängig vom Tao; Tao ist abhängig von sich selbst." *„Das Ewig-Eine, Unvergängliche, Allgegenwärtige, von Ewigkeit zu Ewigkeit ... die Wurzel des Alls, die Mutter aller Dinge.*" Zum Tao, das All-Eine, nach Laotse

„Es geht bei allen Übungen darum, in sich immer und weiter die göttliche Präsenz aufzubauen." Jasmuheen

„Gott in mir – Dank sei Dir – für Deine Kraft, die in mir Frieden – Licht – Gesundheit schafft." Ein Gebet aus einem Buch von K.O.Schmidt

„Lourdes und andere Heilstätten werden als ‚Gnadenorte' bezeichnet ... Jeder Mensch ist ein solcher ‚Gnadenort', ein Quell-

grund heilender Kraft, den er in sich trägt, in seinem aller inner-
sten Seelengrund. Das ist das Nächste, was bewusst zu machen
ist." Aus dem Buch „Der innere Arzt", von K.O. Schmidt

„*Geist ist die ursprüngliche, vibrierende, ursächliche Kraft.*
Und ihr könnt in den Geist eindringen und seine Kraft an-
wenden durch die bloße Erkenntnis, durch das Wissen, dass er
existiert." Leben und Lehren der Meister, Baird Spalding

„*Wenn ich mit Menschen- und mit Engelszungen redete und*
hätte der Liebe nicht, so wäre ich ein tönendes Erz oder eine
klingende Schelle.
Und wenn ich prophetisch reden könnte und wüsste alle Ge-
heimnisse und alle Erkenntnis und hätte allen Glauben, so-
dass ich Berge versetzen könnte, und hätte der Liebe nicht,
so wäre ich nichts.
Und wenn ich alle meine Habe den Armen gäbe und ließe
meinen Leib verbrennen und hätte der Liebe nicht, so wäre
es mir's nichts nutze.
Die Liebe ist langmütig und freundlich. Die Liebe eifert nicht,
die Liebe treibt nicht Mutwillen, sie bläht sich nicht auf ... sie
verhält sich nicht ungehörig, sie sucht nicht das Ihre, sie rechnet
das Böse nicht zu. Sie freut sich nicht über Ungerechtigkeit,
sie freut sich an der Wahrheit.
Sie erträgt alles, sie glaubt alles, sie hofft alles, sie duldet alles.
Nun aber bleiben Glaube, Hoffnung, Liebe, diese drei; aber die
Liebe ist die Größte unter ihnen." Das Hohelied der Liebe –
Paulus, Brief an die Korinther

„*Wisse: Wenn du lernst, dich selbst zu verlieren, wirst du den*
Geliebten erreichen. Es gibt kein anderes Geheimnis zu lernen,
und mehr als dies ist mir nicht bekannt." Al-Ansari aus dem
Buch „Innere Arbeit", von Reshad Field

„ *... es gibt keine Strukturen, die nicht durch Liebe ersetzt und*
neu geordnet werden können. Wie könnte es ansonsten Wunder

geben? Wie könnte es Frieden für unsere Seelen geben?" Aus dem Buch „Unendliche Liebe", von Glenda Green

„Sag nicht, dass du nicht in Gott lebst oder bist oder Gott etwas Fremdes sei, zu dem du nicht kommen kannst. Denn wo du bist, da ist die Pforte Gottes, der Eingang zum Ewigen. Er ist in dir mit all seinem Wesen und all seiner Kraft." Jakob Böhme – Zitat aus dem Buch „Das große Ja", von K.O. Schmidt

„Es gibt ein endloses Netz von Fäden im ganzen Universum. Die waagerechten Fäden laufen durch den Raum. Die senkrechten durch die Zeit. An jedem Kreuzungspunkt dieser Fäden ist ein Individuum. Und jedes Individuum ist eine kristallene Perle. Das große Licht des Absoluten Seins erleuchtet und durchdringt jedes kristallene Wesen. Und jedes kristallene Wesen spiegelt in sich nicht nur das Licht aller anderen kristallenen Perlen im Netz, sondern auch jede Spiegelung jeder Spiegelung im ganzen Universum." Das Netz des Indra. Aus den Veden, den heiligen Schriften Indiens, über 7000 Jahre alt – Adam Dreamhealer (Dreamhealer.com)

„Die Rückkehr zur Gesundheit ist ein Prozess. Wir müssen aus unseren traditionellen Denkmustern ausbrechen. Für einen solchen Schritt braucht es Mut." Adam Dreamhealer

„Der brennende Wunsch, die Wirklichkeit zu steigern, zeigt, dass wir stärker sind als sie. Wirklichkeit? Die Wirklichkeit ist niemals genug, Zauber tut not. Wieder sah ich, zwischen der Wirklichkeit und dem, was mir vernünftig schien, einen hoffnungslosen Abgrund liegen." Aus dem Buch „Kindheit des Zauberers", von Hermann Hesse

„Das Deutliche und Lichte braucht indes das Dunkle und den Schatten, sonst gäbe es nichts zu verdeutlichen." Der Satz vom Grund – Heidegger

„Ich trat ein und wusst'nicht wo, und ich blieb auch ohne Wissen, alles Wissen übersteigend. Wo ich eintrat, wusst´ ich nicht. Doch als ich mich dort gewahrte, ohne Kenntnis meiner Bleibe, hörte ich von großen Dingen. Was ich hörte, sag ich nicht, blieb ich doch ganz ohne Wissen, alles Wissen übersteigend. Frieden war's in tiefster Stille, wovon ich zutiefst erfuhr ganz allein in meinem Herzen. Klar ward mir der rechte Weg. Alles war so voll Geheimnis, dass ich nur noch stammeln konnte, alles wissen übersteigend." Aus dem Buch „Johannes vom Kreuz – Der Sänger der Liebe", von Walter Repges

Weil ich die Chorfantasie so liebe, bringe ich sie hier zum Schluss. Während einer Baustelle war die Chorfantasie eine Art Mantra, ich sang sie die ganze Zeit in meinem Kopf, wenn ich übermütig war, auch manchmal laut. Komponiert von Ludwig van Beethoven als Fantasie für Klavier, Chor und Orchester, der Text sei allerdings von dem Dichter Christoph Kuffner, laut Wikipedia:

Chorfantasie

Schmeichelnd hold und lieblich klingen unsers Lebens Harmonien, und dem Schönheitssinn entschwingen Blumen sich, die ewig blüh'n. Fried und Freude gleiten freundlich wie der Wellen Wechselspiel; was sich drängte rauh und feindlich, ordnet sich zu Hochgefühl. Wenn der Töne Zauber walten und des Wortes Weihe spricht, muss sich Herrliches gestalten, Nacht und Stürme werden Licht,

äuß're Ruhe, inn're Wonne, herrschen für den Glücklichen. Doch der Künste Frühlingssonne lässt aus beiden Licht entsteh'n. Großes, das ins Herz gedrungen, blüht dann neu und schön empor, hat ein Geist sich aufgeschwungen, hallt ihm stets ein Geisterchor. Nehmt denn hin, ihr schönen Seelen, froh die Gaben schöner Kunst. Wenn sich Lieb und Kraft vermählen, lohnt dem Menschen Göttergunst.

Der Autor

Gerd Reuter, geboren 1951 in Dortmund Hörde,
absolvierte als Sohn eines Schreinermeisters die
Schreinerlehre bei seinem Vater. 1979 folgten die
„verwegenen und wilden" rebellischen Jahre. Er
identifizierte sich mit der 68er-Generation und
folgte dem Credo: „Make Love, Not War". Seit
nunmehr 38 Jahren arbeitet er daran, ein ethisches Modell für die Gesellschaft zu entwickeln,
um human und gewaltfrei im Einklang mit Natur
und Kreatur zu leben. Vor 25 Jahren wanderte er
dafür nach Portugal aus. Dort lebt er noch heute.
Nach einer existentiellen Identitätskrise beginnt
sein spiritueller Weg. Er will ein gläubiger Mensch
werden, dem andere vertrauen können. Zweifel
bringen ihn dazu, eine Auszeit zu nehmen. Seine
spirituelle Reise verlangt von ihm, andere Schritte
zu gehen. Nun möchte er in einem Buch über seine
Erfahrungen berichten sowie eine mögliche Lösung
dafür aufzeigen, wie das Leid auf Erden beendet
werden kann